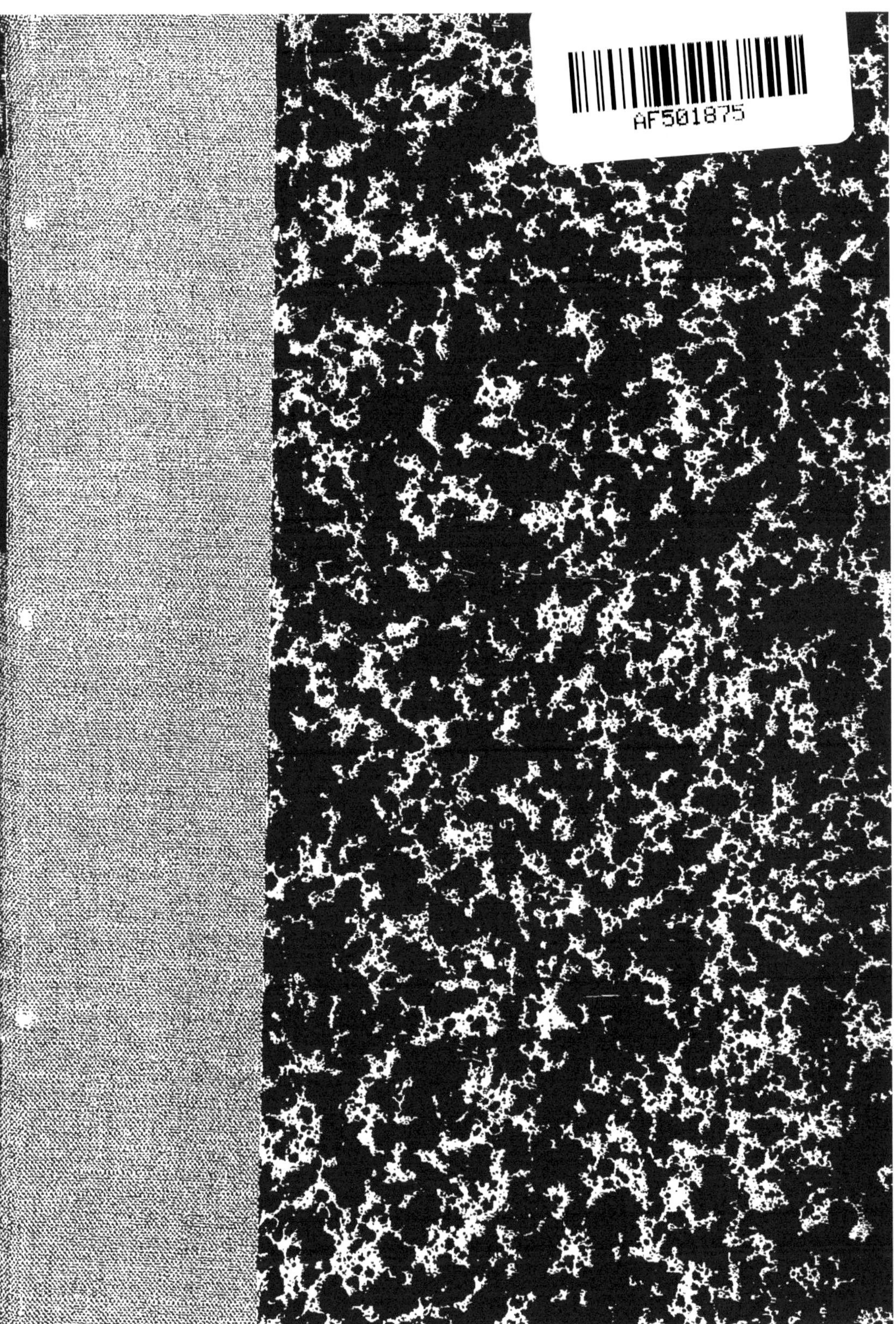
AF501875

A. ÉVRARD DE FAYOLLE

RECHERCHES SUR BERTRAND ANDRIEU DE BORDEAUX

GRAVEUR EN MÉDAILLES
GRAVEUR DU CABINET DU ROI
CHEVALIER DE L'ORDRE ROYAL DE SAINT-MICHEL
MEMBRE DE L'ACADÉMIE IMPÉRIALE ET ROYALE DES BEAUX-ARTS DE VIENNE

1761-1822

SA VIE - SON ŒUVRE

MÉMOIRE

Présenté à l'Académie Nationale des Sciences, Belles-Lettres et Arts de Bordeaux
(Grand Prix de la Grange)
1898

PRÉFACE DE FERNAND MAZEROLLE
ARCHIVISTE DE LA MONNAIE
Directeur de la *Gazette numismatique française*

CHALON-S-SAONE
E. BERTRAND, IMPRIMEUR-ÉDITEUR
5, Rue des Tonneliers, 5

PARIS
VEUVE RAYMOND SERRURE
19, Rue des Petits-Champs, 19

1902

BERTRAND ANDRIEU
DE BORDEAUX

Cet ouvrage, publié par la *Gazette numismatique française* (1900, 1901, 1902), a été édité par les soins des arrière-petits-enfants et petits-neveux de Bertrand Andrieu et tiré à *deux cent cinquante exemplaires numérotés.*

N° 

PORTRAIT DE BERTRAND ANDRIEU

MÉDAILLEUR

(1761-1822)

(Original conservé au Musée de la Monnaie)

BERTRAND, CHALON-S-S

A.-EVRARD DE FAYOLLE

NUMISMATE

A. ÉVRARD DE FAYOLLE

RECHERCHES
SUR
BERTRAND ANDRIEU
DE BORDEAUX

GRAVEUR EN MÉDAILLES
MEMBRE DE L'ACADÉMIE IMPÉRIALE ET ROYALE DES BEAUX-ARTS DE VIENNE
GRAVEUR DU CABINET DU ROI
CHEVALIER DE L'ORDRE ROYAL DE SAINT-MICHEL
1761-1822

SA VIE - SON ŒUVRE

MÉMOIRE

Présenté à l'Académie Nationale des Sciences, Belles-Lettres et Arts de Bordeaux
(Grand Prix de la Grange)
1898

PRÉFACE DE FERNAND MAZEROLLE
ARCHIVISTE DE LA MONNAIE
Directeur de la *Gazette numismatique française*

CHALON-S-SAONE
E. BERTRAND, IMPRIMEUR-ÉDITEUR
5, Rue des Tonneliers, 5

PARIS
VEUVE RAYMOND SERRURE
19, Rue des Petits-Champs, 19

1902

DU MÊME AUTEUR

Monographie des Jetons médicaux bordelais, manuscrit de 53 pages et 4 planches photographiques, publié dans la *Gazette numismatique française.*

Médailles et Jetons municipaux, manuscrit de 279 pages.

Description des Médailles de la Société philomathique, étude parue dans l'ouvrage de M. Charles Bénard.

Histoire numismatique de la Chambre de Commerce de Bordeaux, volume de 252 pages et planches en phototypie, imprimé aux frais de la Chambre de Commerce.

Iconographie des Médailles et Jetons de Bordeaux, manuscrit de 487 pages, accompagné d'un album renfermant plus de cinq cents épreuves photographiques.

Tous ces manuscrits sont déposés à la Monnaie de Paris.

PRÉFACE

L'Académie des Sciences, Belles-Lettres et Arts de Bordeaux, qui comptera, en 1912, deux cents années d'existence, a reçu, par testament, du marquis Lelièvre de la Grange et de Fourille, en date du 14 août 1871, le legs d'une rente de six cents francs « destinée à fonder un prix annuel, qui sera décerné alternativement à l'auteur du meilleur livre ou mémoire sur la langue gasconne, dans ses phases diverses, ses poésies, sa prose, et à l'auteur du meilleur livre ou mémoire sur la numismatique de nos provinces méridionales ».

Dans sa séance du 15 mars 1888, l'Académie décida que les sommes restées sans emploi seraient mises en réserve pour accroître la valeur des prix décernés au nom du marquis de La Grange.

En 1899, M. A. Évrard de Fayolle obtint le prix du concours relatif à la numismatique. Le rapporteur s'exprima en ces termes, à la séance publique du 21 décembre 1899 :

« Vous avez décerné, sur la fondation de La Grange, un
» prix de 1.200 francs à M. Évrard de Fayolle, pour un beau
» travail de numismatique intitulé : *Recherches sur Bertrand*
» *Andrieu*, un Bordelais inconnu, graveur illustre de médailles

» et que l'auteur fait revivre dans des pages infiniment cu-
» rieuses et très documentées[1]. »

Depuis plus de vingt ans, l'Académie de Bordeaux n'avait pas décerné un prix de La Grange de cette importance.

Le manuscrit de M. A. Évrard de Fayolle, présenté à ce concours, a été déposé par l'auteur à la Bibliothèque de la Monnaie; il a été ensuite publié dans la *Gazette numismatique française*[2].

L'œuvre d'Andrieu a été l'objet de nombreuses appréciations depuis la mort du célèbre artiste, arrivée le 10 décembre 1822, jusqu'à nos jours, mais jamais aucun numismatiste ne lui avait consacré une étude aussi complète.

Dernièrement, M. Albert Cagneul rendait compte de cet ouvrage dans la *Revue philomathique de Bordeaux et du Sud-Ouest*[3] :

« Si vous êtes Bordelais — écrit M. Cagneul, — vous vous
» rappellerez qu'Andrieu est un des nôtres, qu'ayant vu le jour
» à Bordeaux, il y reçut les premières notions de cet art que,
» dans la suite, il devait porter si haut, au point de mériter le
» titre, que lui décernèrent ses contemporains et ses émules de
» *rénovateur de la gravure en médailles*. Vous vous étonnerez
» alors qu'un silence assez complet se fût fait autour de ce
» grand nom pour que beaucoup de ses compatriotes ne
» l'eussent jamais entendu prononcer, et que, parmi les spé-
» cialistes eux-mêmes, bien rares étaient ceux à qui son œuvre
» était entièrement familière. Il y a quelques années, les ama-

1. *Comptes rendus* de l'Académie, 1899, p. 69.
2. Années 1900 et 1901.
3. *Un médailleur bordelais: Bertrand Andrieu, d'après un ouvrage récent* (n° 11, 1er novembre 1901, p. 519 à 528).

» teurs avaient pu lire un excellent travail de M. Johanet, qui » revendiquait pour Andrieu la place qui lui est due dans l'his- » toire de la numismatique moderne[1]. Mais ce mémoire en » éveillant la curiosité des connaisseurs, ne l'avait pas entiè- » rement satisfaite. Il avait fait naître le désir et l'espérance » d'un travail définitif où les médailles d'Andrieu, jusqu'à pré- » sent dispersées, seraient enfin réunies, classées et décrites » dans leurs moindres détails, où le peu de traces qu'a laissées » derrière elle la vie de ce laborieux artiste seraient relevées, » rapprochées et commentées et ainsi sauvées de l'oubli. » M. Évrard de Fayolle a entrepris cette tâche et il l'a menée » à bien. Celle-ci s'annonçait incertaine et ardue et, par là, bien » digne de tenter un travailleur aussi infatigable, aussi passion- » nément épris de tout ce qui vient s'ajouter de rayonnement à » la gloire de cette cité, sa patrie d'adoption, à laquelle il a dès » longtemps voué ses loisirs et ses veilles. Aussi peut-on dire » que l'Académie des Sciences, Belles-Lettres et Arts de Bor- » deaux, en couronnant le mémoire de M. de Fayolle et en lui » attribuant la plus haute récompense dont elle dispose, n'a fait » que confirmer le jugement de tous les érudits et lui donner » une sorte de consécration officielle. »

Ajoutons à cette appréciation que le travail de M. Évrard de Fayolle est le résultat de recherches patientes, faites aux Archives nationales et aux Archives de la Monnaie; les nombreux documents conservés par les descendants d'Andrieu ont été également consultés. Nous ne parlons pas des dépouillements des journaux de l'époque et en particulier du *Moniteur*, qui ont fourni des renseignements intéressants.

1. Ed. Johanet, *Andrieu, graveur en médailles*, 1761-1822, dans l'*Art*, numéro du 16 septembre 1883.

La monographie de Bertrand Andrieu est la seule qui existe actuellement pour la période napoléonienne, et l'artiste qui en a fait le sujet est le plus brillant représentant de l'art de la glyptique à cette époque.

Il se ressent encore des données artistiques du XVIIIe siècle; travaillant l'acier comme ses prédécesseurs des règnes de Louis XV et de Louis XVI, c'est un véritable *graveur* en médailles; les sujets qu'il a composés répondent au goût de l'époque pour le genre classique; ils correspondent bien au but auquel ils étaient destinés, celui d'être compris dans le cadre d'une médaille. Andrieu était un praticien des plus habiles pour lequel son métier n'avait plus de secrets.

De tous les médailleurs de son époque, c'est lui qui a su donner le plus d'expression à la physionomie énergique de Napoléon Ier; ce n'est pas un monarque quelconque qu'il a représenté, c'est un empereur romain, dans les traits duquel on voit la volonté et l'énergie.

Il est à souhaiter que l'exemple de M. Évrard de Fayolle soit suivi; les contemporains d'Andrieu attendent leur historiographe, et si Droz, Galle, Jaley, Brenet et d'autres ne peuvent l'égaler, ni par leur valeur artistique, ni par l'importance de leur œuvre, ils méritent cependant d'être tirés de l'oubli, comme l'a fait M. Évrard de Fayolle pour le célèbre médailleur bordelais.

Bertrand Andrieu est le plus habile et le plus fécond médailleur de son temps; on peut s'en rendre compte par le catalogue joint à sa biographie. C'était un véritable artiste, modeste et désintéressé, travailleur infatigable, que la maladie seule devait arrêter dans son labeur.

Le beau portrait dont on voit la reproduction en tête de

cet ouvrage, est une fort bonne œuvre d'un ami de l'artiste, peintre de la fin du XVIIIe siècle, peu connu, mais d'un réel talent, P.-M. Delafontaine (1798). Il nous montre un Andrieu dans la force de l'âge, se délassant de ses travaux en se livrant à son sport favori, le patinage. Le peintre a donné à la physionomie de son modèle une expression fine et délicate. Il a poussé la conscience jusqu'à rendre avec précision les moindres détails des vêtements, ce qui donne à son portrait un double intérêt, au point de vue iconographique et au point de vue du costume.

La famille de l'artiste, qui avait conservé religieusement ce portrait, a jugé qu'il avait sa place marquée à l'Hôtel des Monnaies de Paris, et avec un rare désintéressement, elle l'a généreusement offert au musée de notre établissement national, où sont conservés les coins et poinçons, ainsi que les médailles gravés par le célèbre artiste de l'épopée napoléonienne.

F. MAZEROLLE.

AVANT-PROPOS

Modeste collectionneur, nous n'avions jamais songé à faire part de nos découvertes, estimant que les sujets locaux avaient été à peu près épuisés par les Sociétés savantes de notre ville. Certes, si une cité compte dans son sein un grand nombre d'érudits, de chercheurs, d'hommes qui, faisant abstraction de leurs goûts ou de leurs plaisirs, ne visent qu'à se rendre utiles à leurs concitoyens, c'est bien Bordeaux.

*Dans tous les siècles, en remontant même aux temps les plus reculés, pour ne citer qu'*Ausone, Saint-Paulin, *etc., les écrivains ont fait l'orgueil de notre pays; et, si nous voulons rappeler une époque plus voisine, les* Vinet, *les* Dom Devienne *nous ont laissé des documents impérissables. Mais, c'est surtout depuis le commencement du siècle qu'une nuée d'historiens, sortis de nos Académies, publièrent un nombre considérable de volumes. Honneur à ces travailleurs, à ces savants dont le labeur fécond permettra aux événements bordelais de traverser la nuit des âges, de transmettre des renseignements précieux à l'Histoire.*

Amateur passionné de jetons, de médailles susceptibles d'intéresser notre ville, nous avions souvent remarqué la beauté des pièces gravées par Andrieu, *quand, il y a quelques années, nous lûmes sur l'une d'elles, relative à la présidence du Collège électoral de la Gironde par le Duc d'Angoulême :* Andrieu de Bordeaux, fecit. *La délicatesse, la sûreté de son burin attirèrent de plus en plus notre attention. Nous nous aperçûmes alors que beaucoup de chefs-d'œuvre étaient sortis de la main du maître. L'idée nous vint de savoir quelle avait été son existence, de connaître les principales phases de sa vie; et, c'est en raison des difficultés éprouvées par nous dès le début que nous poursuivîmes plus avant nos investigations.*

Il était rationnel d'examiner les rares et courtes notices biographiques ayant trait à notre concitoyen. Grande fut notre stupéfaction en voyant que les auteurs n'étaient pas plus d'accord sur la date de sa naissance que sur l'époque de sa mort. Notre premier soin fut de recourir aux registres de l'état civil de Bordeaux, besogne facile quant au premier point à élucider, la découverte de l'acte de décès devant exiger plus de peine. L'ère des véritables recherches commença, et ce ne fut que plusieurs mois après, à la suite d'une longue course à travers Paris, que la victoire resta en notre faveur, victoire d'autant plus agréable que les descendants d'Andrieu ignoraient l'existence d'une pièce si importante, détruite, ainsi que les Archives de la Ville de Paris, lors des événements de 1871.

Plus nous avancions dans notre étude, plus nous admirions le graveur, et nous comprenons maintenant, nous partageons même l'enthousiasme que soulevèrent ses productions. On peut dire qu'il fut l'artiste préféré des souverains, en même temps qu'il resta, suprême honneur! (car la foule, avec son esprit naïf, juge souvent sans retour), le grand médailleur populaire.

Nous n'avons pas la prétention de présenter une œuvre littéraire, mais simplement une série de documents trouvés dans les Archives Nationales, dans les Archives de la Monnaie, les papiers de famille, les notes manuscrites des descendants d'Andrieu, à la Bibliothèque Nationale et à celle de Bordeaux, trop heureux si nous pouvions faire revivre une grande figure de notre ville, une de nos plus pures célébrités.

RECHERCHES

SUR

BERTRAND ANDRIEU

DE BORDEAUX

GRAVEUR EN MÉDAILLES — 1761-1822

SA VIE — SON ŒUVRE

PREMIÈRE PARTIE

VIE DE BERTRAND ANDRIEU

NDRIEU (Bertrand), graveur sur acier et en médailles, naquit à Bordeaux, aux Chartrons, paroisse Saint-Rémy, le 4 novembre 1761. Son père, modeste tonnelier, avait épousé Françoise Dubourdieu en 1755. A une époque où toutes les églises de la ville n'avaient pas le droit de baptiser, il fallut porter l'enfant au baptistère le plus voisin ; et ce fut dans la vieille basilique Saint-Seurin que le nouveau-né reçut le sacrement du baptême.

Extrait du registre de la paroisse de Bordeaux-Saint-Seurin, de 1761 à 1764, déposé au greffe du tribunal civil de la ville de Bordeaux.

4 novembre 1761 (Naissance). — Paroisse de Saint-Seurin de Bordeaux (1761). — ANDRIEU, Bertrand.

Le quatre novembre mil sept cent soixante-un, est né et baptisé

Bertrand, fils légitime de Pierre ANDRIEU aîné, tonnelier et de Françoise DUBOURDIEU, de la paroisse de Saint-Rémy ; parrain, Bertrand DUBOURDIEU ; marraine, Jeanne ANDRIEU ; le père et le parrain ont signé avec nous.

[Signé au registre :]

ANDRIEU, père.
Bartran DUBOURDIEU.
FEISSOLLE, vicaire.

Délivré à Bordeaux, etc.

Le même jour, Françoise Dubourdieu mit au monde une fille, sœur jumelle de Bertrand ; et nous étonnerions nos lecteurs si nous leur disions que ce ménage avait eu une vingtaine d'enfants, ou, pour être plus exact, vingt et un. En 1803, lors du partage de la succession du père et de la mère, cinq garçons et quatre filles vivaient encore.

La pièce reproduite plus haut établira indiscutablement la date de la naissance ; nous nous demandons pourquoi certains biographes rajeunissent Bertrand de trois semaines, en le faisant naître le 24. A notre avis, les meilleures notices sont celles du journal le *Moniteur universel*, du *Dictionnaire des Artistes*, par Auvray, du journal l'*Art*, 1883.

La signature d'Andrieu père, apposée au bas des deux actes, est fort belle : on dirait la griffe d'un premier président au Parlement de Guyenne. Nous lui trouvons une certaine ressemblance avec celle adoptée plus tard par le graveur.

Pour plus d'exactitude, nous avons consulté aussi les registres des Archives municipales : les actes sont identiques, mais mieux répertoriés [1].

L'enfance d'Andrieu n'offre pas de particularités bien remarquables. Entouré des soins de la famille, élevé dans le travail, affectueux comme il le fut toute sa vie, il sentit de bonne heure se développer en lui des goûts artistiques. A l'âge où beaucoup de jeunes gens hésitent à embrasser une carrière, son choix était déjà fait ; et il nous

1. Les Archives municipales de Bordeaux sont confiées aux soins éclairés de MM. Ducaunnès-Duval, un érudit des plus appréciés.

semble voir l'adolescent suivre périodiquement les longues rues tortueuses du vieux Bordeaux pour assister aux cours de l'Académie.

M. Edmond Johanet, dans un excellent article sur son arrière-grand-père, écrivait dans le journal l'*Art*, en 1883 : « Andrieu, élève de Lavau, simple graveur d'armoiries. » L'épithète de *simple*, nous paraît au-dessous des mérites du maître ; car l'abbé Lebrun, dans l'*Almanach des Artistes* (année 1776, p. 160), dit de lui : « Lavau grave le cachet et les armoiries avec un fini très » précieux ; il dessine très bien, et ses figures sont fortement sen- » ties. Il a un mérite de plus, c'est de former des élèves avec un soin » vraiment paternel. » On aura une suffisante idée de l'âpreté au travail du savant professeur, quand on saura qu'il mit dix ans à graver le cachet de M. Douat, avocat général à la Cour des Aides, cachet représentant une jeune tête d'Hercule d'après l'antique, un véritable chef-d'œuvre !

La notice publiée par le regretté M. Marionneau dans les *Salons bordelais*, montre combien Lavau était homme de goût. Parmi ses nombreux ouvrages, dont plusieurs ont été mentionnés dans les livrets des Salons de 1771, 1782, 1787, il nous suffira de citer les jetons en argent de l'ancienne Société de Chirurgie. Bordeaux doit lui être deux fois reconnaissant, d'abord parce qu'il contribua à la formation d'une Académie dont il fut plusieurs fois recteur et d'où sortirent des élèves remarquables, tels que Lacour, Taillasson, etc., ensuite parce que ses huit années de leçons nous ont valu le graveur Andrieu, qui semblait destiné à devenir un simple tonnelier comme son père et ses frères.

Paris a certainement consacré Andrieu ; mais c'est à Bordeaux que revient l'honneur d'avoir donné à la gravure un artiste de cette valeur. En effet, Bertrand naquit, ainsi que nous l'avons dit, paroisse Saint-Rémy, d'une famille fixée depuis longtemps dans la localité[1], et son arrivée à Paris ne date que de 1786. Nul ne peut mettre en doute que son instruction, à vingt-cinq ans, ne fût déjà faite, puisqu'en 1789 paraissait sa médaille de la Prise de la Bastille. En trois années,

1. Dès le XVIIe siècle.

sans des études solides, le médailleur aurait-il pu produire une œuvre dont le retentissement fut si grand ? Gatteaux, chez lequel il entra en arrivant dans la capitale, aurait-il pu former aussi vite un tel talent ? Nous ne nierons pas que, sous la direction de ce maître distingué, Andrieu ne se soit perfectionné ; mais nous affirmons hautement que le séjour de Bordeaux avait déjà fait du jeune homme un dessinateur consommé. Loin de nous la pensée d'amoindrir le mérite de son maître Gatteaux ; notre désir est de rendre simplement hommage à Lavau, d'établir par le raisonnement et par des preuves la priorité pour son lieu de naissance.

Le milieu dans lequel vivait le jeune homme contribuait, dans une large mesure, à lui inculquer ce goût de l'antique qui, plus tard, devait si bien le mettre hors de pair. Ne voyons-nous pas encore l'influence de l'école bordelaise dans les tableaux de Lacour, Taillasson, un peu plus récemment dans ceux de Pallières ? Bergeret, l'auteur des dessins de la Colonne Vendôme, n'est-il pas des nôtres ? L'Académie de peinture de Bordeaux, il faut le répéter avec insistance, eut une influence considérable sur son époque ; ses cours, très suivis, formaient une pléiade d'artistes. Andrieu, toujours poussé par Lavau, les suivait avec assiduité, ce que constate, en quelques mots, la grande Encyclopédie Lamirault : « Andrieu apprit à dessiner à l'Académie de Bordeaux et chez Lavaux, puis vint à Paris. »

Lavau, encouragé par les heureuses dispositions du jeune homme, mit à son service ses soixante ans d'expérience[1]. Par une juste compensation, le vieux maître, avant de mourir, connut les succès de son élève.

Qui pourrait nier son mérite, quand on aura lu le contrat d'apprentissage passé, pour huit années, entre Andrieu et son maître, et le certificat élogieux que cette même institution lui décerna ?

Entre les soussignés, sieur André Lavau, graveur, demeurant à Bordeaux, rue Neuve, paroisse St Michel, et s[r] Pierre Andrieu, marchand vinaigrier, demeurant derière les Chartrons, paroisse St Rémy, a été convenu : que le dit

1. Lavau, né à Bordeaux en 1722, mourut le 28 février 1808, âgé de 86 ans.

s[r] Andrieu, pour faire le bien et avantage de Bertrand Andrieu, son fils, âgé d'environ quinze ans, à ce présent et soussigné, l'a mis et placé en apprentissage avec le dit s[r] Lavau qui l'a reçu et reçoit pour son apprentif, pour le temps et espace de huit ans prochains et consécutifs, qui ont commencé le 1er du courant, et finiront le trente-un Août 1785, pendant lequel temps le dit s[r] Lavau s'oblige de garder chez luy le dit apprentif, luy montrer et apprendre son art de graveur et le dessein au mieux de son pouvoir, le loger et nourrir à son ordinaire, tant en santé que maladie, pourvu qu'elle n'excède huit jours; et, s'il y convenoit des secours et médicaments extraordinaires, ils seront fournis par le dit Andrieu père.

Moyennant ce, le dit apprentif sera tenu de demeurer et travailler assidument dans la maison du dit s[r] Lavau, et partout ailleurs où il trouvera à propos de l'employer au dit art, et de luy obéir en toutes choses licites, sans pouvoir s'absenter que de sa permission expresse; et, s'il venait à quitter le dit apprentissage de son pur mouvement, le dit Andrieu père sera tenu de l'y faire rentrer trois jours après qu'il en aura été sommé par acte, à défaut de quoi, il sera permis au dit s[r] Lavau de prendre un ouvrier à sa place, pour achever le temps de l'apprentissage aux dépens du dit Andrieu père. Tout de même, si durant le dit apprentissage il venait à se perdre quelque chose de la maison ou laboratoire du dit s[r] Lavau par la faute du dit apprentif, le dit Andrieu père sera tenu d'en payer la valeur à dire d'experts, la chose préalablement prouvée et à la fin, le dit apprentif sera tenu de remplasser tout le temps qu'il aura perdu par absence ou maladie sans pouvoir exiger aucun salaire.

Cet apprentissage ainsi fait moyennant le prix et somme de deux mille quatre cents livres, en déduction de laquelle le dit s[r] Lavau confesse avoir reçu du dit s[r] Andrieu père, le dit jour premier du courant, la somme de six cents livres dont d'autant quitte; et, à l'égard des dix-huit cents livres restantes, le d[t] s[r] Andrieu père s'oblige de les payer au dit s[r] Lavau en trois pactes de six cents livres chacun, le premier dans un an, le second dans deux ans, et le troisième dans trois ans prochains, sans intérêts pendant les d[s] délais, à peine tous dépens, dommages et intérêts.

Ce que dessus nous promettons exécutter et entretenir pour obligation de nos c. biens.

Fait double à Bordeaux, le six septembre mil-sept-cent soixante-dix-sept.

Signé : P[re] ANDRIEU, aprouvent le criture cy-dessus.
— André LAVAU, aprouvant le criture ci-desus. —
Bertran ANDRIEU, filis, aprouvant lecriture ci-desus.

Au bas de cette même page, se trouve le certificat d'André Lavau :

Je, soussigné, sertifie que Mr Bertran Andrieu, mon élève, a exactement rampli le temps estipulé par le présan contrat, et qu'il set comporté avec honneur et probité; en foy de quoy, je lui ai livré présan à Bordeaux, le qatre décembre 1785 [1].

Signé : André LAVAU.

Nous disions, quelques lignes plus haut, que le séjour de Bordeaux avait déjà fait d'Andrieu un dessinateur consommé. Il suffit, en effet, pour s'en convaincre, d'examiner attentivement le dessin qu'il exécuta en 1782, et que possède M. Gautier, son arrière-petit-neveu. L'artiste le composa à 21 ans, pendant qu'il suivait les cours de l'Académie, c'est-à-dire quatre années avant son départ pour Paris. La complexité du sujet, les poses heureuses des personnages allégoriques, dénotent bien un homme en possession de précieuses qualités et du plus brillant avenir.

L'Académie ne lui ménagea pas les éloges; et, dans un certificat portant son cachet, elle s'exprime ainsi :

L'Académie de peinture, sculpture, d'architecture civile et navale, établie par le Roi à Bordeaux, à tous ceux qui ces présentes verront salut. La ditte Académie, satisfaite de l'assiduité à ses Ecoles, de la bonne conduite du sieur Andrieu, natif de Bordeaux, et des progrès qu'il a fait dans la gravure en creux et dans la sculpture, dont il a donné des preuves par les divers prix qu'il a remporté d'après le modèle vivant, lui a délivré les présentes, à l'effet de lui servir de témoignage, et de le faire jouir des privilèges accordés aux élèves qui se distinguent dans la carrière des arts et qui donnent des espérances pour l'avenir. En foi de quoi, nous lui avons délivré les présentes pour lui servir autant que de besoin.

A Bordeaux, ce 31me du mois d'Août de l'an 1786.

Signé : BATANCHON, secrétaire perpétuel [2].

1. Papiers de famille de M. Henri Johanet.

2. Papiers de famille de M. Johanet. Ces papiers ne sont pas des copies, mais bien les originaux.

Sept jours après, Andrieu partait pour Paris. Lavau lui avait fait comprendre qu'une brillante carrière s'ouvrait à son talent, que Bordeaux ne lui offrait plus un champ assez vaste.

La pièce suivante nous donne le jour et l'heure du départ :

MESSAGERIES ROYALES[1]

Diligence de Bordeaux pour Paris. Départ du jeudy, sept septembre 1786, à six heures précises du matin, de la Bastide.

M. ANDRIEU a payé la somme de soixante-douze livres pour arrhes de la première place qu'il a retenue dans la diligence pour Paris.

Faute de se trouver à la dite heure, les arrhes seront perdues.

A Bordeaux, le 28e Aoust 1786.

Signé : BROUSSOUZE[2].

Nous préférons ne pas décrire ici les nombreuses médailles dont l'analyse complète se trouve dans le *Hennin*, le *Millin* et les ouvrages techniques. Nous grouperons toutes les œuvres de notre concitoyen dans une division spéciale et pour ainsi dire indépendante, à l'exception, cependant, des pièces peu connues dont la description, disséminée dans quelques notes manuscrites, journaux ou revues, exigerait de longues recherches de la part du lecteur. Nous renvoyons donc celui-ci à notre deuxième partie, ou aux traités spéciaux cités plus haut, en recommandant particulièrement les deux premiers, moins complets peut-être, mais plus consciencieux.

L'École de Bordeaux et André Lavau enseignèrent le dessin à Andrieu, mais l'idée de la gravure en médailles lui a été certainement inspirée par ce dernier, ce qui expliquerait davantage, lors de son arrivée à Paris, son entrée dans l'atelier du médailleur Gatteaux, l'auteur des beaux jetons ronds et octogones de l'Administration municipale de Bordeaux sous Louis XVI. Dans une note, le *Trésor de Numismatique* s'exprime ainsi : « Il sentit de bonne heure une grande » vocation pour la gravure en médailles, et n'eut, pour ainsi dire,

1. Formule imprimée (ainsi qu'une formule concernant les bagages des voyageurs).
2. Papiers de famille de MM. Johanet.

» dans cet état, d'autre maître que lui-même. Il apprit à dessiner à » l'Académie de Bordeaux et à manier le burin chez un nommé » Lavaux, qui s'était fait quelque réputation en gravant les armoi- » ries. » L'auteur ignore que, si Lavau était graveur d'armoiries, il était aussi graveur en pierres fines et en jetons, et que c'est en voyant les travaux de son maître, chez lequel il séjourna huit longues années, que l'idée de la gravure en médailles vint à Andrieu.

Travailleur acharné, Andrieu vit son talent se perfectionner rapidement; car, déjà en 1789, nous l'avons dit, paraissait la médaille de la *Prise de la Bastille.* Cette œuvre, conçue au milieu de la tourmente révolutionnaire, présentée avec un fini extrême, produisit une véritable révolution dans l'art de la médaille. Le peuple l'accueillit avec beaucoup de faveur, saluant ainsi, à son aurore, celui dont le burin allait produire tant d'œuvres remarquables pendant plus de trente ans. Cette production excita non seulement l'envie de ses collègues, mais encore la cupidité de ses contemporains. *Hennin* décrit plusieurs variétés de médailles, d'un travail grossier, plus ou moins calquées sur la précédente. Le graveur Moisson la contrefit et la livra au public. Palloy, imitant son exemple, en fit faire une copie tirée à huit cents exemplaires, dont cinq cents furent distribués aux électeurs de 1789; ce patriote, peu délicat, ne mentionna même pas l'auteur, mais y ajouta une nouvelle légende : « Ce plomb qui scellait les anneaux, » qui enchainaient les victimes du despotisme, retrace l'époque de la » liberté conquise l'an premier. »

Andrieu grava le coin dans les derniers mois de 1789; la médaille parut dans les premiers jours de janvier 1790. Une notice manuscrite de Laboubée nous confirme dans cette idée que ses œuvres furent imitées bien des fois : « En 1807, dit cet écrivain, un importun prit » son nom et alla vendre ses médailles; il réclama à ce sujet dans les » journaux[1]. »

Le souvenir de la démolition d'une prison d'État, aussi connue que celle de la Bastille, ne pouvait se perdre facilement; aussi, un an

1. Laboubée, *Notes manuscrites*, t. I, p. 67.

après, le jour même de son anniversaire, la *Fête de la Fédération* fut-elle l'objet d'une deuxième composition également très remarquable. On y voit la France assise, tenant le faisceau surmonté du bonnet de la liberté, et s'appuyant de la main gauche sur l'écu de la ville de Paris; sous ses pieds, des papiers figurant les privilèges détruits; dans le fond, les fédérés, l'École militaire et l'autel de la patrie. Dans le champ, l'inscription demeurée célèbre : DU RÈGNE DE LOUIS 16, ROI D'UN PEUPLE LIBRE. AN 2me DE LA LIBERTÉ, LE 14 JUILLET 1790.— Il parut ensuite une autre composition remarquable, dont *Hennin* ignorait l'auteur, composition modelée d'abord en cire et que nous avons vue chez M. Louis Chappotteau, descendant d'Andrieu : Mars debout, nu, la main appuyée sur sa lance, lève fièrement la tête; à droite, des emblèmes guerriers, au loin la Bastille. Cette pièce, médaillon de 114 mm., est la plus grande de la fin du XVIIIe siècle. Andrieu tira quelques clichés des matrices, mais ne l'édita pas; elle ne devint plus commune qu'en 1818, époque où son élève Depaulis, après en avoir fait une restitution, en fit un certain nombre d'exemplaires. Malgré tout, elle est rare. Les matrices ont été gracieusement offertes au musée Carnavelet par M. A.-R. de Liesville.

Pour faire pendant à la médaille de la prise de la Bastille, cette pièce qui avait eu tant de succès, une autre production s'imposait; et bientôt après, une médaille, la seconde de la série que Bertrand Andrieu se proposait de graver pour rappeler les événements de la Révolution, représentait l'*Arrivée du Roi à Paris*. Les mots : « La » Nation a reconquis son Roi » avaient été choisis pour légende de cette pièce, afin de rappeler le discours que Bailly, maire de Paris, avait adressé à Louis XVI, le 17 juillet 1789, lorsqu'il vint à l'Hôtel de Ville. Ce discours commençait ainsi : « Sire, j'apporte à Votre Majesté » les clefs de sa bonne ville de Paris; ce sont les mêmes qui ont été » présentées à Henri IV. Il avait reconquis son peuple; ici c'est le » peuple qui a reconquis son roi. » Andrieu, après avoir publié cette médaille qui eut beaucoup de succès, regretta d'y avoir placé une inscription rappelant ce passage du discours de Bailly. Pour enlever tout souvenir pénible à Sa Majesté, il se décida à effacer cette légende ainsi que celle de l'exergue[1]. Voici dans quels termes le *Moniteur* du 10 octobre 1790 s'exprime à propos de cette nouvelle médaille : « Le succès de la médaille du siège de la Bastille a inspiré à M. Andrieu le projet d'en graver d'autres de même grandeur qui retraceront les évènements les plus remarquables de la Révolution. La seconde médaille qu'il vient de terminer, et qu'il offre actuellement au public, représente l'arrivée du Roi à Paris, pour y faire sa demeure habituelle. Son diamètre de 35 lignes a fourni à l'artiste un champ vaste pour donner à son sujet le ton pittoresque qui lui était convenable; il espère que cette médaille ne plaira pas moins à ses souscripteurs que celle du siège de la Bastille. L'une et l'autre se trouvent chez l'auteur, rue des Noyers, n° 33, maison du libraire, et chez MM. Duprier, marchand d'estampes, rue des Cordeliers, vis-à-vis celle Hautefeuille, n° 4, et Delafontaine, ciseleur doreur, rue de la Monnaie, près du Pont-Neuf, n° 22. Chacune de ces médailles, simplement encadrée, coûte 6 livres; dorée et encadrée, 9 livres. »

Plusieurs tronçons de la rue des Noyers existent encore, malgré le percement du boulevard Saint-Germain. La lecture de cet article montre deux faits importants : 1° le graveur habitait en 1790, comme en 1822[2], les parages de la Monnaie des Médailles, située à cette dernière date rue Guénégaud; 2° on y trouve le nom d'un Delafontaine, auteur du portrait d'Andrieu, ou. tout au moins, parent du peintre de cette œuvre d'art qui, mentionnée au n° 107 du livret de l'Exposition des Beaux-Arts de 1798, fut récompensée par une médaille d'or. Ce portrait, dont nous donnons la reproduction en tête de notre travail, a été offert par la famille à l'État; il est actuellement dans un des salons du Musée de la Monnaie. Bertrand Andrieu est représenté en patineur, de grandeur presque naturelle, vêtu du costume de l'époque : chapeau haut de forme, large cravate blanche, gilet rouge, habit grisâtre et pantalon noir; le tout tranche admirablement sur le fond d'un paysage hivernal. L'attitude si naturelle de l'homme qui se lance sur la glace soulève l'admiration. D'après les renseignements qui nous ont

1. Hennin.
2. En 1822, rue des Petits-Augustins.

été fournis, le sport du patinage a toujours été en honneur dans la famille, puisque ses frères de Bordeaux, rivalisaient avec les Suédois et les Norvégiens.

Remercions les descendants d'Andrieu, dont la générosité a enrichi l'Hôtel du quai Conti d'une véritable œuvre d'art, sans laquelle les traits de l'artiste ne seraient point parvenus jusqu'à nous. En effet, nos recherches au Cabinet des Estampes de la Bibliothèque Nationale ont été vaines; nous n'avons pas trouvé une seule gravure, un seul dessin pouvant faire revivre la figure de notre concitoyen. La valeur du cadeau est encore augmentée par celle de la toile, puisque le peintre Delafontaine n'a produit qu'un seul ouvrage, abandonnant volontairement ses pinceaux peu de semaines après[1].

Le journal *L'Art*, en 1883, a donné une reproduction photographique de ce tableau ; mais il y a une différence énorme entre l'épreuve et l'original : autant l'un plein de vie et de fraîcheur, respire la gaieté, autant l'autre, terne, assombri, provoque un sentiment de tristesse que, seul, pouvait dissiper le pinceau du maître.

La phototypie que nous publions en tête de notre mémoire donne une bien plus juste idée de la remarquable peinture de Delafontaine.

A propos du Musée de la Monnaie, disons, en passant, que cet établissement renferme la collection à peu près complète des médailles d'Andrieu. Mais, la série la plus intéressante, et qui est vraiment unique au monde, consiste dans les coins et les poinçons, chacun d'eux constituant une véritable œuvre d'art.

La Révolution sévit avec fureur, n'épargnant ni les monuments, ni les hommes, pas même les célébrités : Lavoisier, Chénier, Boucher et tant d'autres, succombent. Andrieu va-t-il subir le même sort? Non. Le dessinateur, amoureux de son art, auteur de la médaille du siège de la Bastille, échappera à la tourmente en considération de ce travail. On a écrit qu'il vécut dans la retraite la plus absolue jusqu'en l'an VIII ; c'est une erreur. Ne fit-il pas partie du concours pour la gravure des nouveaux coins et pour la place de

1. Ce beau portrait a été offert en 1898 à l'Hôtel des Monnaies, par Mme Chappotteau-Dewulf, Mme Aubrun-Dewulf et M. Louis Chappotteau, arrière-petits-enfants d'Andrieu.

graveur général des Monnaies, en vertu de l'article X du décret du 9 avril 1791 ? Six artistes distingués s'étaient présentés : Bertrand Andrieu, Droz, Dupré, Duvivier, Gatteaux, Vasselon. Les pièces furent l'objet d'une exposition publique ; et le jugement, rendu par l'Académie de Peinture et de Sculpture, accorda le prix à Augustin Dupré, tout en rendant hommage aux travaux de ses concurrents. La pièce de Bertrand Andrieu consistait en un essai de l'écu de six livres de Louis XVI, avec le règne de la Loi au revers. Ne grava-t-il pas, en 1793, la médaille de la Liberté, portant l'inscription suivante : « Ils ont su la défendre et mourir avec elle. » (Allusion à Marat et autres), et, en 1797, le jeton octogone de la *Caisse d'Escompte du Commerce*, puis celui de la *Société Philotechnique*, fondée en l'an III ?

Nous n'avons pas à présenter Andrieu comme révolutionnaire, pas plus que nous ne lui donnerons, plus tard, l'épithète de bonapartiste ou de légitimiste ; mais nous sommes heureux de faire constater la souplesse de son burin, d'appuyer sur l'envergure de ce talent, capable, avec les changements de gouvernements, de faire varier ses dessins, tout en leur conservant la grâce et l'élégance qui les caractérisent. N'est-il pas merveilleux de voir un homme posséder une pareille facilité d'adaptation, quand il est si difficile de contenir ses opinions, et n'est-ce pas là son plus bel éloge ?

Andrieu, par son mariage avec Félicité Beckers, le 3 pluviôse an III (27 janvier 1794), entra dans une vieille et honorable famille, Il avait reçu le consentement de sa mère dès le 19 novembre 1793 : « Françoise Dubourdieu, veuve de Pierre Andrieu, demeurant à Bor- » deaux, aux Chartrons, donne à son fils Bertrand Andrieu, graveur, » demeurant à Paris, son consentement pour qu'il se marie à son » choix. » (Acte passé devant Me Guy, notaire à Bordeaux.)

Les publications eurent lieu le 6 janvier 1794.

Extrait du registre des actes de publication de mariages de la Municipalité de Paris

D. de Paris. — Minutes. — 25. b|D. — N° 10185. — ANDRIEU. — Du septidi dix-sept nivos, l'an second [1].

Entre :

Bertrand ANDRIEU, natif de Bordeaux, département du Bec-d'Ambès, demeurant à Paris, rue de l'Hyrondelle, section Marat, fils majeur de Pierre et de Françoise DUBOURDIEU, lui décédé.

Et Aure-Madelaine-Félicité BECKERS, native de Paris, y demeurant, chez son père, rue de Harlay, section Révolutionnaire, fille mineure de Jean-Baptiste et de Marie-Victoire DUTERTRE, elle décédée.

[Signé :]

ROURE, officier public.
Collationné.

18 niv. 2.

Félicité Beckers appartenait à une famille distinguée ; les documents fournis par M. Johanet et par M. Brosset, consul général de Russie à Bordeaux, ne laissent aucun doute à cet égard. Un de ses parents, François-Alexis Beckers, fut officier de S. A. le Prince de Condé, vers 1740 ; un autre, Jean-Baptiste Beckers, marchand orfèvre à Paris, fut nommé Grand'Garde du corps de la corporation, la première année en qualité d'adjoint, la seconde, en qualité de Grand'Garde (3 septembre 1789). Le même, veuf de dame Marie-Victoire DUTERTRE, son épouse, avait été nommé, le 1er octobre 1770, tuteur de ses enfants mineurs : Adélaïde-Victoire Beckers, 4 ans ; Antoinette-Louise, 12 ans 1/2 ; Claude-Augustine, 9 ans ; Anne-Henriette, 2 ans ; Anne-Félicité-Madelaine, 1 an ; et Jean-Baptiste-François Dutertre, avocat au Parlement, conseiller du Roy, notaire au Châtelet, oncle maternel des enfants, nommé subrogé-tuteur.

Un an après son mariage, Andrieu eut une fille, qui fut baptisée sous le nom de Rosalie, nom que lui donna sa marraine, la femme du célèbre médailleur Nicolas-Marie Gatteaux ; ce dernier avait signé comme témoin, au contrat de mariage de l'artiste bordelais.

1. 6 janvier 1754.

L'acte suivant indique exactement le jour et l'heure de la naissance de cette enfant :

« Rosalie-Félicité, fille de Bertrand Andrieu et de Aure-Madelaine-
» Félicité Beckers, mariés à Paris, le 3 pluviôse, an 2 (22 janvier 1794),
» demeurant rue Boucher, n° 7, est née le 17 avril 1795, à 6 heures du matin. »

Cet acte, extrait des anciens registres parisiens porte la signature d'Andrieu. Le graveur eut deux autres filles, dont l'une, Philippine, naquit dans la même maison, le 18 juin 1796, à 2 heures de relevée et décéda à 9 mois et 20 jours, le 4 avril 1797.

Pendant la période comprise entre 1791 et 1797, Andrieu travailla sans relâche pour se perfectionner. Il semble, à ce moment, n'avoir eu qu'un but, dessiner sans cesse afin d'accroître son talent. Ce fut surtout l'époque à laquelle il s'adonna à la gravure sur acier, en produisant des quantités de petites figures pour les assignats, coqs, génies, balances, divinités, etc., etc.[1], puis parut la fameuse édition de Virgile de Firmin Didot, illustrée par ses soins, 1797. Notons que c'est le premier ouvrage stéréotypé par le procédé de ces éditeurs, procédé qui porte leur nom. Jules Renouvier a loué cette œuvre comme il convenait :

« Les vignettes, fleurons et culs de lampe, dessinés et gravés par Andrieu,
» sont dans la donnée antique la plus cherchée..... Chaque livre se trouve
» illustré par des aratores, des aphractes et des auriges, des cnémides, des
» glaives et des loriques, des canthares et des antéfixes. Ce n'est pas un
» genre d'ornement gai, et l'outil pesant du graveur n'en atténue pas la
» sévérité; mais, du moins, il est mieux ici à sa place que les fleurettes et les
» mascarons d'Elzévir. Andrieu fit aussi, pour les éditions stéréotypes, ce
» triple portrait, si connu, des inventeurs de l'imprimerie : Guttenberg, Fust
» et Schæffer. Dans ce petit médaillon sur fond noir, il eut l'esprit d'imiter
» les plus anciennes représentations que l'on connaissait des imprimeurs
» primitifs. »

Ce dernier travail lui suggéra l'idée d'une médaille, dont il ne fit, cependant, qu'une admirable ébauche en cire, de 110 m/m, conservée chez ses descendants.

1. Andrieu a fait aussi des ex-libris.

Les bibliophiles connaissent bien le Virgile de Firmin Didot, livre devenu très rare, et recherché justement en raison des figures charmantes qui en émaillent le texte.

C'est encore vers la même année que parurent deux médaillons de 80m/m, datés de l'an IV; mais laissons la parole à M. Edmond Johanet :

« ..... De ce long recueillement surgit le graveur de l'école de David, » le restaurateur de la gravure en médailles, comme se plaisent à le nommer » ses biographes : deux médaillons du module de 80 millimètres, portant » tous deux la date de l'an IV de la République française, et représentant » l'un, la tête d'Apollon, l'autre, celle de Minerve, attestèrent le réveil de » l'artiste et l'avènement de la seconde manière, inspirée de l'antique. La » pureté du type grec de ces deux figures, le bel arrangement de la chevelure » font de ces médaillons des œuvres qui, dans l'art, marquent une époque. »

La rentrée officielle du graveur dans le monde artistique est signalée, en 1798, par l'envoi au Salon, d'un cadre de médailles; il y continuera ses expositions en 1801-1802-1804-1806-1809-1810-1812-1814-1817-1819, et toujours les connaisseurs, les admirateurs du beau, sauront les apprécier.

Grâce à son mariage, la position d'Andrieu s'était grandement améliorée. Sa renommée, contrariée un instant par la Révolution, continuait à grandir, ses collègues l'aimaient et l'admiraient en raison de son caractère affable. Quand il lança la médaille relative à la *Paix de Lunéville*, les connaisseurs furent émerveillés, on eut véritablement conscience de sa valeur; et, en effet, il marcha de succès en succès, sans jamais avoir les faiblesses pourtant communes aux plus grands talents.

On pensera peut-être, en lisant notre ouvrage, que nos appréciations sont exagérées; nous répondrons que notre opinion est basée sur le jugement des contemporains, sur les souvenirs que le temps n'a pu effacer. Une citation le prouve encore :

« On vient de frapper à l'Hôtel de la Monnaie, une médaille en or, en argent et en cuivre, en mémoire de la paix de Lunéville. D'un côté est la tête du Premier Consul de la République française; de l'autre, une figure debout, présentant d'une main, une branche d'olivier; de l'autre, tenant une corne d'abondance, avec cette légende : La Paix de Lunéville. Cette médaille est, sans contredit, la mieux composée, la mieux dessinée et la mieux frappée que nous ayons depuis la Révolution.

» La tête du Premier Consul est de la plus parfaite ressemblance ; la figure de la Paix est très belle. Cette médaille est du citoyen Andrieu[1]. »

Quand, vers 1798, l'administration de M. Decotte prit fin, Vivant Denon lui succéda en qualité de Directeur de la Monnaie des Médailles. Dessinateur émérite, il eut, grâce à ses conseils, une heureuse influence sur les artistes de l'établissement. Bien que son nom soit gravé sur beaucoup de médailles, comme le fut plus tard celui de Puymaurin, il ne faudrait pas croire qu'il ait coopéré à leur gravure. Le mérite des Andrieu, des Brenet, des Jeuffroy, des Galle, etc., n'en est nullement diminué, comme on pourrait le penser à priori, les directeurs tenant simplement à associer leur nom à celui des hommes célèbres qu'ils encourageaient. Les numismates sont fixés sur ce point; seul, le public pourrait s'y laisser prendre, en lisant par exemple : *Denon direxit, Andrieu fecit*, ou encore : *De Puymaurin direxit, Gayrard fecit*, etc.

La *Bataille de Marengo* (1800), donna lieu à un autre chef-d'œuvre, datant de 1802 ; le buste du Premier Consul est posé sur un socle, orné d'un bas-relief représentant la bataille. Peu de médailles peuvent lui être comparées, si on tient compte que dans un tout petit espace sont réunis une foule de personnages. Ce travail fut vite connu, non seulement en France, mais à l'étranger, en raison de sa complexité et de sa minutie. Bolzenthal a dit qu'il passait pour « le triomphe de la glyptographie moderne », et qu' « à son apparition il produisit une véritable exaltation ». Pour l'exécuter, il fallait réellement une expérience et une précision surnaturelles. L'article de M. Edmond Johanet, contient encore cette appréciation fort juste :

« Dans la médaille de la Bataille de Marengo, le buste du Premier Consul, très belle tête, où

Déjà Napoléon perçait sous Bonaparte,

1. *Moniteur universel*, numéro du 24 messidor an IX.

est placé sur un carré long de 31 millimètres sur 16. Dans un si petit espace, Andrieu a trouvé moyen de représenter la bataille avec la multiplicité de détails qu'on pourrait se permettre dans un tableau de quatre mètres carrés. On suit très bien, sans l'aide de la loupe, les péripéties de la bataille. Ce serait une pièce unique si Andrieu n'avait gravé la médaille du Rétablissement de la statue d'Henri IV, à laquelle revient la palme des infiniment petits. Ce tour de force n'avait été tenté par aucun de ses prédécesseurs, et aucun graveur, depuis lui, n'a osé l'aborder, à moins qu'on ne fasse honneur à Montagny de la copie qu'il a faite de cette médaille, et qu'il a signée sans ajouter : d'après Andrieu. Comme cette copie est le seul coin qui existe à la Monnaie de Paris, il en résulte que « le triomphe de la glyptographie moderne » passe pour être l'œuvre d'un graveur qui n'est pas embarrassé pour compter ses triomphes[1]. »

En 1803, a lieu le partage des biens du père et de la mère d'Andrieu : de l'examen des papiers de famille fournis par M. Andrieu, de Bordeaux, son arrière-petit-neveu, il résulte que certains biographes ont exagéré la pauvreté des parents du graveur, puisque chacun des neuf enfants touche une somme de cinq cents francs environ, sans compter le linge et les meubles. On voit que sans être la richesse, ce n'était pas la misère noire. Le 7 prairial an XII, après le décès de Pierre Andrieu et de Françoise Dubourdieu, leurs père et mère, les neuf enfants survivants passèrent un sous seing privé pour se partager la succession. C'étaient :

1° Jean Andrieu aîné, Grand Cours Saint-André, 91 ;
2° Bertrand Andrieu, habitant Paris, et qui s'était fait représenter par son frère Jean, ci-dessus, en vertu d'une procuration passée devant Mᵉ Lefébure, notaire à Paris, en date du 15 floréal an XI[2];
3° Jean Andrieu, rue Poyenne, 26 ;
4° Pierre Andrieu jeune, rue Angélique, 7 ;
5° Jean-Martin Andrieu, Grand Cours Saint-André ;

1. *L'Art*, t. XXXIV, 3ᵉ vol. de 1883, p. 221-232.
2. M. de Boisville nous a signalé une pièce semblable, relative au partage, en 1801, des biens de l'aïeule maternelle d'Andrieu, et signée du graveur lui-même (*Archives municipales de Bordeaux*, *justice de paix de Saint-Seurin*, n° 340, 9 messidor an IX).

6° Marie Martin, épouse de Pierre Andrieu cadet, façade des Chartrons, 130 ;
7° Françoise Andrieu, épouse Laloubie, rue de la Régénération, 26 ;
8° Françoise Andrieu, épouse Cazères, rue Rose, 7 ;
9° Françoise Andrieu, fille majeure, rue Rose, 7.

Le père d'Andrieu mourut le 26 septembre 1789 ; la mère, le 8 vendémiaire an VII (1799), tous les deux à soixante-cinq ans. Françoise Dubourdieu décéda rue Rose, 7, où elle habitait avec ses filles.

C'est en 1802 que parut la médaille relative au *Passage du Mont Saint-Bernard*, réminiscence du tableau de David, mais d'un effet bien moindre, quoique parfaite au point de vue de l'exécution. Puis, viennent, en 1803, 1804, 1805 et 1806, le *Rétablissement du Culte*, l'*Entrevue des deux Empereurs*, le *Mariage de la Princesse Stéphanie*, l'*Entrevue de Napoléon avec le prince Louis de Bade*, la *Paix de Presbourg*, la *Cathédrale de Vienne* (*Actions de grâces pour la Paix*), etc.

Nous arrivons à la partie la plus intéressante, celle des documents trouvés aux Archives Nationales et à la Monnaie. Malgré leur aridité, quelques-uns en raison de leur intérêt historique ou numismatique, ont leur place marquée dans le texte même ; les autres, beaucoup plus nombreux, constituent les pièces que nous avons détachées de notre première partie. Tous sont manuscrits et inédits.

La Monnaie ne possède rien, ou presque rien, dans ses Archives concernant Andrieu, puisque nous n'avons relevé que deux pièces. Ce fait n'a rien qui doive surprendre, étant donné que la Monnaie des Médailles n'a été réunie à la Monnaie proprement dite qu'en 1832, par ordonnance royale du 24 mars.

Si la même période manque, dans sa plus grande partie, aux Archives Nationales, les années comprises entre 1804 et 1814, quelque incomplètes qu'elles soient, renferment un grand nombre de pièces intéressantes. Nous avons relevé tout ce qui a trait à notre sujet, et notre travail a été facilité par la complaisance de M. Viard.

Ces documents sont enfermés dans les cartons des Archives Nationales, cotés O'851, O'852, O'853, O'854. Le même dépôt public contient aussi les décrets relatifs aux nominations des chevaliers de Saint-Michel.

Les états des sommes payées par la Monnaie des Médailles pour la frappe des pièces commémoratives sont intéressants à tous égards ; ils renseignent sur leur prix, leur dessinateur, leur graveur, le nombre des coins, etc. La pénurie des documents, la difficulté de leurs recherches, leur aridité constituent de sérieux obstacles peu faits pour tenter les amateurs; aussi, croyons-nous utile de les publier intégralement.

MONNAIE IMPÉRIALE DES MÉDAILLES

N° 918 — 1806

État des sommes payées par M. Denon, Directeur Général du Musée Napoléon, de la Monnaie des Médailles, pour les dessins et gravures des carrés de médailles et jetons qu'il a fait exécuter pendant l'année 1806.

Savoir :

16 médailles relatives à l'*Expédition de la Grande Armée*, de 1805 à 1806.

N° 6. —**Bataille d'Austerlitz.** — Cette médaille a trois carrés différents : Le premier représente les portraits de l'empereur Alexandre, de l'empereur François II; le second représente le portrait de l'empereur Napoléon avec l'Impératrice ; dans le champ : BATAILLE D'AUSTERLITZ ; et le troisième représente un foudre formé du sceptre de Charlemagne, armé d'éclairs, avec cette inscription : BATAILLE D'AUSTERLITZ, II DÉCEMBRE MDCCCV, XI FRIMAIRE AN XIV.

Payé à M. ANDRIEU, pour la gravure des deux premiers carrés, la somme de dix-huit cents francs, cy 1800

Payé à M. JALEY, pour la gravure du 3e carré, celle de huit cents francs, cy 800

Et à M. CHAUDET, pour le dessin.......................... 24

N° 7. — **Entrevue des deux Empereurs.** — L'Empereur, appuyé sur son épée abaissée, tend la main à l'empereur François II, qui l'aborde avec l'expression de la loyauté.

L'enseigne des drapeaux renversés désigne de quel côté est restée la victoire. Inscription à l'exergue : ENTREVUE DE L'EMPEREUR NAPOLÉON ET DE L'EMPEREUR FRANÇOIS II A URCHITZ, LE IV DÉCEMBRE MDCCCIV.

Payé à M. ANDRIEU, pour la gravure de ce carré, le somme de dix-huit cents francs, cy.. 1800

Et à M. CHAUDET, pour le dessin, celle de.................... 72

Nº 8. — **Paix de Presbourg.** — Le revers de cette médaille représente le temple de Janus, dont la porte est fermée; il est surmonté par le buste triforme de ce dieu. Inscription à l'exergue : PAIX DE PRESBOURG, XXVI DÉCEMBRE MDCCCV.

Payé à M. ANDRIEU, pour la gravure de ce carré, la somme de huit cents francs, cy.. 800

Et à M. LEPERRE, pour le dessin, celle de quarante-huit francs, cy. 48

Nº 9. — **La Cathédrale de Vienne.** — Le carré représente la Cathédrale de Vienne avec cette inscription : Actions de grâces pour la Paix ; et à l'exergue : ORDONNÉES A VIENNE PAR L'EMPEREUR NAPOLÉON, LE XXVIII DÉCEMBRE MDCCCV.

Payé à M. ANDRIEU, pour la gravure de ce revers, la somme de douze cents francs, cy.. 1200

Et à M. LEPERRE, pour le dessin, celle de quarante-huit francs, cy 48

Nº 14. — **Souverainetés données.** — Le revers représente un trône sur lequel est le sceptre impérial. Sur une table, devant le trône, sont diverses couronnes royales et ducales ; trois autres sont à terre et renversées. Dans le champ, au-dessus de la table, un aigle tient un faisceau qui entoure le sceptre de Charlemagne. Inscription à l'exergue : SOUVERAINETÉS DONNÉES, MDCCCVI.

Payé à M. ANDRIEU, pour la gravure de ce carré, la somme de douze cents francs, cy.. 1200

Et à M. ZIX, pour le dessin, celle de vingt-quatre francs, cy...... 24

Nº 15. — **Mariage du Prince Louis de Bade.** — Le carré représente un jeune homme et une jeune fille, se tenant les mains comme gage de leur foi. Au-dessus de leur tête est un N radié. Inscription dans le champ : STÉPHANIE NAPOLÉON, CHARLES-FRÉDÉRIC, LOUIS DE BADE, et à l'exergue : ALLIANCE MDCCCVI.

Payé à M. ANDRIEU, pour la gravure de ce carré, la somme de douze cents francs, cy 1200

Et à M. BARTOLINI, pour le bas-relief du revers, celle de soixante-douze francs, cy.. 72

Plus, payé à M. BRENET, deux cent quarante francs, pour un revers, avec l'inscription de la visite du Prince de Bade à la Monnaie des Médailles, cy.. 240

Certifié véritable le présent compte de l'emploi d'un fonds de vingt-quatre mille neuf cent vingt-huit francs cinquante centimes, provenant du bénéfice de fabrication sur les médailles du couronnement, livrées au Gouvernement en l'an XIII, et dont le soussigné était resté comptable jusqu'à ce jour.

Paris, le 15 janvier 1808.

Le Directeur Général du Musée Napoléon,
[Signé :] DENON [1].

Ces médailles, sauf une, se rapportent à des événements assez connus pour que nous n'ayons pas besoin d'y insister. Celles des *Souverainetés données* mérite quelques explications : les trois couronnes à terre indiquent l'expulsion des rois de Naples et de Sardaigne, et la suppression du doge de Venise.

Napoléon, après avoir adopté pour fils Eugène de Beauharnais, le déclare héritier du royaume d'Italie; puis, le quatre mars, il adopta la nièce de l'Impératrice, Stéphanie de Beauharnais, et la donna en mariage au Prince Électoral de Bade. Le Prince Murat fut nommé Duc de Clèves et de Berg, le vingt mars; Joseph Napoléon, roi de Naples, le trente mai; et à cette même date, la Princesse Pauline Borghèse eut le duché de Guastalla; le maréchal Berthier, la principauté de Neufchâtel. Louis-Napoléon fut proclamé roi de Hollande, le six juin ; Talleyrand devint Prince de Bénévent ; Bernadotte, Prince de Ponte-Corvo [2].

Une lettre, adressée à Denon, nous apprend que les médailles d'Andrieu, de Brenet, etc., ont été placées dans les fondations de l'Arc

1. Archives Nationales, O²851, n° 918 (extrait).
2. Tiré de la *Notice* de M. de B.

de Triomphe du Carrousel, comme elles le furent plus tard dans celles de la Colonne Vendôme.

L'Arc fut élevé dans le Carrousel, vis-à-vis le Palais des Tuileries. Huit statues de marbre représentaient un soldat de chaque arme, et six bas-reliefs indiquaient les principaux faits de la campagne de 1805; le tout était couronné d'un char triomphal attelé de quatre chevaux apportés de Venise, Ces chevaux constituaient un trophée particulier: ils décoraient à Corinthe le fronton du temple du soleil, et furent apportés à Rome sous l'empereur Néron, à Constantinople par Constantin, à Venise par le Doge Dandolo, et à Paris par Napoléon. Les événements de 1814 dépouillèrent le monument. de ces chevaux, qui furent replacés et sont aujourd'hui encore à Venise, sur la façade de la basilique de Saint-Marc[1].

La Colonne, faite du bronze des canons pris à l'ennemi dans la même campagne, a été élevée sur la place Vendôme en l'honneur de la Grande Armée ; elle est semblable à celle que fit construire Trajan, lorsqu'il revint à Rome, vainqueur des Daces. Abattue en 1871, réédifiée peu après, elle rappelle de chers souvenirs aux Bordelais C'est un des leurs, Bergeret, qui, dans l'espace de dix-huit mois, en exécuta les dessins de dimensions vraiment fantastiques : 845 pieds de longueur. On trouvera plus loin un tableau, où ce nom est encore mentionné ; nouveau titre glorieux, car il montre que les médailleurs ne dédaignaient point son talent. Le Musée de la Monnaie possède la réduction en bronze de la Colonne Vendôme, ciselée par Brenet, ami et contemporain d'Andrieu, ainsi qu'un cadre contenant le développement de tous les bas-reliefs en cire rouge. Œuvre d'art remarquable, cette réduction a été faite au vingt-quatrième et mesure 1 mètre 82 centimètres de hauteur ; il a fallu dix ans pour l'exécuter. Détail à noter : le budget de la Monnaie étant épuisé, l'artiste reçut en payement 10 kilogrammes de platine[2].

Après ces explications, il paraît naturel que l'Empereur ait voulu placer, dans les fondations des monuments élevés à la vaillance des

1. Notice de M. de B.

2. De B. *loc. cit.*, et F. Mazerolle, *La Colonne de la Grande Armée*, dans la revue *Armée et Marine*, numéro du 2 avril 1899.

armées, des médailles rappelant des époques glorieuses pour son règne, ainsi qu'en témoigne la lettre suivante :

9 Juillet, an 1806.

Monsieur Denon, Directeur Général du Musée Napoléon,

J'ai reçu, Monsieur, la lettre que vous m'avez fait l'honneur de m'écrire le 6 de ce mois, et par laquelle vous m'annoncez que vous avez réuni toutes les médailles historiques du règne de S. M. et toutes les pièces de monnaie, frappées à l'effigie, destinées à être placées sous la première pierre de l'Arc-de-Triomphe. Monsieur le Grand Maréchal, avec qui j'en ai conféré, croit qu'il n'est pas nécessaire que la pose de ces médailles soit faite en cérémonie. Je vous invite, en conséquence, à y procéder de concert avec Monsieur Fontaine, et à en dresser conjointement un procès-verbal, dont je vous prie de m'envoyer une expédition.

Agréez, Monsieur, l'assurance de la considération avec laquelle j'ai honneur de vous saluer.

[Pas de signature][1].

Cette même année, le Prince de Bade visita la Monnaie. La médaille relative à son mariage avec la Princesse Stéphanie de Beauharnais, nièce de l'Impératrice, fut gravée par Andrieu. La signature du contrat eut lieu le 7 avril ; la célébration du mariage, le 8, dans la chapelle du Palais des Tuileries.

L'inspection du document relatif à cette visite, que l'on trouvera parmi les pièces justificatives, montre la générosité de l'Empire envers ses visiteurs royaux.

La Reine de Westphalie visita aussi la Monnaie, en 1807. On frappa en sa présence une médaille gravée par Andrieu. Celui-ci avait terminé la médaille du buste de l'Empereur, depuis 1805, quand il fit celle de l'Impératrice ; le profil exact et dégagé, la pureté des lignes de cette œuvre lui attirèrent des compliments :

« M. Andrieu vient de mettre au jour le portrait de S. M. l'Impératrice et

1. Archives Nationales, $O^2 851$, n° 1462.

Reine, servant au revers de S. M. l'Empereur et Roi qui paraît depuis deux ans. Il a eu l'honneur de faire hommage à S. M. l'Impératrice, le 25 avril 1807, d'un cadre renfermant ces deux médailles. S. M. a bien voulu les accueillir et honorer l'artiste des éloges les plus flatteurs.

Ces médailles se vendent à Paris, chez l'auteur, rue Saint-Louis au Palais, n° 18[1].

Prix : 10 francs chaque, encadrée, ainsi que celles de la Bataille de Marengo et du Passage du Saint-Bernard.

Monsieur Andrieu profite de l'occasion pour prévenir le public que ce n'est que chez lui que l'on trouve ses médailles. Si quelqu'un s'est présenté chez divers particuliers, ou s'y présente encore, comme venant de sa part, il déclare que c'est absolument à son insu. Ces médailles sont déposées à la Bibliothèque Impériale[2]. »

Ainsi se trouve vérifiée l'assertion de Laboubée, qui dit dans sa notice manuscrite : « En 1807, un importun prit son nom et alla vendre » ses médailles. Andrieu protesta dans les journaux. »

La fin de l'article du *Moniteur* affecte le caractère d'une réclame; mais il était naturel, en somme, que l'artiste profitât de ses travaux. Du reste, ses collègues, Jeuffroy entre autres, employaient le même procédé[3].

1807 et 1808 voient éclore plus de dix chefs-d'œuvre : médailles commémoratives de la *Paix de Tilsitt*, de la *Conquête de la Silésie*, du *Mariage de la Reine de Westphalie*, dont le sujet a été composé par Proudhon, de l'*Émancipation de Dantzick*, du *Portrait de l'Empereur*, en costume impérial, de l'*Impératrice*, de l'*Empereur* (médaille et médaillon), etc. Il ne faut pas s'étonner de trouver les auteurs en désaccord sur la date de l'apparition des médailles, ces dernières n'ayant été lancées dans le public qu'un certain temps après la gravure des coins, et ce genre de travail demandant de longs mois, par

1. La rue Saint-Louis, perpendiculaire à la rue de Harlay, où Andrieu s'était marié, et où habitait son beau-père, disparut en 1808, lors de la construction du quai des Orfèvres. Il n'avait pas voulu s'éloigner de la famille de sa femme, tout en restant dans le voisinage de la Monnaie.

2. *Moniteur universel*, numéro du 29 avril 1807.

3. *Moniteur universel*, numéro du 13 décembre 1807.

exemple la bataille de Marengo, eut lieu en 1800; le coin fut gravé en 1801; la médaille ne parut qu'en 1802. La naissance du duc de Bordeaux arriva en 1820, et la gravure du coin ne fut terminée qu'en 1822, etc. Afin d'éviter des recherches fastidieuses, nous donnerons une liste générale des œuvres d'Andrieu à la fin de notre travail, en leur assignant la date des événements pour lesquels on les frappa.

Le carton O²851 des Archives Nationales contient de véritables richesses, ainsi que le prouvent les documents suivants. Nous avons passé toutes les pièces en revue pendant. Le dossier des sommes payées au personnel est représenté par un nombre considérable de documents, utiles pour établir des statistiques; les états des dépenses provenant des déchets de matières d'or et d'argent forment notamment un dossier très volumineux et très complet.

MONNAIE IMPÉRIALE DES MÉDAILLES

Gravures de carrés et de dessins de médailles. — Exercice 1806.

État des sommes dues, par la Monnaie des Médailles, pour les dessins des graveurs et carrés de médailles, ordonnées par le Directeur Général[1]

Médailles	Nom des graveurs	Nombre des carrés	Sommes dues
Bataille d'Iéna (seconde médaille sur cet événement	Andrieu	1	3.000
Prise de Custrie, Spandau, Magdebourg.	—	1	3.000
Prise de Dantzick	—	1	2.000
La Conquête de la Silésie	—	1	2.000
Le Mariage du roi de Wesphalie	—	1	2.400

1. Archives Nationales, O²851.

MONNAIE IMPÉRIALE DES MÉDAILLES

État des sommes payées, par le Comptable de la Monnaie des Médailles, pour les dessins et la gravure de carrés de médailles, ordonnées par le Directeur Général et exécutées en 1808.

MÉDAILLES	Nom des graveurs	Nombre des carrés	Sommes dues
Bataille d'Iéna..........................	Andrieu	3	2.460
Paix avec la Saxe	Andrieu	2	2.400
Le séjour à Ostérode....................	Andrieu Jouannin	2	930
La paix de Tilsitt	Andrieu Droz	2	3.300
Tête de l'Empereur	Andrieu	3	1.660

Le dessin de la bataille d'Iéna a été payé par l'Institut, qui en a composé le sujet.

Certifié véritable par le comptable soussigné le présent état, montant à.....; et appuyé de pièces justificatives, pour dessins et gravures de poinçons et carrés de médailles, dont le payement a été autorisé par le Directeur Général.

Paris, le 10 janvier 1809.

[Signé :] CHALTAS.

Vérifié le présent état conforme aux quittances ci-jointes, payées par le comptable pour dessins et gravures de poinçons et carrés de médailles ordonnées par le Directeur Général.

Paris, le 11 janvier 1809.

Le Contrôleur.
[Signé :] PERNE.

Vu par le Directeur Général,
[Signé :] DENON[1].

1. Archives Nationales, *loc. cit.*

MONNAIE IMPÉRIALE DES MÉDAILLES

Gravures de carrés. — 1808

État des sommes payées, par le comptable de la Monnaie des Médailles, pour la gravure des carrés de médailles ordonnées par Monsieur le Directeur Général en 1806[1] :

Médailles	Nom des graveurs	Nombre de carrés	Sommes payées
Bataille d'Austerlitz..	Andrieu	1	1.800
Entrevue des 2 Empereurs........ .. .	—	1	1.800
Souverainetés données......	—	1	1.200
Cathédrale de Vienne	—	1	1.200

Citons aussi quelques autographes :

Je, soussigné, reconnais avoir reçu de Monsieur Denon, la somme de trois mille huit cents francs, pour la gravure de trois carrés.

Savoir :

Le premier, représentant l'entrevue de l'Empereur Napoléon et de l'Empereur François II, à Urchitz, moyennant.................. .. 1.800 fr.

Le second, représentant le temple de Janus, moyennant.... 800 »

Et le troisième, représentant la cathédrale de Vienne, moyennant.............................. .. .. 1.200 »

Total........... .... 3.800 fr.

Dont quittance. Paris, le 29 may 1806.

[Signé :] Andrieu.

Vu par le Directeur Général,
[Signé :] Denon[2].

1. Archives Nationales, O²851.
2. *Ibidem.*

GRANDS MÉDAILLONS PAR ANDRIEU

L'Empereur et l'Impératrice reçus en Allemagne .... 30 livres.
La retraite de Marengo et le passage du St Bernard .... 30 livres.
Têtes de l'Empereur .... 10 livres.

Reçu les soixante-dix livres, le 16 avril 1808.

[Signé :] ANDRIEU[1].

Reçu de Monsieur Denon la somme de deux mille quatre cent soixante francs, pour la gravure de trois carrés de la médaille relative à la bataille d'Iéna.

Savoir :

Pour le revers, représentant la figure de l'Empereur sur un cheval au galop .... 1.800 fr.
Pour deux carrés de la tête de l'Empereur servant à cette médaille .... 660 fr.

Dont quittance. Paris, le 16 avril 1808.

[Signé :] ANDRIEU.

Vu par le Directeur Général,
[Signé :] DENON[2].

N° 4. Reçu de Monsieur Chaltas, comptable de la Monnaie des Médailles, la somme de huit cents francs, prix fixé par Monsieur le Directeur Général pour la gravure de 3 carrés de jetons du Musée Napoléon, l'un représentant

1. Archives Nationales, *loc. cit.*
2. Archives Nationales, O²851, liasse n° 5.

la salle du Laoccon, l'autre la salle de l'Apollon, et le troisième la tête de S. M. l'Empereur.

Dont quittance, à Paris, le 13 avril 1810.

[Signé :] ANDRIEU[1].

De semblables quittances existent pour les médailles relatives à la Paix avec la Saxe, la Paix de Tilsitt, la tête des médailles des campagnes de Prusse et de Pologne, etc.; on les trouvera avec les autres pièces justificatives.

Malgré les guerres continuelles, Napoléon Ier attachait un réel intérêt aux médailles frappées sous son règne. Tout en y voyant le moyen de se rendre populaire, son amour-propre y trouvait aussi une grande satisfaction. Chaque année, le budget national affectait une certaine somme aux médailliers de l'Empereur, de l'Impératrice, et à celui de la Bibliothèque Impériale, alors, comme aujourd'hui, Cabinet des médailles. En 1809, les fonds accordés, de ce chef, aux deux augustes époux s'élevaient à quatorze mille francs et, en 1813, à quinze mille, dont cinq pour la Bibliothèque.

L'Administration prenait les échantillons de la première frappe, et usait des plus grandes précautions pour les envoyer à destination. On trouve dans les cartons de la rue des Archives beaucoup de documents attestant que ces opérations se passaient avec la plus parfaite régularité; l'un deux, relatif au médaillier de l'Impératrice, est si détaillé que nous le croyons susceptible d'attirer l'attention des numismates. Rappelons avant de le présenter, que la même pièce existe pour le médaillier de Napoléon Ier et que Napoléon III a fait don d'un médaillier de Napoléon Ier au Musée de la Monnaie, où il se trouve encore[2].

1. Archives Nationales, *loç. cit.*, liasse n° 7.

2. Ce médaillier contient une collection de monnaies d'or, d'argent, de billon et de bronze ayant eu cours dans le Royaume d'Italie en 1806.

MONNAIE IMPÉRIALE DES MÉDAILLES

Médaillier de Sa Majesté l'Impératrice Joséphine. — Exercice 1809.
Budget des dépenses.— Fonds de 14.000 francs.

Facture des médailles en or remises par le comptable soussigné à Monsieur le Directeur Général pour être placées dans le médaillier de Sa Majesté l'Impératrice Joséphine.

Désignation des Médailles	Poids total	Prix du gramme	Somme à payer
Bataille de Montenotte.............			
L'Égypte conquise..................			
Passage du Grand-Saint-Bernard....			
Le Couronnement à Paris..........			
Les fêtes du Couronnement..........			
Le Couronnement à Milan..........			
La Vénus de Médicis................			
Le Code Napoléon..................			
La Vaccine........................	1 kgr. 05575	3 fr. 45	3.642 fr. 35
Le mariage du Prince de Bade.......			
La bataille d'Iéna..................			
L'occupation de Hambourg.........			
La délivrance de Dantzick..........			
La conquête de la Silésie..........			
Route de Nice à Rome.............			
Entrée à Madrid..................			
Rupture du traité de Presbourg......			

Ces 17 médailles en or, au titre de 916 millièmes, pesant ensemble un kilogramme cinquante-cinq grammes, soixante-quinze centigrammes, à raison de 3,450 fr. le kgr.

Report....................	3.642 fr. 35
Plus, quarante médailles en bronze dans deux tablettes à compartiment, garnies en satin bleu, suivant la note ci-jointe.	70 »
	3.713 fr. 35

Délivré la présente facture au paiement de la somme de trois mille sept cent treize francs, trente-cinq centimes, due à la caisse de la Monnaie des Médailles, pour la valeur des dix-sept médailles en or et des quarante autres en bronze, remises à Monsieur le Directeur Général, pour être placées dans le médaillier de S. M. l'Impératrice Joséphine.

Paris, le 26 juin 1813.

Le Comptable : [Signé] CHALTAS.

Vérifié la présente facture conforme aux registres de fabrication et de vente, montant à la somme de trois mille sept cent treize francs, trente-cinq centimes, due à la caisse de la Monnaie des Médailles.

Le contrôleur : [signé] PERNE.

Vu par le Directeur Général : [signé] DENON.

Je certifie que Monsieur le Baron Denon a remis à Sa Majesté l'Impératrice Joséphine les dix-sept médailles en or et les quarante en bronze, désignées sur la facture de l'autre part.

Au palais de Malmaison, ce 3 juillet 1813.

[Signé :] LA COMTESSE D'ASBERG.

Pour copie conforme,
Le Directeur Général :
DENON[1].

(Suit l'énumération des quarante médailles de bronze.)

Les Autrichiens, voyant les armées françaises engagées au delà des Pyrénées, crurent pouvoir se soustraire aux clauses du traité de Presbourg et prirent une attitude hostile. L'Empereur donna des ordres pour les attaquer, régla ses affaires d'Espagne, et partit de Valladolid pour commencer la seconde campagne (1809)[2]. A l'occasion des événements qui se succédèrent, la frappe des médailles recommença pour continuer jusqu'en 1810, année marquée par le *Second mariage de Napoléon*, la *Visite des souverains de la Bavière, de la Saxe*, etc.

Andrieu vieillissait, et pourtant jamais ses œuvres ne furent plus heureuses; jamais le choc du balancier n'imprima sur le bronze

1. Archives Nationales, O²851.
2. Tiré de la notice de M. de B.

autant de ses travaux. Les cloches, en annonçant les visites royales, semblaient lui rappeler que ses cinquante ans allaient sonner. Qu'importe, il a toujours la vigueur et l'enthousiasme. C'est à peine si un demi-siècle a pu laisser l'empreinte de quelques rides sur son visage ; le front haut, il paraît défier le temps, comme il a défié les révolutions. Si ses cheveux grisonnants indiquent une vie de labeur, le cœur reste généreux comme à vingt ans ; enrichi par le travail, il ne songe nullement au repos. Au contraire, ses œuvres seront plus nombreuses, et consacreront, tour à tour, le *Mariage de l'Empereur*, la *Visite du roi et de la reine de Bavière*, la *Médaille des Prix décennaux*, etc., etc. Jamais artiste ne fut plus fécond, jamais burin plus élégant. Ces multiples productions, lancées coup sur coup, produisent un effet considérable ; après le baptême du Roi de Rome, comme nous le verrons plus tard, les princes lui écrivent et semblent le prier de mettre son talent à leur service.

Voici deux notes datant de cette époque :

Note des Médailles commandées par M. Denon à Andrieu[1]

La tête de l'Empereur	5.000
Le canal de l'Ourcq avec le changement fait au bras. Prix convenu.	2.550
La salle de l'Apollon, la salle du Laocoon, plus une petite tête de l'Empereur, pour servir avec ses carrés	800
Le traité de Presbourg rompu par l'Autriche	500
La porte Saint-Martin	1.000
La porte de Carinthie	1.000
La bataille de Sommo-Sierra	2.000
La Vaccine	2.400
Le Roi de Saxe	1.000
Le Roi et la Reine de Bavière	1.200
La médaille du mariage de l'Empereur	1.200

Note des Médailles commandées par M. Denon à Andrieu[2]

Toutes ces médailles sont livrées à la Monnaie des Médailles et ne sont pas encore payées.

A reporter......... 18.650

1 et 2. Archives Nationales, O²851.

Report...........	18.650
Le canal de l'Ourcq avec le changement fait au bras, prix convenu..	2.550
La salle de l'Apollon, la salle du Laocoon. plus une petite tête de l'Empereur, pour servir avec ces carrés.....................	800
Le traité de Presbourg rompu par l'Autriche......................	500
La porte Saint-Martin..	1.000
La porte de Carinthie..	1.000
Le Roi et la Reine de Bavière..................................	1.200
La tête de l'Empereur, 27 lignes, prix convenu..................	5.000
La médaille des Prix décennaux représentant la figure de Minerve..	2.500
Total.........	33.200

Le 15 avril, soldé les deux carrés de la porte Saint-Martin et de la porte de Carinthie; remis un mandat sur Chaltas pour 2.000 francs, payable à la fin de may et à la fin de juin.

[Pas de signature].

A part quelques pièces, la seconde nomenclature n'est qu'une variante de la première; mais toutes les deux méritent un examen spécial, en raison des médailles qu'elles mentionnent.

La médaille de la tête de l'Empereur fut payée 5,000 francs à Andrieu, et nous avons cru longtemps que c'était la seule qui eût atteint un pareil prix, quand les documents inédits appartenant à M. Johanet nous apprirent que la médaille de la *Naissance du Duc de Bordeaux*, commandée par le Gouvernement, avait été payée 6,000 fr., et celle de la Ville de Paris, relative au même événement, 15,000 fr. Viennent ensuite la *Paix de Tilsitt*, 3,300 fr.; la *Bataille d'Iéna*, 3,000 fr.; la *Prise de Custrin*, *Spandau* et *Magdebourg*, 3,000 fr.; la *Vaccine*, 2,400 fr. Dans les documents des Archives Nationales, nous n'avons pas trouvé une somme supérieure à celle de 5,000 fr. Napoléon ne dissimulait pas sa satisfaction en présence du travail qui représentait ses traits, et d'ailleurs, les commandes qui suivirent sont là pour attester que l'artiste grandissait de plus en plus dans l'estime du souverain.

La Vaccine, *pour la Société centrale de l'établissement de la Vaccine.* — Malgré l'utilité de la nouvelle méthode, sa vulgarisation n'était pas complète. L'autorité supérieure et la Faculté jugèrent que, pour agir plus efficacement, il valait mieux centraliser les travaux sur cette question et former une Société spéciale destinée à encourager les moyens de la propager. Toutes les villes suivirent le mouvement, et nous dirons, à l'honneur de la nôtre, que le Dr Caillaud fit, à cette époque, à la Société de Médecine bordelaise, un rapport dans lequel il relatait les progrès de la Vaccine et l'empressement que mettaient les localités à l'adopter.

La face de cette médaille montre la tête de l'empereur; au revers, deux branches de laurier forment couronne. La plus célèbre des médailles relatives à la Vaccine est celle qui, au revers, présente deux personnages allégoriques: Esculape protégeant une Vénus, ou le dieu de la Santé protégeant la Beauté. La tête de Napoléon fut, comme toutes les autres (à part celles du Consulat), gravée d'après la statue de Chaudet, qui obtint le grand prix de sculpture aux prix décennaux, en 1810. Sa beauté la fit choisir pour la plupart des autres médailles de l'Empire, comme, plus tard, sous Louis XVIII, ce fut encore la figure gravée par Andrieu, qui servit pour les médailles de ce règne; aussi voit-on presque toujours sa signature sur la face des médailles de ces deux époques, alors que le revers est la production d'autres artistes.

M. E. Johanet dit, en parlant de cette médaille :

« A l'Exposition de 1878, la Vaccine figurait sous deux formes. La sculpture l'avait représentée sous les traits de Jenner expérimentant sa découverte sur son propre fils : c'était la Vaccine d'après nature.

» Le même sujet, traité sous la forme allégorique, avait été exposé comme une œuvre hors ligne; c'était la médaille gravée par Andrieu, en 1804: Esculape prend sous sa protection la Beauté, personnifiée par la Vénus de Médicis. Le dieu de la Médecine domine de sa haute stature la déesse de la Beauté; son bras robuste, posé sur la frêle épaule de Vénus, donne bien, tout d'abord, l'idée de la Force protégeant la Faiblesse. On dirait une gazelle sous la tutelle d'un lion. Le choix de la Vénus de Médicis, si pudique, si craintive, est bien celui qui devait être fait pour figurer la Beauté, cherchant près d'un personnage athlétique, sûr de lui-même et de sa science, un abri contre les ravages de la maladie. Cette composition magistrale est un chef-d'œuvre. Elle prouve en outre, qu'il dépend de l'artiste de rendre la nudité chaste, même avec un modèle qu'on n'a pas déifié pour son amour de la vertu. »

Les têtes de l'empereur et de l'impératrice, qui figurent sur la médaille de leur mariage, sont citées parmi les plus belles qui aient été frappées depuis le XVe siècle.

Enfin, la fameuse médaille des *Prix décennaux*, représentant Minerve distribuant des couronnes, fut frappée à un nombre considérable d'exemplaires; elle fit à un tel point fureur, que les graveurs la copièrent en cinq modules. Les Sociétés de tous genres la distribuèrent et l'attribuent encore de nos jours, comme prix, en France et à l'étranger. On pourrait dire qu'elle a fait le tour du monde[1].

Nous avons déjà fait allusion aux *Visites des Souverains à la Monnaie*, pendant les années 1809 et 1810. Ainsi, le prince de Saxe visita le Muséum et le palais du Luxembourg le 26 novembre 1809, la Monnaie le 4 décembre, Versailles le 6 du même mois, et quitta Paris le 11, pour regagner ses États. A cette occasion, des médailles furent frappées en son honneur, ainsi que le témoignent les pièces comptables qui figurent parmi les pièces justificatives insérées à la fin de notre mémoire.

Nous renvoyons également à la fin, les pièces relatives à la *Visite du Roi et de la Reine de Bavière*, du *Grand-Duc de Wurtzbourg*, toutes identiques à celle du prince de Saxe.

Si le Gouvernement montrait de la générosité envers les visiteurs de marque, il est juste de dire qu'il l'étendait également sur tout le personnel de la Monnaie, puisque les simples ouvriers eux-mêmes

1. Les prix décennaux furent institués par décret de l'empereur, en date du 24 fructidor an XII (11 septembre 1804). Ils avaient pour but de récompenser les ouvrages de science, littérature, art, etc. Des grands prix étaient réservés aux auteurs des trois meilleurs ouvrages en taille-douce, en médailles et sur pierres fines. Le décret fixait la distribution aux anniversaires décennaux du 18 brumaire. Cette distribution n'eut lieu qu'une fois, le 9 novembre 1810. Andrieu et Dupré obtinrent des récompenses pour les médailles. Les prix décennaux furent supprimés sous Louis XVIII.

avaient l'habitude de recevoir des médailles. Lors des distributions dans cet établissement, tous les employés étaient tenus de signer une feuille d'émargement.

Les graveurs n'étaient payés que plusieurs années après la livraison de leurs travaux. C'est ainsi que l'exercice 1809 ne fut réglé qu'en 1810, et qu'on le retrouve encore dans les états de 1811. Les artistes mettaient aussi un certain retard dans la confection des coins, et quand l'un de ces derniers se brisait, il fallait de longs mois pour le remplacer. Ajoutons, enfin, que les guerres ne laissaient point toujours les finances dans une situation prospère.

Il ne nous paraît pas inutile de relater ici une pièce manuscrite, dont la lecture en dira plus long que tous les commentaires; c'est celle relative à l'exercice 1809, soldé en 1810, et mentionnée encore en 1813, où l'on retrouve les noms d'Andrieu et de Bergeret, le grand peintre bordelais. Nous croyons de notre devoir d'insister sur un point capital, tant il montre la supériorité d'Andrieu.

Presque tous les graveurs exécutaient leurs médailles d'après les dessins de peintres célèbres. Bien que notre concitoyen ait eu recours au talent des Prudhon, Zix, Meynier, Fragonard, etc., il n'en est pas moins avéré qu'il grava ses plus belles œuvres d'après ses compositions, ou, pour nous expliquer plus clairement, d'après ses propres dessins. Dès son adolescence, Andrieu s'était parfaitement rendu compte de l'importance qu'il y avait à pouvoir agir par soi-même, et il quitta Bordeaux tout formé. L'expérience lui fit comprendre que le dessin est, pour l'artiste, le facteur le plus important, qu'il s'agisse de peinture, de sculpture ou de gravure; aussi l'avons-nous vu encore manier le crayon avec acharnement, pendant la période comprise entre 1790 et 1800. Cette opiniâtreté dans le travail trouva sa récompense; car seul, ou presque seul de ses contemporains, il a composé, dessiné et gravé ses chefs-d'œuvre. Ajoutons, pour ne rien omettre, que c'est lui qui fit les bustes en plâtre de l'empereur et de l'impératrice.

MONNAIE IMPÉRIALE DES MÉDAILLES

Dépenses extraordinaires. — Exercice 1809. — Fonds de 40.000 fr.

État des sommes payées par le comptable pour les dessins et la gravure des carrés des médailles ordonnées par le Directeur Général en 1809

Désignation des médailles	Noms des		Nombre des		Sommes payées pour	
	Dessinateurs	Graveurs	Dessins	Carrés	les dessins	les carrés
La bataille d'Iéna	Bergeret	Galle	1	1	48	3.000
La prise des 4 forteresses de Prusse	Fragonard	Galle	1	non terminé	72	»
La prise de Dantzick	Meynier	Andrieu	1	1	48	2.000
La conquête de la Silésie	Meynier	Andrieu	1	1	48	2.000
Le mariage du roi de Westphalie	Prud'hon	Andrieu	1	2	72	2.100
La bataille de Somme-Sierra	Fragonard	Andrieu	1	non terminé	72	»
La prise de Madrid	Lepère	Brenet	1	1	48	1.500
La conquête de l'Égypte	Fragonard	Brenet / Jouannin	1	3	72	2.630
Le passage du Saint-Bernard / Bataille de Marengo	Fragonard / Fragonard	Dubois / Dubois	2	2	74	1.500
L'introduction de la vaccine	Chaudet	Dubois	1	non terminé	72	»
Le canal de l'Ourcq	Fragonard	Andrieu	1	1	72	2.550
La colonne de la Grande-Armée	Lepère	Brenet	1	1	48	1.000
La statue de Desaix	Fragonard	Brenet	1	1	48	2.000
La réunion de Gênes à la France	Fragonard	»	1	non terminé	72	»
	Totaux		15	14	866	20.280
					21.146 fr.	

Certifié véritable, par le comptable soussigné, le présent état, montant à la somme de vingt-un mille cent quarante-six francs, payée aux artistes cy-dénommés, pour le prix de quinze dessins et quatorze carrés de médailles du règne de l'Empereur, ordonnées par le Directeur général suivant quittances à l'appui.

Paris, le 10 janvier 1810.

[Signé :] CHALTAS.

Vérifié le présent état conforme aux quittances y annexées, montant à la somme de vingt et un mille cent soixante-huit francs, payée pour quinze dessins et quatorze carrés de médailles du règne de l'Empereur, ordonnées par le Directeur général.

Paris, le 15 janvier 1810.

Le contrôleur,
[Signé :] PERNE.

Vu par le Directeur général :
[Signé :] DENON [1].

Si une cérémonie laissa un souvenir durable dans la mémoire des Parisiens, c'est bien celle du *Mariage de Napoléon avec Marie-Louise d'Autriche*. Tout le luxe possible fut déployé ; tout fut calculé pour rappeler les fêtes royales. L'Empire aimait à copier le faste de l'ancien régime. La quantité de médailles frappées pour la circonstance fut considérable, et plusieurs lettres furent échangées à cette occasion, entre la Monnaie et la Maison de l'empereur :

N° 464. Paris, le 4 mars, an 1810.

A Monsieur Denon, Directeur du Musée Napoléon.

Sa Majesté, Monsieur, donna ordre, à l'époque de son couronnement, de faire frapper un grand nombre de médailles de quatre dimensions différentes, destinées à des présens. Sa Majesté trouvera peut-être convenable de donner un ordre semblable à l'occasion de son mariage. Je ne doute pas que vous ayez déjà préparé le projet d'une médaille relative à ce grand événement. Je

1. Archives Nationales, O²854.

vous prie de vouloir bien me faire connaître ce projet, et ce que l'exécution en coûterait, dans la supposition que, comme au couronnement, il dût être frappé 1.000 de ces médailles en or, 4.000 en argent et un grand nombre de médailles de la plus petite dimension.

Je vous prie de m'envoyer un aperçu de cette dépense le plus tôt possible, afin que je puisse soumettre le projet à l'approbation de Sa Majesté[1].

Recevez, Monsieur, les assurances de la considération distinguée, avec laquelle j'ai l'honneur de vous saluer.

[Pas de signature].

Denon, érudit, graveur, archéologue et par-dessus tout ami des arts, s'était occupé de ces médailles bien avant d'en avoir reçu l'ordre; sa réponse eut lieu le lendemain.

Paris, le 5 mars 1810.

MONNAIE DES MÉDAILLES

N° 821. — Enregistré le 8 mars 1810

Vivant Denon, membre de l'Institut National, de la Légion d'honneur, Directeur Général du Musée Napoléon, de la Monnaie, des Médailles, etc.

A Monsieur le comte Daru,
Conseiller d'État, Intendant Général de la
Maison de l'Empereur.

MONSIEUR LE COMTE,

Je viens de recevoir la lettre que vous m'avez fait l'honneur de m'écrire le 4 de ce mois, relative aux médailles à faire pour le *Mariage de Sa Majesté l'Empereur et l'Archiduchesse d'Autriche Marie-Louise*.

Je m'étais déjà occupé de la composition et de l'exécution de cette médaille, dans la dimension de 18 lignes qui est celle adoptée pour les médailles historiques de Sa Majesté, et qui est la même que celle du grand modèle des médailles du couronnement. Pensant aussi qu'il serait nécessaire d'en frapper du plus petit modèle, j'ai déjà ordonné la gravure des carrés. Ils me seront

1. Archives Nationales, O[2]852.

remis le 20 de ce mois, pour en pouvoir faire usage à l'époque de la cérémonie. S'il est nécessaire d'en frapper des 2e et 3e dimensions, comme il a été fait lors du couronnement, j'ai l'honneur de vous prévenir, Monsieur le Comte, que les carrés ne pourraient être terminés pour l'époque du mariage, et qu'en les ordonnant la semaine prochaine, je ne pourrais les obtenir qu'un mois après la cérémonie.

Je joins ici l'état du nombre des médailles du couronnement des 4 dimensions, frappées en or et en argent, et le relevé des dépenses faites pour cette fabrication.

D'après le résultat de votre travail avec Sa Majesté, je vous prierai, Monsieur le Comte, de me mettre à même de faire les achats de matières nécessaires au nombre des médailles que Sa Majesté aura ordonné.

Cette médaille représente, d'un côté, les têtes accolées de Sa Majesté et de la future Impératrice, avec leurs noms; au revers, l'Empereur en costume héroïque conduisant l'Impératrice à l'autel de l'hymen.

Pour légende: *Pax et Connubium;* et à l'exergue, la date de la cérémonie.

Il n'existe de cette composition qu'une esquisse en relief, dont les plâtres sont entre les mains du graveur [1]. Il me manque encore le profil, de l'Archiduchesse, que j'ai demandé avec instance au Prince de Neufchâtel et que j'attends tous les jours.

Agréez, Monsieur le Comte, l'hommage de ma haute considération.

[Signé :] DENON [2].

Communiqué
à M. le Grand Chambellan,
le 6 mars.

Andrieu, pour la confection de ces médailles, devait travailler nuit et jour, puisque les coins étaient livrables dans le délai d'un mois. Combien de fois, du reste, n'a-t-il pas dû être en butte aux sollicitations pressantes du directeur de la Monnaie!

1. Andrieu.
2. Archives Nationales. O²852.

Note des médailles du couronnement et des dépenses relatives à leur fabrication

13 N° 821.

En or :

1re dimension	4 centimètres ou 18 lignes.			
	100 ont coûté.........	100	à..........	18.900
2e dimension	32 millimètres.......	200	à..........	18.900
3e dimension	23 —	200	à..........	9.450
4e dimension	14 —	12.500	à..........	85.500
		13.000		132.750

En argent :

1re dimension	2.400 ont coûté..........................	21.500
2e dimension	1.050 —	4.613
3e dimension	1.000 —	2.500
4e dimension	70.000 —	28.000
	74.450	56.613

Les frais de dessin et gravure des carrés des quatre dimensions, suivant les relevés faits sur les états, ont été de.......... 14.000

Résumé :

13.000 médailles ont coûté, en or......	132.750
74.450 — en argent, ont coûté..........	56.613
87.450	189.363
Frais de dessin et gravure	14.000
TOTAL...............	203.363

Si Sa Majesté décide qu'il ne sera frappé pour son mariage que la plus grande et la plus petite des dimensions ci-dessus et en même nombre.

Savoir :

100 de la première, en or;
12.500 de la quatrième.

En argent :

2.400 de la première, en argent;
70.000 de la quatrième.

Il n'en coûterait que....................................	153.900
Plus, les frais de gravure, etc., réduits approximativement..	9.000
TOTAL...............	162.900

Paris, le 5 mars 1810.

[Signé :] DENON[1].

1. Archives Nationales, O²853.

Après avoir obtenu les renseignements qu'il désirait, le comte Daru écrivit immédiatement au comte de Montesquiou.

Paris, le 6 mars 1810.

A son Excellence, Monsieur le Comte de Montesquiou, Grand Chambellan.

MONSIEUR LE COMTE,

Sa Majesté, à l'époque de son couronnement, donna l'ordre de faire frapper un grand nombre de médailles, de quatre dimensions différentes, destinées à des présens. J'ai pensé que S. M. trouverait peut-être convenable de donner un ordre semblable à l'occasion de son mariage. En conséquence, j'ai prié M. Denon de me présenter les projets des médailles qu'il conviendrait de faire frapper dans cette circonstance, et de ce qu'il en coûterait. M. Denon m'a adressé en réponse la note des médailles qui ont été distribuées lors du couronnement et le relevé des dépenses faites pour leur fabrication. Le nombre de ces médailles s'élève à 87.450, dont 13.000 en or, et 74.450 en argent. La dépense relative à leur fabrication monte à 203.363 fr.

M. Denon m'annonce qu'il s'est déjà occupé de la composition et de l'exécution d'une médaille pour le mariage de S. M., dans la dimension de 18 lignes, qui est celle adoptée pour les médailles historiques de l'Empereur, et la même que celle du grand modèle des médailles du couronnement.

Cette médaille représente, d'un côté, les têtes accolées de LL. MM. l'Empereur et l'Impératrice avec leurs noms; au revers, l'Empereur en costume héroïque, conduisant l'Impératrice à l'autel de l'hymen; pour légende: *Pax et Connubium;* et à l'exergue, la date de la cérémonie ; mais qu'il n'existe de cette composition qu'une esquisse en relief, dont les plâtres sont entre les mains du graveur, et qu'il lui manque encore le profil de S. M. l'Impératrice qu'il a demandé avec instance à S. A. M. le Prince de Neufchâtel et qu'il attend tous les jours.

Pensant aussi qu'il serait nécessaire d'en frapper du plus petit modèle, il ajoute qu'il a déjà commandé la gravure des carrés, qui doivent lui être remis le 20 de ce mois, de manière à pouvoir en faire usage à l'époque de la cérémonie; mais il me prévient que, s'il était nécessaire d'en frapper des 2e et 3e dimensions, comme cela a eu lieu à l'époque du couronnement, les carrés ne pourraient être terminés à l'époque du mariage, et que, même en les ordonnant de suite, il ne pourrait les obtenir qu'un mois après cette époque.

D'après ce qui s'est pratiqué à l'époque du *Couronnement*, la distribution de ces médailles doit faire partie des attributions de Votre Excellence, et la somme nécessaire à leur fabrication doit être comprise dans son budget. Je crois, d'après cela, que c'est à vous, Monsieur le Comte, qu'il appartient de prendre à ce sujet les ordres de S. M., et de déterminer le nombre des médailles de chaque dimension qu'il sera nécessaire de faire frapper. C'est ce qui m'a engagé à vous faire part de la lettre que j'ai reçue de M. Denon.

J'ai l'honneur de vous adresser ci-joint copie de la note qu'il m'a transmise, contenant les médailles qui ont été frappées à l'époque du couronnement. M. Denon annonce, à la suite de cette note, que si S. M. décide qu'il ne sera frappé pour son mariage que la plus grande et la plus petite des dimensions, et en même nombre que pour le couronnement, c'est-à-dire en tout 13.000 médailles en or et 72.400 en argent, la dépense s'élèverait à 162.900 fr. Il expose, dans sa lettre, qu'il importe de le mettre bientôt à même de faire les achats de matières nécessaires à la fabrication du nombre de médailles que Sa Majesté aura ordonné.

J'ai l'honneur de prier Votre Excellence de me faire connaître, le plus tôt possible ce que Sa Majesté aura décidé à ce sujet, et la somme qu'elle voudra bien accorder pour cette dépense, afin que je puisse en prévenir de suite M. Denon, et comprendre cet objet dans le budget des dépenses relatives au mariage que S. M. m'a ordonné de lui présenter.

Je prie Votre Excellence d'agréer l'assurance de ma haute considération, avec laquelle j'ai l'honneur de vous saluer [1].

[Pas de signature].

Le directeur de la Monnaie donna des conseils à Andrieu, tout en le pressant d'activer son travail. Habile graveur lui-même, il prenait un plaisir extrême à suivre les travaux de l'artiste placé sous sa direction. Manier le burin ou le crayon devenait un jeu pour un homme qui, sous le feu de l'ennemi en Égypte, avait pris des vues et des croquis [2].

Le 8 mars, il écrivait encore à ce sujet :

1. Archives Nationales, O[2]852.
2. Denon fit plusieurs dessins pendant la bataille des Pyramides.

MONNAIE DES MÉDAILLES

Paris, le 8 mars, an 1810.

Vivant Denon, membre de l'Institut National de la Légion d'honneur, Directeur Général du Musée Napoléon, de la Monnaie des Médailles, etc.

A Monsieur le comte Daru, Conseiller d'État, Intendant Général de la Maison de l'Empereur.

MONSIEUR L'INTENDANT GÉNÉRAL,

Je vous prie de mettre sous les yeux de Sa Majesté le projet, que je joins ici, d'une médaille destinée à faire suite à son histoire, et à servir pour la cérémonie de son mariage. Je désire que par sa simplicité et la noblesse des poses, elle puisse plaire à Sa Majesté. Je la crois telle, qu'elle peut se passer d'inscription, sans laisser de doute sur sa destination.

J'ai donc l'honneur de proposer à Sa Majesté de mettre simplement à l'exergue, du côté du revers, le lieu, le jour et l'année de la célébration : *Paris, 28 mars 1810*, et dans le champ, du côté des têtes : *Napoléon Empereur et Roi, Marie-Louise d'Autriche.*

Veuillez bien, Monsieur l'Intendant Général, aussitôt que vous aurez pris la décision de Sa Majesté, me l'envoyer, avec la note de ce qu'il faudra fabriquer de médailles, afin que l'on puisse préparer les espèces de matières et le nombre des flans.

Agréez, Monsieur l'Intendant Général, l'hommage de ma haute considération.

[Signé :] DENON[1].

85.000 médailles en or, en argent ou en bronze, furent frappées. On les distribua aux princes, aux ambassadeurs, aux personnages de la Maison de l'empereur, aux fonctionnaires, aux Sociétés, aux employés et ouvriers de la Monnaie; enfin, on en jeta au peuple, dans les rues et sur les places publiques. Les préfets et hauts dignitaires de la province eurent leur part; mais, comme d'habitude, la capitale absorba la plus grande partie des libéralités.

1. Archives Nationales, $O^2 832$.

Ce nombre considérable de 85.000 exemplaires n'a été dépassé que pour les fêtes du couronnement : 87.450, et plus tard, sous l'administration de M. de Puymaurin, lors de la naissance du duc de Bordeaux : 100.000.

En 1808, le 16 janvier, avait paru un décret relatif à la réfection des cartes à jouer, qui devaient être uniformes pour tout l'Empire. Leur exécution eut lieu en 1810, époque à laquelle elles furent dessinées par Monget, gravées par Andrieu et imprimées par Didot.

Le jury, chargé de décerner les prix décennaux en 1810, parle avec éloge de MM. Andrieu et Galle[1] :

> Cette manière de graver a fleuri, en France, sous les règnes de Louis XIII et de Louis XIV; les noms de Varin, de Dupré, de Mauger ont obtenu une grande célébrité méritée; mais l'art avait décliné jusqu'à la fin du dernier siècle, où un second Dupré le releva. Il fut surpassé encore par M. Rambert Dumarest, mort il y a environ trois ans, et qui nous a laissé de belles médailles, malheureusement en petit nombre. Les graveurs qui se distinguent le plus aujourd'hui sont ce même M. Dupré, qui a donné des leçons et des exemples aux autres, MM. Galle et Andrieux[2] qui ont produit le plus de médailles estimables, MM. Brenet, Droz et Gatteaux, qui ont eu des succès.

On décida de partager le prix entre MM. Rambert Dumarest et Galle, en disant cependant :

> M. Andrieu mérite une mention très distinguée pour un grand nombre de médailles d'un burin facile et agréable.

Sans critiquer la décision de cette assemblée, n'est-il pas surprenant de voir diviser un prix entre un mort et le compagnon du candidat auquel on adresse de semblables compliments? Du moment où le jury déclarait que MM. Galle et Andrieu avaient produit « le plus de médailles estimables », à moins que *plus* ne soit le synonyme de *moins*, il fallait les comprendre tous les deux, dans la même récompense, et ne pas se contenter, pour Andrieu, d'une simple mention, si *distinguée* qu'elle fût.

Le véritable motif de cette préférence pour Galle (nous nous

1. *Moniteur universel*, numéro du 23 juillet 1810.
2. Le nom d'Andrieu est souvent écrit avec un *x*.

garderons de contester son mérite) était l'envie que notre concitoyen inspirait à ses collègues. On regardait d'un œil jaloux l'artiste dont la réputation grandissait sans cesse, dont les œuvres étaient de plus en plus recherchées, et auquel l'État faisait de nombreuses commandes. C'est si exact, que nous avons trouvé une lettre d'un de ses contemporains, se plaignant au directeur de la Monnaie des loisirs que l'administration lui laissait, tout en le suppliant de vouloir bien se rappeler et son activité et son bon vouloir. Nous croyons inutile de citer le nom bien connu de cet artiste, très honorable du reste, et qui n'était guidé, dans ses revendications, que par le besoin de travailler.

Notre graveur ne fut point découragé par un échec auquel il s'attendait peut-être.

Ce qui dut le consoler, ce fut, à quelque temps de là, une appréciation flatteuse de son talent, de la part d'un homme célèbre, respectueux du vrai mérite. Dans un concours ouvert par la Société d'encouragement pour l'industrie nationale, Prosper Mérimée, chargé par le Comité des arts économiques de présenter, à l'assemblée du 8 août 1810, le résultat de ce concours pour l'encouragement de la gravure en taille de relief, le complimenta d'une façon discrète et charmante, dans le passage suivant de son discours :

Après cinq années d'attente, vos espérances sur le perfectionnement de la gravure en bois sont remplies, et sous ce rapport, vous n'avez plus sujet d'envier les artistes étrangers.

Au milieu du mouvement général qui a ramené les arts dans une meilleure route, nos graveurs en bois étaient restés seuls, fort en arrière. C'était le résultat nécessaire du système d'étude qu'ils suivaient : ils ne s'exerçaient qu'à découper, ils étaient incapables de dessiner eux-mêmes les traits de la gravure qu'ils avaient à exécuter, il n'était donc pas probable qu'ils portassent à la perfection un art dont ils avaient négligé la partie fondamentale. Aussi, avez-vous cherché à le faire sortir de leurs mains, en provoquant la découverte d'un moyen qui facilitât la gravure en taille-douce, pour l'exécuter sans un long apprentissage.

Votre intention, en choisissant ce sujet de concours, n'a pas été de procurer à la typographie un nouveau moyen d'orner les éditions de luxe avec des vignettes qui, toutes parfaites qu'elles puissent être, sont cependant bien inférieures aux belles estampes en taille-douce. Un de nos graveurs en médailles avait déjà fait, en acier, quelques planches en taille de relief qui ne laissent rien à désirer[1]; mais ces gravures étant très dispendieuses, votre but n'était pas rempli, et vous avez voulu que l'économie se trouvât réunie à la perfection.

Deux concurrents seulement se sont présentés, cette année, pour disputer le prix; ce sont des concurrents distingués dont vous avez déjà récompensé les talents et les effets, etc...[2]

Plus tard, en 1811, Andrieu grava une médaille commandée par la *Société des Sciences, Belles-Lettres et Arts de Caen* pour le Mémoire sur cette question : *Quelle est l'influence de la tisseuse sur l'économie animale?* Les poussières dégagées par les plantes textiles, le chanvre principalement, exerçaient une influence désastreuse sur la santé des ouvriers, et bon nombre d'entre eux mouraient jeunes. Les pouvoirs publics s'occupèrent de mettre fin à un pareil état de choses, en ordonnant des études sérieuses. On connaît l'immense service que la glycérine a rendu, en permettant de fixer ces poussières, source de graves maladies des voies respiratoires.

Il ne nous paraît pas inutile de citer à cette place une lettre de M. Denon, comportant des réflexions très intéressantes sur les médailles du *Traité de Presbourg*, de la *Bataille d'Essling*, la *Prise de Raab*, l'*Attaque d'Anvers*, la *Conquête de l'Illyrie*, la *Paix de Vienne*, etc. Toutes ne sont point d'Andrieu; mais il était difficile de parler des unes sans citer les autres; du reste, cette lettre offre un grand intérêt au point de vue numismatique; et il est fort regrettable que l'on n'ait pas beaucoup de documents de cette importance.

Voici cette lettre, qui trouve son complément dans l'état des sommes payées pour ces médailles :

1. M. Andrieu. Une tête d'homme, exécutée par cet artiste, est ce que nous connaissons de plus parfait en taille de relief.

2. *Moniteur universel*, numéro du 7 novembre 1810.

MUSÉE NAPOLÉON. — DIRECTION

Paris, le 29 janvier, an 1811.

Le Chevalier Denon, Officier de la Légion d'honneur, Chevalier des Ordres de Sainte-Anne de Russie et de la Couronne de Bavière, membre de l'Institut, Directeur Général du Musée Napoléon et de la Monnaie des Médailles.

A Monsieur le Comte Daru, Conseiller d'État, Intendant Général de la Maison de l'Empereur.

MONSIEUR LE COMTE,

J'ai reçu, avec reconnaissance, les avis que vous avez bien voulu me donner sur les médailles dont vous avez présenté les projets à Sa Majesté. Je vous remercie de l'intérêt que vous voulez bien me témoigner à cet égard. J'ai déjà ordonné celle de sa *Naissance*[1], c'était la Santé et non la Sûreté, que j'avais voulu exprimer par le serpent. Mais, je crois cet emblème inutile, et d'après votre avis, je le supprime et le remplacerai par l'étoile que vous me conseillez.

La médaille du *Traité de Presbourg* rompu, celle de l'*Entrée à Vienne* sont déjà ordonnées et commencées. A l'égard de celle de la *Bataille d'Essling*, j'aurai l'honneur de vous observer que j'avais ici un accident à exprimer, qu'il fallait présenter le fleuve qui l'avait causé en rompant le pont qui avait séparé l'armée, ce qu'expriment les deux étendards que le revers présente; le remède qui a réparé ce malheur est à la fois un grand exemple de confiance et de subordination.

Les médailles, en général, ont une manière hiéroglyphique de s'expliquer, et si elles viennent souvent au secours de l'histoire, celle-ci vient, tout naturellement aussi, quelquefois au secours des médailles. Celle de la *Bataille d'Essling* présente à la fois deux faits importants : elle est d'un bel aspect, et n'offre aucun inconvénient politique; permettez-moi donc d'y tenir et de la conserver.

Pour la *Prise de Raab*, j'avais cru ajouter quelque chose à l'explication de la médaille, en mettant dans le champ le type des anciennes médailles de la Pannonie. Je puis supprimer ce type, mais non me permettre de le placer à l'exergue. Cette innovation entraîne la composition du sujet dans une place

1. Allusion à la médaille de la *Naissance du Roi de Rome*.

qui doit être absolument consacrée à l'inscription. Je mettrai celle-ci en français, ce que je préférerai toujours.

Je suis parfaitement de votre avis relativement aux armes de la ville d'Anvers dans le champ de la médaille; je le supprimerai.

J'ai toujours été très embarrassé pour la *Médaille de l'Illyrie*, sa conquête, faite par un article du traité, n'offre aucun sujet à représenter.

C'est ce qui m'avait fait recourir à tous les types des anciennes médailles de ce pays. Je vais suspendre l'exécution de celle-ci jusqu'à ce que j'aie trouvé un sujet. S'il vous en venait un, je vous serais obligé, Monsieur le Comte, de vouloir bien me le communiquer.

Pour celle de la *Paix de Vienne*, je substituerai aux armures en fer des canons et des obusiers dont les affûts commencent à prendre feu.

Pour la médaille *de Rome*, je mettrai l'inscription française, en suivant votre observation.

Pour celle *du Simplon*, j'ai déjà donné plus de noblesse à la pose du géant.

Relativement aux autres observations sur cette médaille, je vous répondrai que cette chaîne de montagnes est élevée entre le lac de Genève et le lac Majeur qui servent de base; que la route est tracée sur les bords de ces lacs; qu'elle s'élève sur les rochers, et traverse une galerie souterraine dans une de ses parties, ce qui motive cette suite de petites figures qui arrivent usqu'aux pieds du géant.

Je vous réitère mes remerciements, Monsieur le Comte; mon désir est de mériter la confiance que veut bien m'accorder Sa Majesté. J'attacherai donc toujours beaucoup de prix à des avis dictés par les lumières et par l'amitié.

Veuillez me conserver tout cela, et agréer l'hommage de ma haute considération. [Signé :] DENON[1].

Bien que peu connaisseur en œuvres artistiques, Napoléon avait un certain goût; il aimait assez à examiner les dessins de médailles qu'on frappait en mémoire des événements de son règne; le directeur de la Monnaie, son ami, était heureux de lui soumettre quelques questions. On ne saurait, cependant, accuser de flatterie un homme qui eût tout donné pour son pays, pour la science et pour les arts; ce qui n'empêcha pas que la Restauration ne lui pardonna jamais l'amitié qu'il avait toujours témoignée à Napoléon.

1. Archives Nationales, O²853.

MONNAIE IMPÉRIALE DES MÉDAILLES

Exercice de 1811

État par aperçu des dépenses à faire pour dessin et gravure de carrés de médailles des campagnes et du règne de Sa Majesté l'Empereur

Désignation de chaque médaille	Nombre des carrés	Prix des carrés	Fonds demandés par exercice	Observations
Campagne d'Autriche, en 1809	»	»		
Le traité de Presbourg rompu par l'Autriche	1	1.000	8.200	Ils seront acquittés sur le fonds de 40.000 fr., accordés en 1809, et sur lequel il n'a été ordonnancé que 31.800 fr.
La bataille d'Abensberg et d'Eckmühl	1	1.800		
Le départ de Paris et l'entrée à Vienne	2	2.000		
La bataille d'Essling et le passage du Danube	2	3.400		
La prise de Raab	1	1.800	10.000	Cette somme a été accordée par le budget de 1810. Elle n'a pas encore été ordonnée.
L'attaque d'Anvers	1	1.600		
Le séjour à Schœnbrunn	1	2.000		
La conquête de l'Illyrie.	1	1.600		
La bataille de Wagram.	1	3.000		
La paix de Vienne	1	2.000		
Rome seconde capitale	1	1.600		
Réunion de l'Étrurie à l'Empire	1	2 000		Le Directeur général a demandé 20.000 fr. dans le projet du budget pour 1811; mais il pense que ce fonds peut être réduit à 16.000 fr., dont il sollicitera l'ordonnance dès que Sa Majesté aura approuvé les dessins.
La route du Simplon	1	2.000		
Rome et la Hollande réunies à l'Empire	1	2.000		
La naissance d'un prince ou d'une princesse	2	3.000		
Tête de l'Empereur pour cette collection	2	660		
Modèle en cire, dessins terminés et dessins au trait des médailles ci-dessus	»	2.740		
Totaux	20	34.200		

Certifié véritable le présent aperçu en dépenses montant à la somme de trente-quatre mille deux cents francs, pour dessins et gravure de vingt carrés des médailles des campagnes du règne de Sa Majesté l'Empereur, dont les projets sont soumis à son approbation par le soussigné.

Paris, le 16 janvier 1811.

Le Directeur général,
[Signé :] DENON[1].

Dans les premiers jours de mai 1811, l'administration décida la distribution de médailles du *Baptême du Roi de Rome* aux Maires et Députés des 49 bonnes villes de France et d'Italie qui se rendraient à Paris pour la cérémonie. Ces délégués avaient pour mission de représenter officiellement certaines localités : Bordeaux était du nombre. Après la cérémonie, l'empereur les reçut tous en audience particulière, et les pria de remercier les villes qui les avaient envoyés.

Voici le rapport que le grand chambellan avait adressé à Sa Majesté un mois auparavant :

10 mai 1811.

Distribution de médailles aux Maires et Députés des bonnes villes de France et d'Italie

Rapport à S. M. l'Empereur

SIRE,

Votre Majesté a manifesté l'intention de faire distribuer des médailles aux Maires et Députés des bonnes villes de France et d'Italie qui se rendront à Paris pour le *Baptême du Roi de Rome;* ces cadeaux ont le double avantage d'être en même temps flatteurs pour ceux qui les reçoivent, et d'occasionner une dépense peu considérable.

Je propose à Votre Majesté d'ordonner que ces médailles soient en or, et des deux premières dimensions de celles qui furent frappées à l'occasion de son mariage. Les plus grandes seraient distribuées aux Maires, et les autres aux Députés.

D'après le devis de M. Denon, cette fabrication nécessiterait une dépense de 35.000 francs.

Si Votre Majesté l'autorise, je la supplie de me donner des ordres, et j'ose

1. Archives Nationales, $O^2 853$.

lui faire observer qu'il ne reste plus, jusqu'au 2 juin, que le temps strictement nécessaire à leur exécution.

Je suis, avec le plus profond respect, Sire, de Votre Majesté, le très humble, très obéissant serviteur et fidèle sujet. Le grand Chambellan,

[Signé :] COMTE DE MONTESQUIOU.

Pour copie conforme : Le Trésorier Général de la Couronne,

[Signé :] COMTE ESTÈVE.

Saint-Cloud, le 8 mai 1811.

Approuvé : [Signé :] NAPOLÉON, le 10 mai 1811[1].

Bordeaux accueillit avec une vive satisfaction la nouvelle de la naissance du fils de Napoléon. Le maire arrêta que la place Dauphine porterait le nom de place du Roi-de-Rome, et qu'un monument d'utilité publique, élevé sur la place, serait particulièrement consacré à perpétuer le souvenir de cet événement. Ainsi qu'on le voit, les rues et les places changent de noms, comme les hommes changent d'idées, au fur et à mesure que les gouvernements se succèdent sur le sol de notre patrie.

Le baptême eut lieu le 9 juin : nous n'entreprendrons pas de décrire les fêtes grandioses qui marquèrent cette journée, dix pages ne suffiraient pas ; mais pour bien faire comprendre la médaille, il est urgent de rappeler un détail de la cérémonie :

Après le baptême, le Grand-Maître, ayant fait une révérence à L.L. M.M. et au Roi de Rome, Madame la Gouvernante a remis le Roi entre les mains de l'Impératrice. M. Duverdier, chef des héraults d'armes, s'est avancé au milieu du chœur et a crié trois fois : Vive le Roi de Rome ! Ces cris répétés par tous les spectateurs, se sont prolongés un très long temps, pendant lequel l'Impératrice, debout, tenait son enfant sur les bras. L'Empereur, l'ayant pris dans les siens, l'a élevé avec une émotion touchante qui a pénétré les cœurs du plus vif enthousiasme.

Or, l'avers de la médaille d'Andrieu représente justement l'empereur en costume impérial, au moment où il élève l'enfant dans ses bras.

Il existe plusieurs variétés de cette médaille ; et l'une d'elles,

1. Archives Nationales, O²853.

frappée à la suite de la délibération des Maires et des Députés qui assistèrent au baptême, montre au revers deux séries concentriques de 49 couronnes murales, avec le nom des villes qui envoyèrent les délégués à Paris ; le nom de la ville de Bordeaux y est indiqué.

En 1812, Andrieu fut élu membre honoraire de l'Académie impériale et royale des Beaux-Arts de Vienne. Nous avions voulu avoir des renseignements précis sur son élection et sur la correspondance qu'il échangea ; la lettre suivante n'a pas éclairci ce point :

En réponse à votre aimable lettre du 9 courant, j'ai l'honneur de vous informer que, dans les papiers de l'Académie de l'époque, se trouve certainement Bertrand Andrieux, médailleur à Paris, parmi les membres d'honneur de l'Académie Impériale et Royale, élus dans le courant de l'année 1812, mais que ni une lettre de remerciements, ni des détails sur l'acte d'élection ne peuvent être trouvés.

Votre respectueux et dévoué.

[Signé :] Gott,
Conseiller d'État Impérial et Royal [1].

Depuis, cependant, M. H. Johanet a bien voulu nous confier trois lettres intéressantes, ainsi que le brevet de l'Académie ; toutes les enveloppes portent le cachet en cire rouge aux armes d'Autriche. Nous reproduirons ici la plus intéressante missive ; les deux autres seront classées parmi les pièces justificatives :

Monsieur,

L'Académie Impériale et Royale des Beaux-Arts de Vienne, partageant depuis longtemps l'opinion des connoisseurs sur les belles productions de votre talent et désirant vous donner un témoignage public de sa haute estime, a résolu, dans la séance tenue à l'occasion de l'anniversaire de Sa Majesté l'Empereur, mon Souverain, de vous offrir le diplôme de Membre honoraire de l'Académie.

Le Ministre, comte de Metternich, Président du dit corps, me charge de vous prévenir de cette résolution, et de vous annoncer que les statuts de l'Académie et le diplôme qui vous en constitue membre, vous seront incessamment envoyés par mon entremise. En m'acquittant de cet ordre, je ne

1. Traduction faite par les traducteurs commerciaux de Bordeaux.

puis qu'ajouter que je me félicite infiniment d'être le premier à vous annoncer cet hommage public, que l'Académie de Vienne se plaît à vous rendre, et par lequel cette Société ajoute de nouveau si particulièrement à son lustre.

Je saisis cette occasion pour vous offrir, Monsieur, l'assurance de ma considération la plus distinguée.

Paris, le 1er mars 1812.

SCHWARZENBERG.

A Monsieur Andrieu.

Après l'apparition des médailles de la *Naissance* et du *Baptême du Roi de Rome*, on ne saurait croire combien les œuvres d'Andrieu furent recherchées. Les Autrichiens, les Anglais surtout, voulaient les posséder dans leurs collections, en même temps que les grands personnages ne dédaignaient pas d'en garnir leurs tiroirs et leurs vitrines. La réputation de notre concitoyen était telle que les princes étaient heureux de correspondre avec lui. Une lettre du prince Émile-Léopold-Auguste, duc de Saxe-Gotha et Altenbourg, ne laisse aucun doute à ce sujet; elle honore celui qui l'écrivit et celui qui la reçut :

... Le célèbre artiste dont les chefs-d'œuvre sont admirés par tous ceux même qui, gâtés par l'étude de l'antiqué et blasés, pour ainsi dire, par la possession de monumens aussi inappréciables pour l'art que pour leur prix historique, ne désirent plus rien que ces restes admirables de ce génie si pur, si simple, si parfait et, hélas! si étranger au siècle où nous vivons ; ce célèbre artiste, dis-je, qui semble avoir hérité, lui seul ; ce rare et précieux esprit qui sait unir le vrai et le beau, le gracieux et le parfait, enfin M. Andrieux voudra bien, avec cette complaisante bonté qui lui fait pardonner par ses contemporains sa supériorité, m'écouter un moment; il voudra bien ne point être trop étonné que quelqu'un, qui n'a point l'avantage de le connaître, lui parle avec cette franchise et ose le prier de vouloir exercer son burin pour un sujet bien au-dessous de ses hauts talens. Mais, il est vrai, les médailles, les monnoies de mes ancêtres furent gravées de tout temps par ce que leur siécle reconnaissait de plus habile. Le fameux Dacier fit les jetons historiques pour la jeunesse de mon père; et ces médailles et ces monnoies et ces jetons occupent un coin de tous les cabinets. Je n'aimerais pas qu'il se joignît à cette série de ces ouvrages vulgaires, tracés par le mauvais goût et exécutés par la médiocrité. C'est à vous, Monsieur, qu'il appartient de recommencer ces grands hommes, qui empêchèrent mes pères de disparaître dans la nuit du passé: c'est à vous à augmenter et peut-être à terminer ce cycle d'icones saxonnes. Il y a dans ceci quelque chose de pieux et de mélancolique que vous ne rejetterez point, et ma confiance et dans votre complaisance et dans votre génie ne pourra point vous offenser, Monsieur. Je me contenterai de vous dire trois mots, et sûrement ces simples monnoies seront mises, grâce à vos efforts, avant bien des médailles où brillent la prétention, le maniéré du faire, et la plus dure roidesse qu'on a la bonté de nommer la vraie perfection hellénienne. Daignez accorder à ces trois mots de prière la même indulgence et la même bonté que vous avez bien voulu accorder à ce long préambule d'excuse et d'embarras.

La forme de ces médailles n'est point ordinaire. Elles sont un peu épaisses, il est vrai, pour leur surface; mais j'ai eu pour cela mes raisons. L'avers qui contient la rose de la Principauté Ducale d'Altenbourg, la légende indicative du prix et le crancelin, sera plane comme l'avers de toute médaille. La Rose et le *Crancelin saxon* ne peuvent être changés ; vous le sentez vous-même. Le nombre de feuilles est prescrit, comme la quantité et la forme des perles alternantes avec des trèffles en rosette et consacrés par les oracles millénaires du blason. Mais cette rose qui se retrouve sur les bandelettes de pourpre et sur le paludamentum, de même que ce fameux crancelin qui orne et mon diadème et ma poitrine, peuvent, grâce à votre goût exquis, et à votre imagination nourrie par les chefs-d'œuvre de l'Étrurie, perdant ce roide et ce dur du style gothique, prendre, par un de ces coups de féerie qui ont changé en images hellèniennes et en desseins délicats bien des sujets peu faits pour occuper votre rare talent, prendre, dis-je, un caractère de belle antiquité dont sembleraient incapables les lourdes plaquures et les anguleuses dentelures du dixième siècle. Mais, qu'est-ce qui pourrait faire échouer votre toute habileté? Je vous vois sourire. Mais, que direz-vous, Monsieur, si, ne retenant plus mes vaines prétentions et ma confiante hardiesse, je vous prie d'embellir, d'idéaliser et de gemmifier cette tête privée de jeunesse et de beauté, dont le plâtre cy-joint, qui vous aura été remis par M. de Freuttlinger, vous aura sans doute dégoûté d'avance de celui qu'il représente et qui vous ennuie par tant de caquet, et pourtant je vois ces traits si cruellement carriqués, ces yeux, ces narines, ces coins de bouche si impitoyablement tiraillés sur un point vers les oreilles, changés, embellis, ennoblis par vous; je vois ces traits, sans cesser d'être portraits, exprimer le calme, l'harmonie et le sourire de la vraie grandeur, et je verrai enfin un portrait de moi que je pourrai montrer au Très-Haut, à la distribution des nouveaux corps. Les antiquaires et les numismates me trouvent beaucoup de ressemblance avec Lucius Verus et Hadrien imberbe. C'est cette ressemblance, surtout avec Adrien, et son goût pour l'exotique et le fantasque qui m'ont fait implorer le seul talent vivant, qui sache unir, à la sévérité et au ton hardi et décidé du style agiotype des chefs-d'œuvre plastiques de la Grande-Grèce, la douce mollesse de l'Ionide, et l'esprit d'individualité du portrait avec le caractère essentiel de l'homme. Dites vous-même, malgré votre extrême modestie, qui aurais-je dû choisir dans ce temps de maniéré, d'indécis et de roideur anguleuse, qui? Le style d'Adrien, si bisarre et pourtant si poétique, m'a semblé permettre et cette rose et ces crancelins, et ce costume et cette individualité de portrait, et surtout cette forme plane sur l'avers et d'une concavité très prononcée sur fonds du côté du haut relief. J'ai vu des pierres gemmes avec cet Empereur, avec ce semblable fonds prodigieusement concave!

J'avais encor une raison, celle de pouvoir, par ce moyen, rehausser l'icone sans ôter trop de métal au corps de la médaille, et sans empêcher, par ce haut relief, les écus ni les florins d'être mis en pile, ce qui est si rare avec nos médailles monnoies. Mais mes trois mots sont devenus trois pages. Puisse votre complaisante patience me consacrer, sans trop de peines, trois mois... Je finis en rougissant, mais, reconnaissant et charmé comme si je tenais déjà ces chefs-d'œuvre, qui prolongeront mon existence dans l'avenir, espérant me rattacher aux ailes de votre gloire; et je me nomme, dans cet espoir flatteur, Monsieur, avec cette estime et cette admiration que vous inspirez à votre siècle,

Votre très bon ami,

(Signé) : ÉMILE[1].

Dans une autre lettre destinée à Andrieu, et adressée à M. de Freutlinger, le prince donne des détails précis pour guider le graveur dans son travail :

... En remettant à M. Andrieux le relief de Dole, vous lui dirés qu'il fasse son coin aussi haut relief que le plâtre; priés-le qu'il idéalise un peu mon portrait, qu'il l'antiquifie sans trop le dénaturer. Je trouve que Dole a tiré les yeux, le coin du nez, la bouche, de manière que les trois parallèles se réuniraient, si on les prolongeait, dans l'oreille. Cela change tout à fait ma physionomie, qui ne ressemble pas au dessin. Vous ajouterés que je supporte la flatterie, comme tous les Princes et autres, mais que j'exige qu'on me

1. Papiers de famille de M. H. Jobanet.

reconnaisse dans les caricatures de perfection qu'on veut bien faire de moi. Vous lui dirés encor que les fonds où se trouvent les bustes sont très concaves, plus encore que les fonds du accief (*sic*) ou plâtre, et que les médailles ne servent pas comme des disques, minces fragmens d'un cylindre, mais entourés d'un cercle tant soit peu saillant et convexe, tel que je l'ai barbouillé là où se trouve: *Gott gebe frieden*. M. Andrieux voudra bien aussi se procurer, pour le caractère exact de la gravure, la médaille d'Adrien qui, à l'exception du crancelin, du diadème et du paludamentum, ressemble beaucoup à ce qu'il voudra bien faire; j'ai choisi le paludamentum, tant peu militaire que je suis, pour rendre cette image ou icône plus historique, le crancelin et la rose ne peuvent pas être antiquifiés, parce que ce sont les armes de Saxe-Gotha-Altenbourg.

Je répète qu'il faut avoir soin d'hélléniser cette caricature tédesque, sans trop effacer l'individualité de ses traits et leur personalité en les régularisant trop; l'artiste consultera comme prototype les plus belles médailles de l'empereur Hadrien. Les ornements du paludamentum et des bandelettes de pourpre ne sont point du tout imaginaires, et elles virent sur le crancelin et la rose du revers.

La grande contient le dixième d'un marc d'argent. et l'autre le vingtième.

[Sans signature[1]].

L'artiste répondit aussitôt :

Paris, le... septembre 1813.

A Son Altesse le Prince Régnant d'Oltenbourg.

Prince,

M. Freutlinger m'a remis la lettre que Votre Altesse a daigné m'adresser, pour me charger de la gravure d'une médaille-monnaye à son effigie ; il m'a remis, en outre, le portrait en plâtre de Votre Altesse, et un dessin de la médaille.

Avant de répondre à l'objet de cette lettre, souffrez, Prince, que je vous exprime ma reconnaissance pour les éloges flatteurs dont votre indulgence veut bien m'honorer; je me croirai très heureux si, répondant à votre attente, je puis en mériter une partie.

Je crois avoir bien saisi de quelle manière Votre Altesse désirait que

1. Cette lettre est accompagnée de deux dessins. (Papiers de M. Henri Johanet.)

cette médaille-monnaye fût exécutée ; et, pour le lui prouver mieux que par écrit, j'ai fait un modèle, ébauché en cire, de la tête, et j'ai remis ce modèle à M. Freutlinger, afin qu'il le fît transmettre à Votre Altesse. Par l'exécution de ce modèle, Votre Altesse reconnaîtra que la bordure excédant la saillie de la figure, les médailles pourront être facilement mises en piles ; quant au revers, je n'ai pas cru nécessaire d'en faire le modèle en cire ; je puis assurer que je l'exécuterai exactement tel qu'il est dans le dessin à moi remis.

Je ferai, pour chacune des têtes et chacun des revers de deux dimensions, une matrice avec les lettres autour. Je tirerai de chaque matrice un poinçon qui servira à frapper les coins employés pour le monnayage. Au moyen de ce que les lettres se trouveront gravées dans chaque matrice, la monnaye sera, à cet égard, parfaitement conforme. Je joindrai à ces matrices et à ces poinçons deux coins, de chaque tête et de chaque revers avec virole, lesquels pourront être de suite employés pour le monnoyage. Le tout formera douze articles, savoir :

4 matrices, 4 poinçons et 4 coins. Quant au cordon de chaque médaille qui doit contenir les mots : GOTT GEBE FRIEDEN, il convient qu'il soit gravé sur les lieux, attendu qu'il faut ajuster au balancier la machine où il sera gravé. Il me faudra environ cinq à six mois pour exécuter cette médaille-monnaye ; et attendu la difficulté du travail et la longueur du tems que j'y emploierai, j'en fixe le prix à douze mille francs.

Si Votre Altesse ne jugeait pas à propos de faire une dépense aussi forte, je lui offre de graver seulement les coins prêts pour monnayer ; alors il ne lui en coûterait que six mille francs.

Je dois lui dire que, suivant ses désirs, j'ai consulté les portraits de Lucius Verus et d'Hadrien ; je m'en rapprocherai autant qu'il me sera possible ; mais je désirerais beaucoup, pour atteindre une plus parfaite ressemblance, avoir un dessin de profil exact de la tête de Votre Altesse.

Je prie Votre Altesse de me faire connaître les inexactitudes qu'elle pourra remarquer dans l'ébauche en cire que je lui envoye, et de me faire renvoyer cette ébauche.

En attendant vos ordres, j'ai l'honneur d'être avec respect, Prince,

de Votre Altesse,

le très humble et très obéissant serviteur,

ANDRIEU.

Pendant les années 1814 et 1815, Andrieu fit encore quelques médailles : celles du retour de l'île d'Elbe, du séjour d'Alexandre de Russie à Paris, de la translation des restes de Louis XVI, etc.

L'Administration de la Monnaie subit le contre-coup des événements politiques : son directeur, M. Denon, admirateur et ami de l'empereur, fut remplacé par M. de Puymaurin ; mais, Louis XVIII, comprenant que l'art devait être respecté, loin de sévir contre le graveur dont la seule préoccupation avait été le travail, le décora de l'Ordre du Lys ; la pièce suivante en fait mention :

> D'après les Ordres de Son Altesse
> Royale Monseigneur le Duc de Berry,
> il est permis à M. Andrieu, graveur en médailles,
> de porter la décoration de la Fleur de Lys.
>
> [Signé :] CHEVALIER DE FONTANES [1].

Paris, le quinze septembre 1814.

A cette même époque, le bonheur d'Andrieu fut profondément troublé : après avoir perdu un de ses petits-enfants, il vit aussi disparaître un de ses gendres, M. Prodhomme, notaire à Clichy-Monceaux, qui mourut le 1er octobre 1815, âgé de 35 ans, laissant sa veuve enceinte. Nous avons dit qu'Andrieu avait eu trois filles : la première, mariée à M. Prodhomme, décédé prématurément ; la seconde, morte en bas âge ; la troisième, mariée à M. Pontonnier, plus tard chef de division à la préfecture de la Seine.

Avec le nouveau régime, Andrieu changera ses dessins, sans cependant se départir de son style classique : tel il fut au commencement, tel il sera jusqu'à la fin. Les draperies de ses sujets seront toujours longues, gracieuses, mouvementées ; les poses de ses personnages souples, et sans la raideur que certains critiques, par tempérament et de parti pris, ont cru devoir leur reprocher. Il suffit qu'il ait vécu sous l'Empire pour qu'on cherchât à découvrir dans ses œuvres les défauts de cette époque, défauts qui, chez lui, existent peu ou n'existent même pas. La médaille relative au départ des Bourbons, appelée aussi : *la France en deuil au 20 mars*, ne vient-elle pas,

1. Papiers de M. Henri Johanet.

à elle seule, à l'appui de notre dire? Quoi de plus artistique, en effet, que la pose de cette femme, personnifiant la France, qui, dans un geste plein de noblesse et d'élégance, voile l'écusson de ses armes ! Ne nous semble-t-il pas voir, en elle, une de ces antiques Romaines dont la dignité a été sérieusement outragée?

En dépit de l'indifférence de cette époque, les journaux parlent souvent de lui avec le respect et l'admiration dus à son grand talent. Malgré cela, peu de gens savent qu'Andrieu fut une grande figure de notre ville ; et nous nous étonnons que nombre de Bordelais ignorent jusqu'à son nom.

A la chute de l'Empire, un concours eut lieu pour la gravure d'une nouvelle monnaie. Le *Moniteur universel* du 19 janvier 1815 en fait mention en ces termes:

> L'Administration des Monnaies, afin de donner aux graveurs, qui concourent pour le prix des monnaies nouvelles, le temps de les perfectionner, vient de leur accorder un nouveau délai de quinze jours; ainsi, le concours se trouve prorogé jusqu'à la fin de ce mois. On cite, parmi les concurrens, M. Andrieu qui a déjà gravé une très belle tête du Roi pour les médailles de son règne; MM. Brenet et Droz qui ont obtenu, sous l'ancien gouvernement, l'un le prix de la pièce de cinq francs, l'autre celui de la pièce d'or, et M. Gatteaux fils, ancien pensionnaire de l'École française de Rome.

Andrieu fit un admirable essai du louis de quarante francs : la face représentait la tête de Louis XVIII; le revers, les armes de France.

Deux faits très importants sont à signaler : la tête de Louis XVIII, gravée par Andrieu, fut trouvée si belle qu'on s'en servit, dans la suite, pour la plupart des médailles de ce règne, fait qui s'était déjà produit, avons-nous dit, pour la tête de Napoléon Ier; aussi, le public est-il étonné de voir souvent la face signée du même nom, quand le revers change et porte le nom d'autres artistes.

Louis XVIII, fit refrapper beaucoup de médailles de l'Empire : *La Vaccine*, *La Monnaie des Médailles rétablie*, *Les Orphelines de la Légion d'honneur*, etc.; mais, ici, la tête de Napoléon est remplacée par le revers qui devient la face de la médaille, et le revers par un motif approprié au sujet. Au premier abord, beaucoup de numismates ne se rendent pas compte de cette anomalie, cependant facile à expliquer, si l'on veut bien réfléchir que Louis XVIII tenait à faire revivre certains événements de l'Empire, mais non à rappeler le souverain qui y avait présidé.

Quelques jours après, dit le *Moniteur* du 24 janvier :

On a placé dans le cimetière de la Madeleine, au lieu d'où l'on a exhumé les restes précieux de Louis XVI, une boîte en chêne, recouverte en plomb et renfermant deux médailles : l'une en bronze, l'autre en argent. Elles offrent, d'un côté, la tête de Louis XVIII, gravée par M. Andrieu, et de l'autre cette simple inscription : A LOUIS XVI LE 25 JANVIER 1815. Une boîte semblable a été déposée sous la première pierre du monument projeté à la place Louis-XVI.

En 1816, apparaissent les médailles relatives à l'*Entrée du duc d'Angoulême à Bordeaux*, à la *Présidence* du corps électoral de la Gironde, au *Mariage du duc de Berry*, à la *Décoration du Lys*, etc. Nous nous étendrons longuement sur les deux premières, intimement liées à l'histoire de notre cité. Le *Moniteur Universel* du 10 janvier 1816, donne, au sujet de la première, des renseignements précis que nous nous plaisons à reproduire :

On se souvient que des événemens inattendus vinrent troubler les derniers momens de cette assemblée, si fière de son auguste Président, et si heureuse de le posséder. Notre Prince partit de Bordeaux avec tant de hâte, qu'il fut impossible au collège électoral de lui exprimer son vœu de consacrer par une médaille cette époque glorieuse pour le département de la Gironde.

« Les électeurs ont profité du trop court séjour de S. A. R. à Bordeaux pour lui offrir cet hommage de leur respect et de leur amour. Ayant eu l'honneur d'être admis, le 7 de ce mois, en présence de S. A. R., M. le Baron Rateau, l'un d'eux, porta la parole à peu près en ces termes : « Monseigneur, les électeurs du département de la Gironde supplient S. A. R. d'agréer l'hommage de la médaille qu'ils font frapper pour consacrer le souvenir de la haute marque de bienveillance que le Roi leur a accordée, en consentant à ce que vous vinssiez, Monseigneur, présider à leurs élections. Ils osent espérer qu'il leur sera permis de saisir cette occasion pour exprimer à V. A. R. le profond regret dont ils furent pénétrés, lorsque, par l'empressement avec lequel vous accourûtes sur les frontières de la France pour la préserver d'une nouvelle invasion, ils furent privés du bonheur de vous être présentés après la clôture de leurs travaux, et perdirent ainsi l'occasion la plus favorable d'exprimer leur vœu et de porter à vos pieds ce faible témoignage de reconnaissance et de leur amour. »

S. A. R. répondit :

« J'accepte avec d'autant plus de plaisir la médaille que vous m'offrez, qu'en consacrant le témoignage de bienveillance que le Roi a accordé au département de la Gironde, elle perpétuera le souvenir d'une époque flatteuse pour moi, et du dévouement de la cité fidèle. »

Cette médaille représente, d'un côté, la tête du duc d'Angoulême, signée Andrieu ; comme légende : LOUIS ANTOINE DUC D'ANGOULÊME ; de l'autre, un fauteuil devant une table recouverte d'un tapis à fleurs de lys ; sur la table une urne, un encrier. une sonnette objets allégoriques à la présidence. Au-dessous, en 2 lignes. : AOUT MDCCCXV, voté par le C. E. ; comme légende : S. A. R. PRÉSIDE LE COLLÈGE ÉLECTORAL DE LA GIRONDE.

De toutes ses œuvres, c'est la seule que notre concitoyen ait signée : ANDRIEU DE BORDEAUX FECIT ; et c'est elle qui nous a suggéré l'idée de ce mémoire, comme nous l'avons dit dans la préface ; de plus, elle montre une délicate attention de la part de l'artiste.

Désormais fort connu, Andrieu pouvait oublier sa ville natale ; mais, pensant que cette médaille serait distribuée à ses compatriotes, il voulut leur montrer combien il était fier de son origine. En gravant le mot BORDEAUX, il reporta certainement sa pensée bien loin en arrière ; il dut revoir, comme dans un rêve, les bords de la Garonne près desquels sa jeunesse s'était écoulée. Certes, il dut rester longtemps pensif, en songeant au chemin parcouru, et ce ne fut pas sans émotion qu'il pensa à l'Académie, à Lavau, son maître pendant huit années !

La seconde médaille est relative à un événement plus ancien, à l'*Entrée du duc d'Angoulême à Bordeaux*, sous l'administration du comte Lynch. Elle montre, d'un côté, les armes de la ville, au dessous, la date du 12 mars 1814 ; comme légende : ENTRÉE DE S. A. R. M. LE DUC D'ANGOULÊME. Le revers porte l'inscription suivante, entourée d'une guirlande de chêne et de laurier : P. P. BOTH DE TAUZIA

PORTÉ, EN ANGLETERRE, A S. M. LOUIS XVIII L'HOMMAGE DE LA VILLE VOTÉ PAR LE CONSEIL MUNICIPAL, et, en haut de la guirlande, le mot : FIDÉLITÉ. Un dessin en couleur de cette médaille existe dans les Archives municipales de Bordeaux (67^{mm}), il ne diffère que par l'absence du nom d'Andrieu. Dans le même dossier se trouve le projet d'une grande médaille, qui n'a jamais été frappée, et dont voici la description:

ENTRÉE DU DUC D'ANGOULÊME A BORDEAUX. — Le Duc d'Angoulême reçoit les clefs de Bordeaux des mains de M. le Maire, derrière lequel on voit une foule de peuple et la porte d'Aquitaine ; au-dessous : 12 MARS 1814.

BORDEAUX FIDÈLE A SON ROI. — *Rev.* Inscription en cinq lignes: Bordeaux représenté par un guerrier, embrasse l'écusson de France en foulant aux pieds la Tyrannie renversée; au-dessous : FELIX DIES, et les armes de Bordeaux. — Diamètre : 100 mm.

La médaille de l'entrée du duc d'Angoulême à Bordeaux fut votée par le Conseil municipal à M. Both de Tauzia, en souvenir de son voyage à Hartwell.

Voici le compte rendu de la séance:

Le vingt-deux août mil huit cent quatorze, à six heures du soir, se sont extraordinairement réunis à l'Hôtel-de-Ville, sous la présidence de M. le comte Lynch, maire, les membres ci-après dénommés :

MM. Furtado, Lassabathie, Maccarthy, Nairac, Castaignet, Archbold, Declerck, de Castelnau et Dufourcq.

Sur vingt et un membres du Conseil municipal manquants à la séance, sept sont à nommer; un nommé Clarke est absent du département, à raison de ses fonctions judiciaires; trois sont à la campagne, et les autres n'ont pas fait connaître le motif de leur absence.

M. le Maire, président, a ouvert la séance.

M. le Maire donne communication au Conseil municipal de sa correspondance avec M. Both de Tauzia, celui de ses adjoints qui fut député, au nom de la ville, près du roi Louis XVIII, en Angleterre, pour porter à Sa Majesté les premiers hommages de la fidélité, du dévouement des habitans de Bordeaux, dans la mémorable journée du 12 mars dernier. La lettre, dans laquelle M. Both de Tauzia rend compte à M. le comte de Lynch et au Conseil municipal de sa mission, est conçue en ces termes :

MONSIEUR LE COMTE,

C'est mettre le comble à votre bienveillance que de me demander la relation du voyage que j'ai fait à Londres, pour porter au Roi l'hommage de la soumission et de la fidélité des Bordelois. Je sens, en effet, combien il est heureux pour moi de pouvoir consigner dans une pièce officielle, les touchantes expressions de Sa Majesté pour la ville de Bordeaux, et la reconnoissance que je vous dois personnellement, pour la préférence que vous m'avez fait accorder lors du choix d'un député.

Je partis de Bordeaux le 14 mars, à 4 heures du soir, avec M. le baron de La Barthe. De toute notre route jusqu'à Falmouth, je ne mentionnerai qu'une seule circonstance, c'est celle qui montre l'extrême obligeance de l'amiral Penrose à nous fournir les moyens de nous rendre en Angleterre, qui fut telle qu'arrivé le 18 mars, à 4 heures 1/2 de l'après-midy, sur la plage au fond de la baye de Passage, après avoir été accueilli par cet officier à bord de son vaisseau et avoir reçu ses vœux pour le succès de la démarche des habitans de Bordeaux et pour notre heureux voyage, nous étions, à six heures le même soir, en pleine mer, sur le cutter de guerre *The Landrail*, capitaine John Hill, qui nous débarqua à Falmouth le 22 mars, après 92 heures de traversée. Nous y séjournâmes jusqu'au lendemain matin à 3 heures, que nous en partîmes pour nous rendre directement à Hartwell, où nous arrivâmes à 11 heures et demie, le surlendemain 25 mars, jour de l'Annonciation, ainsi que la remarque m'en a été faite par son Altesse Royale, Mme la duchesse d'Angoulême.

La dépêche du maréchal Beresford au duc de Wellington, immédiatement transmise par ce dernier à son gouvernement, avoit appris au Roi l'entrée à Bordeaux de Monseigneur le duc d'Angoulême, la réception de l'armée angloise, l'arboration du drapeau blanc, et le télégraphe de Falmouth avoit de plus signalé notre arrivée en annonçant deux députés de Bordeaux.

Déjà instruit des principaux événemens, le Roi en ignoroit encore les détails, et c'étoit de la députation annoncée qu'il les attendoit.

Le peuple anglois voyoit avec satisfaction le mouvement de Bordeaux ; des signes de joie marquèrent à notre passage, sur toute la route, l'intérêt qu'il y prenoit.

Le Roi, Mme Royale et les personnes de la Cour étoient à la messe, au moment de notre arrivée; Madame fut la première à apercevoir, de la partie de la chapelle où elle étoit placée, notre voiture dont les postillons et les chevaux portoient la cocarde blanche. Au mouvement de la Princesse, tous les regards se portèrent du côté du parc que nous traversions, et bientôt l'empressement que l'on avoit de connoître les bonnes nouvelles, dont avec raison l'on nous supposoit porteurs, amena à la porte du château où nous ne tardâmes pas d'arriver, plusieurs seigneurs parmi lesquels je remarquai M. le duc de Gramont, capitaine des Gardes, et M. le comte de Blacas d'Aulps, ministre du Roi; ce fut par eux que nous fûmes accueillis et conduits à l'appartement de M. de Blacas, à qui nous exposâmes les motifs de notre voyage, et qui alla en rendre compte au Roi auprès de qui nous fûmes introduits, à son retour de la messe.

Sa Majesté étoit assise dans son salon, ayant debout vis-à-vis d'Elle, Mme la duchesse d'Angoulême et une partie de ces respectables victimes de la Révolution qui, préférant l'honneur à la fortune, avoient tout abandonné pour partager les malheurs de leur souverain. Je remarquai, parmi elles, Monseigneur l'archevêque de Reims, le duc de Lorge, citoyen de Bordeaux, les ducs de Havré, de Sérent, de Castries, le vicomte d'Agoult, le comte de Pradel, le chevalier de Rivière, et ce brave Durepaire, rendu si fameux par son noble dévouement; Mmes les duchesses de Sérent, comtesse Étienne de Damas et de Choisy, ces inséparables compagnes de la fille de Louis XVI, et quelques autres personnes que ma mémoire ne me rappelle pas, et que je regrette de ne pouvoir nommer.

Présenté par M. le comte de Blacas, j'oubliai bientôt les formes cérémoniales qui m'avoient été tracées, ne pensant qu'à remettre la lettre dont vous m'aviez chargé, et à témoigner, en même temps, à Sa Majesté tout le bonheur que je goûtois d'être le premier de ses sujets qui déposât aux pieds de son trône, avec l'hommage de la soumission et du dévouement d'une des plus importantes cités de son royaume, celui de ma fidélité particulière.

Je trouvai le roi vivement touché; la remise que je lui fis de votre lettre augmenta encore son attendrissement. Après un moment de silence, durant lequel sa belle figure peignait tous les nobles sentimens qui agitoient son âme, Sa Majesté daigna me dire : « Je suis si ému que je ne puis parler, » et me tendre sa main, sur laquelle je me jettai pour la couvrir de mes baisers; mais que n'éprouvai-je pas, lorsque je vis le Roi m'ouvrir ses bras et m'y appeler; je m'y précipitai... Je ne puis vous décrire tout ce que je ressentis dans ce moment le plus beau de ma vie où, pressé par mon souverain contre son cœur, je recevois dans ses embrassements la plus honorable et la plus douce récompense du zèle que j'avois mis à le servir; je ne voyois rien de tout ce que cette scène faisoit éprouver d'émotions autour de moi; je ne songeois qu'au bonheur que j'avois d'être traité par mon Roi, comme un enfant chéri par le père le plus tendre, et de penser que ses épanchements marquoient combien sa grande âme savoit apprécier le dévouement de mes compatriotes.

Sa Majesté reprit peu à peu du calme, et en profita pour me présenter à Mme Royale, et me questionner sur les événemens du 12 mars. Il m'assura n'avoir jamais moins attendu du dévouement des habitans de sa bonne ville de Bordeaux, sur lequel il avoit toujours compté. Sa touchante sensibilité s'étendoit sur tous ses sujets dévoués que j'avois l'honneur de représenter. Après une demi-heure, durant laquelle je donnoi à Sa Majesté tous les renseignements qu'elle désiroit, elle ordonna qu'on me laissât reposer, et rentrai dans mes appartements.

De nouvelles émotions m'attendoient auprès de Mme la duchesse d'Angoulême, que j'eus l'honneur d'entretenir pendant une autre demi-heure, soit pour lui redire les événemens de Bordeaux, dont elle ne se lassoit pas d'entendre le récit, soit pour lui parler de son auguste époux; et, lorsque son Altesse Royale me quitta, j'eus encore à satisfaire à la curiosité non moins vive des seigneurs qui formoient la cour d'Hartwell.

Le Roi ayant décidé que je continuerais mon voyage pour aller porter, de sa part, au gouvernement anglois, les détails de l'entrée de Monseigneur le duc d'Angoulême à Bordeaux, je fus appelé dans le cabinet de Sa Majesté pour recevoir ses ordres, en vertu desquels je me rendis à Londres, auprès de M. le comte de La Chastre, aujourd'huy son ambassadeur. Ce seigneur me présenta le soir même, à Milord Liverpool, et j'ose dire que le caractère dont j'étais revêtu et la bonne foi que je mis dans mon entretien avec ce ministre, le disposèrent à me croire. Il me parut ne plus douter : 1° que Bonaparte étoit universellement haï en France, malgré l'aveugle obéissance avec laquelle on exécutoit ses ordres; 2° qu'il étoit impossible de faire jamais une paix stable avec cet ambitieux; 3° que le mouvement de Bordeaux n'eût la plus grande influence sur toutes les autres parties du royaume si le gouvernement anglois rompoit les négociations de Châtillon, et consentoit à protéger la révolution faite par les habitans du Midy; et il fut remarqué que, dès cet instant, Lord Liverpool, qui avoit toujours paru éloigné de l'idée que le rétablissement de la maison souveraine de France pût jamais avoir lieu, changea de système et devint favorable au parti qui vouloit la Restauration.

Le lendemain, je fus présenté par M. le comte de La Chastre à Lord Bathurst, qui étoit, en l'absence de Lord Castelreagh, chargé du portefeuille des affaires étrangères. J'entroi avec lui dans les mêmes détails qu'avec Lord Liverpool.

L'impatience qu'avoient le Roi et Mme la duchesse d'Angoulême de se rendre en France, fit décider qu'au nom de la ville de Bordeaux, je demanderois au gouvernement anglois des secours en hommes, en argent, en armes et en munitions pour les habitans du Midy, et un vaisseau pour transporter dans ces contrées le Roi et sa famille. Ce fut l'objet d'une note que je remis à M. le comte de La Chastre, pour être présentée au Prince Régent.

Les événemens de Paris vinrent changer les dispositions du Roi. Peu de jours après mon arrivée à Londres, Sa Majesté y envoya M. le comte de Blacas, qui me présenta à Leurs Excellences le comte de Lieswen, ambassadeur de Russie, le comte de Fernand Nunez, duc de Montellano, ambassadeur du Roi Ferdinand VII, et le prince de Castelcicala, ambassadeur du Roi de Sicile.

Ma réception dans cette ville fut presque un triomphe; je fus partout accompagné des acclamations d'un peuple nombreux, qui faisoit sa propre cause du rétablissement de la Maison de Bourbon sur le trône de France, parce qu'ils jugeoient, par avance, tout ce que ce grand événement, et la bonté éclairée du Roi, dont il savoit apprécier la grandeur d'âme, devoient faire espérer pour le repos futur du monde.

Le soir même de mon arrivée, j'eus l'honneur de rendre mes hommages à Son Altesse Sérénissime Monseigneur le prince de Condé, et, le lendemain, à Monseigneur le duc de Bourbon. Il suffit de dire que l'accueil que je reçus de ces deux Princes, et la manière dont ils ont continué à me traiter, ont été conformes à la noblesse connue de leur caractère, et à la part que leur inviolable attachement pour le Roi leur faisoit prendre aux grands événemens que je venois annoncer.

Durant mon séjour à Londres, ma mission n'a cessé d'être honorée, et votre envoyé d'être traité avec distinction. Je ne puis surtout m'empêcher de rappeler l'accueil que j'ai reçu de Mme Moreau dont le nom seul est un éloge, de Mme Wellesley Pole, belle-sœur du duc de Wellington, des familles Dillon et Barton, et de M. et Mme Jenningham, ceux qui ont peut-être le plus contribué à faire connoître la beauté d'âme du Roi et de sa famille. Je ne puis non plus oublier de mentionner l'accueil que j'ai reçu de M. le duc de Coigny, et de Mmes les comtesses de Narbonne et de Luppé.

Enfin, je n'ai quitté la capitale de l'Angleterre qu'après y avoir vu les jours de triomphe du Roi de France. Il est impossible de peindre l'enthousiasme qui signala son entrée et le tems de sa résidence à Londres. Il faut en avoir été témoin, pour s'en faire une juste idée qui, d'ailleurs, dépasse toutes celles que l'on peut concevoir d'un semblable événement.

Mon départ suivit de près celui du Roi. L'affluence des voyageurs par Calais étoit si grande que je crus devoir choisir une autre voie pour me rendre en France, et je profitai de la faveur que me fit le gouvernement anglois de m'assimiler aux ambassadeurs qui ont seuls, pendant la guerre et jusqu'à six mois après la paix, la faculté de s'embarquer à Brighton, pour entrer en France par Dieppe où j'arrivai dans la matinée du 27 avril.

Je m'empressai de me rendre à Paris où j'ai eu l'honneur de vous rejoindre, et où nous avons reçu, de la bouche du Roi et de celle de Mme la duchesse d'Angoulême, le témoignage du souvenir agréable que leurs cœurs conservent de la mission flatteuse dont vous aviez daigné me charger, et dont j'espère m'être acquitté d'une manière qui vous a satisfaits.

L'accueil que j'ai reçu appartient uniquement à la ville que j'avois l'honneur de représenter. Veuillez donc bien, Monsieur le Comte, puisque vous jugez convenable de mettre la relation de mon voyage sous les yeux du Conseil municipal, lui exprimer combien je me sens honoré d'avoir été l'organe de son dévouement, et d'avoir à lui rapporter d'aussi précieux témoignages de la bienveillance du Roi et de l'estime du peuple anglois.

Je suis, avec un très profond respect,

Monsieur le Comte,

Votre très humble et très obéissant serviteur,

[Signé :] BOTH DE TAUZIA [1].

Bordeaux, le 16 août 1814.

Le Conseil municipal, après avoir entendu ce rapport avec le plus vif intérêt, a arrêté qu'il serait transcrit sur ses registres, et sur la proposition d'un de ses membres, il a été délibéré à l'unanimité :

Que, pour qu'il reste à jamais un témoignage de la satisfaction du Conseil municipal pour la manière distinguée dont M. de Tauzia s'est acquitté de l'honorable mission qui lui avait été confiée, il lui sera offert, au nom de la ville de Bordeaux, une médaille en or, du poids de deux onces,

1. Archives municipales de Bordeaux. — Pièces de la Restauration (1814).

présentant, d'un côté, les armes de la ville de Bordeaux, et pour exergue : 12 MARS 1814; sur le revers : LA VILLE DE BORDEAUX A BOTH DE TAUZIA, SON DÉPUTÉ PRÈS DE S. M. LOUIS 18 EN ANGLETERRE;

Qu'il serait de plus, frappé sur ce type de pareilles médailles en bronze, en nombre suffisant, pour qu'il en soit déposé une dans les Archives de la ville, en mémoire de cette mission, et qu'il en soit distribué une à chacun de MM. les Membres du corps du Conseil municipal;

Qu'à cet effet, une somme de deux mille deux cents francs sera portée au budget pour l'année 1815;

Qu'un extrait de la présente délibération sera adressé à M. le Maire, à M. Both de Tauzia, et que M. le Préfet du département à qui il en sera transmis une expédition, sera instamment prié de solliciter de l'administration supérieure l'approbation du vote émis par le Conseil municipal[1].

Nous renvoyons aux pièces justificatives le brouillon de la minute de la délibération du Conseil municipal, relative à la médaille commémorative de la journée du 12 mars 1814, lequel se trouve couvert de ratures et de corrections.

Les deux médailles de la *Présidence du Corps Électoral de la Gironde* et de l'*Entrée du duc d'Angoulême à Bordeaux*, sur lesquelles nous venons de nous étendre si longuement, firent un certain bruit, même à Paris. Le *Moniteur Universel* du 18 décembre 1816, en fait mention :

Il vient d'être frappé, en bronze et en argent, deux médailles destinées à consacrer deux événemens dont le souvenir sera éternellement cher aux Bordelais. Ces deux médailles sont l'ouvrage d'un de leurs compatriotes, M. Andrieu, et font le plus grand honneur à son burin. L'une, votée en 1815 par le Collège électoral, en mémoire de l'époque où S. A. R. le duc d'Angoulême fut envoyé par le Roi pour présider le Collège, porte sur l'une des faces l'effigie du héros du Midi, et sur l'autre un fauteuil, devant une table dans le style antique. Le profil de S. A. R. est d'une ressemblance frappante, et rappelle les médailles romaines du règne d'Antonin le Pieux. — La seconde médaille, votée par le Conseil municipal de Bordeaux, dans sa séance du 22 août 1814, et décernée à M. de Tauzia, qui, le 14 mars de la même année, fut député pour aller à Hartwell annoncer au Roi que Bordeaux venait de reconnaître l'autorité légitime, et d'arborer le pavillon de l'antique Mo-

1. Archives municipales de Bordeaux. — Pièces de la Restauration, 1814.

narchie, offre, d'un côté, les armes de la ville et l'époque mémorable du 12 mars 1814. On lit autour: ENTRÉE DE S. A. R. MGR. LE DUC D'ANGOULÊME. On voit, au-dessous, le nom du regretté comte de Lynch, alors maire de Bordeaux, et à qui S. M. a permis de joindre ce titre à celui de Pair de France, en récompense de son dévouement et de son courage. La face opposée présente, dans un cercle, ces deux inscriptions: P. P. BOTH DE TAUZIA PORTE EN ANGLETERRE A S. M. LOUIS XVIII, L'HOMMAGE DE LA VILLE. — VOTÉ PAR LE CONSEIL MUNICIPAL. Les inscriptions sont entourées d'une guirlande de chêne et de laurier, que surmonte le mot : FIDÉLITÉ.

Une autre médaille, celle frappée pour le *Mariage du duc de Berry*, obtint un grand succès auprès de la Cour. C'est de cette union que naissait, quatre ans plus tard, le duc de Bordeaux.

Hier, dit le *Moniteur Universel* du mardi 16 juillet 1816, a été distribuée à la Cour la médaille frappée à l'occasion du *Mariage de S. A. R. le duc de Berry*. Cette médaille, en or pour les princes, les ambassadeurs et autres grands personnages, et en bronze pour les autres personnes qui l'ont reçue, fait le plus grand honneur au burin de M. Andrieu. Elle offre, d'un côté, le portrait fort ressemblant de S. M. Louis XVIII, l'autre face représente le génie de la France tenant deux couronnes; dans le milieu de l'une, on lit ces mots: CAROLUS FERDIN., dans celui de l'autre couronne: CAROLINA FERDIN., près du génie se trouvent l'autel et le flambeau de l'Hymen. On lit, en haut de la médaille, ces mots: SPES ALTERA REGNI. Au bas se trouve l'inscription suivante, qui rappelle la date du jour de l'heureuse union:

CAR. FERDINANDA SICILIARUM REGIS NEPTIS
CAROLO FERDINANDO BITURIGUM DUCI
LUDOVICI XVIII FR. NUPTA
D. XVII JUN. A. M. DCCCXVI.

Dans ses séances du 1 juillet et du 9 octobre 1816, le Conseil municipal de Bordeaux avait délibéré au sujet d'une médaille à la duchesse d'Angoulême ; l'incendie de 1862 a probablement détruit les documents qui s'y rapportaient, puisque toutes tentatives pour les trouver ont été vaines. Peut-être étaient-ils relatifs à la médaille remarquable, où Andrieu a représenté la duchesse, le cou orné de dentelles.

En présence du manque de documents, nous ne dirons rien de ces délibérations, estimant que la plus scrupuleuse exactitude doit présider aux recherches historiques; nous tenons d'autant plus à être sévère sur ce point, qu'à part l'excellent article de M. Edmond Johanet, paru dans le journal l'*Art*, on ne connaît sur Andrieu que de courtes notices biographiques, souvent erronées.

En 1817, la Banque chargea Andrieu de graver le nouveau billet de mille francs. Tout le monde sait que ce genre de travail a toujours été réservé aux plus grands artistes. Personne n'a donné la description de l'œuvre du graveur, mentionnée seulement par Laboubée[1]. On nous saura peut-être gré de combler cette lacune.

Voici la lettre que nous avons reçue à ce sujet :

BANQUE DE FRANCE

Paris, le 30 avril 1898.

Le Secrétaire Général de la Banque de France,
à M. de Fayolle, à Bordeaux.

MONSIEUR,

En réponse à la demande que vous avez adressée à M. le Gouverneur, le 28 courant, il me charge de vous transmettre, sur le billet d'Andrieu, les renseignements suivants qui sont les seuls que nous possédions.

Le 22 février 1816, la gravure du billet de 1.000 fr. définitif, dit type 1817, fut confiée à M. Andrieu.

Ce billet, de forme rectangulaire, mesurait 20 centimètres de longueur sur 10 centimètres 1/2 de hauteur

La vignette (recto), également rectangulaire, représente, dans la partie supérieure centrale, un cartouche à trois compartiments: les attributs de l'Agriculture (un laboureur et une ruche); à gauche, une tête de cheval; à droite, une tête de bœuf.

Cette composition est flanquée de deux autres cartouches ornementés, contenant les indices du billet.

Dans la partie inférieure centrale :

Une galère antique, masquée par un socle sur lequel on lit, en blanc sur fond noir: « La loi punit de mort le contrefacteur. »

A droite et à gauche, deux cartouches flanqués de figures symboliques à mi-corps ; dans ces cartouches les indices du billet.

En bas du socle: « ANDRIEU FECIT. »

1. Laboubée, *Notices manuscrites*, t. I, p. 57.

Dans la partie gauche :

Un médaillon central représentant Mercure sur fond noir; au-dessus et au-dessous, diverses figures et ornements symboliques (cornes d'abondance, ancre, caducée, etc.).

Dans la partie droite :

Un médaillon central représentant Minerve sur fond noir ; au-dessus et au-dessous, diverses figures et ornements symboliques, du même genre que ceux placés à gauche.

A l'extrême droite, souche en lettres majuscules : BANQUE DE FRANCE.

Le tout appartient au style Empire.

Toute la partie centrale est réservée au texte, ainsi conçu :

BANQUE DE FRANCE

Création du.................

Il sera payé en espèces, à vue, au porteur : Mille francs.

Le Contrôleur
....

Le Directeur
par autorisation du Conseil
....

Le Caissier principal
....

En haut, à gauche, le timbre de la Banque de France. La vignette et le texte sont entièrement imprimés en noir.

Aucune gravure au verso.

Comme texte : Enregistré fol. R.

Le Chef des Billets et de l'Imprimerie.
Le Secrétaire.

En lettres roses, dans le papier :
1.000 francs. Mille Fr.

Je suis heureux de pouvoir vous donner ces indications qui vous seront utiles, je l'espère, et je vous prie d'agréer, Monsieur, l'assurance de ma considération distinguée.

[Signé :] BILLOTTE.

On ne pouvait obtenir une meilleure description, au point de vue de l'abondance et de la science des détails ; nous en remercions M. le Directeur de la Banque de France.

L'inauguration de la statue d'Henri IV fournit à Andrieu l'occasion de faire une de ses plus belles œuvres, pour laquelle nous nous contenterons de citer encore le *Moniteur*, et de donner l'appréciation de M. Edmond Johanet. Nous ferons simplement remarquer que l'auteur avait déjà cinquante-sept ans, et que jamais l'œil et la main de l'artiste ne furent plus assurés.

La médaille, frappée à l'occasion de la restauration de la statue d'Henri IV et qui sera renfermée dans le corps de cette statue, avec les deux volumes dont il a déjà été parlé[1], a été gravée par M. Andrieu. Cette médaille, du module de vingt-deux lignes, le même qui a été adopté pour l'histoire métallique du présent règne, porte la face du roi avec cette légende :

LUDOVICUS XVIII. LAPIDEM AUSPICALEM POSUIT
D. XXVIII M. OCT. ANN. MDCCCXVII. REGNI XXIII.

Et au revers, la représentation de la statue équestre d'Henri IV, avec la légende : HENRICO MAGNO ; et à l'exergue :

CIVIUM PIETAS RESTITUIT. MDCCCXVII.

La figure équestre sur son piédestal est, sans contredit, un des ouvrages de numismatique les plus remarquables par la finesse des détails. On peut citer, comme une espèce de merveille en ce genre, le bas-relief qui orne la face du piédestal, dont les figures très distinctes, et les personnages en quelque sorte reconnaissables à la loupe n'ont pas, au premier plan, deux lignes de hauteur. Le cheval et le cavalier qui, ensemble, n'ont pas neuf lignes de haut, sont néanmoins d'un effet remarquable ; le corps du cheval est surtout bien modelé[2].

Les préparatifs pour l'inauguration de la statue furent grandioses. Il suffit de lire les journaux du temps pour se faire une idée des fêtes splendides qui accompagnèrent la cérémonie. Disons seulement, pour en donner un vague aperçu, qu'elle sortit de chez le fondeur revêtue d'une toile bleu d'azur parsemée de fleurs de lis d'or, et que les quarante-huit bœufs, employés à la traîner, avaient les cornes dorées et le corps recouvert de fleurs de lis. Le cérémonial

1. *Vie de ce prince*, par Péréfixe, archevêque de Paris, la *Henriade* et les *Mémoires de Sully*.
2. *Moniteur universel* du jeudi 20 août 1818.

réglé à l'avance par le grand maître des cérémonies de France, M. le marquis de Dreux-Brézé, contenait tout le détail de la fête, et une salve d'artillerie devait annoncer le moment où la statue serait découverte.

Nous trouvons, dans le *Moniteur* du 26 août 1818, quelques détails relatifs à la distribution des médailles qui fut faite lors de cette inauguration.

... M. le Président du Comité, s'étant ensuite approché du Roi, a eu l'honneur de lui remettre la médaille frappée à cette occasion. Les autres membres du Comité ont eu également l'honneur de remettre des médailles aux princes et princesses de la famille royale et du sang.

M. le Ministre, Secrétaire d'État au département de l'Intérieur, a présenté M. Lemot, statuaire, membre de l'Institut, M. Andrieux, auteur de la médaille, M. Le Père, architecte, et les autres artistes qui ont coopéré à la confection du monument...

....

Le Roi rentré au Château des Tuileries, les hérauts d'armes ont été distribuer dans différents quartiers de la ville des médailles frappées à l'occasion du rétablissement de la statue d'Henri IV.

Dans son numéro du 28, le même journal contient un entrefilet intéressant:

Entre autres médailles frappées à l'occasion de l'inauguration de la statue d'Henri IV, il faut citer celles que MM. Crion et Couturier, négocians à Lyon, ont fait exécuter en platine, et qu'ils ont offertes au Comité des souscripteurs pour être jointes aux épreuves en or, en argent et en bronze, tirées d'après le modèle de M. Andrieux, graveur de Bordeaux.

Comme on vient de le voir, le Ministre présenta Andrieu au Roi, et Louis XVIII exprima à l'auteur toute sa satisfaction au sujet de son œuvre.

La médaille de la *Statue d'Henri IV* constitue un véritable tour de force, et fait pendant à celle de la *Bataille de Marengo* du même graveur ; mais laissons la parole à M. Edmond Johanet :

A propos de la médaille de Marengo, nous avons cité le rétablissement de la statue d'Henri IV, parce que ces deux médailles sont restées le prototype, le *nec plus ultra*, le dernier mot de la finesse, en matière de gravure en médailles. Le bas-relief du piédestal de la statue d'Henri IV a quatorze millimètres de long, sur quatre millimètres de large, et dans cet espace, où deux mouches seraient mal logées, Andrieu a pu faire tenir une vingtaine de personnages et les murs de Paris! Pas la moindre confusion, tous les personnages bien à leur place, aucun détail sacrifié, les plans bien sentis et franchement accusés. On se demande comment il s'est rencontré un artiste assez sûr de son burin, pour entreprendre une pareille œuvre! La figure équestre sur son piédestal est, sans contredit, un des ouvrages de numismatique les plus remarquables par le fini des détails. Le corps du cheval est d'un modèle bien achevé.

Mais si ce travail nous a émerveillés, que dire du même travail sur un espace de six millimètres de long sur deux millimètres de large? Andrieu l'a osé, et il a réussi! Où plusieurs cirons, cette fois, se gêneraient, des personnages bardés de fer se meuvent à l'aise! Et, chose qui relève encore le mérite de l'œuvre, ces infiniment petits ne se laissent voir qu'à l'aide de la loupe! Par ce détail, on peut juger de la difficulté vaincue par l'œil et la main du graveur!

Si ces médailles ajoutent à la célébrité d'Andrieu, dit Miel, fin critique d'art, c'est seulement parce qu'elles augmentent le nombre de ses chefs-d'œuvre.

L'Académie de Bordeaux sera heureuse d'apprendre que cette médaille, autour de laquelle on fit tant de bruit, lui fut commandée par notre compatriote Lainé, ministre de l'Intérieur sous Louis XVIII.

MINISTÈRE DE L'INTÉRIEUR

10 novembre 1817.

Monsieur, je vous annonce que je vous ai choisi pour l'exécution de la médaille qui doit être frappée à l'occasion de la pose de la première pierre de la statue d'Henri IV.

M. Dacier, Sre pel de l'Académie des Inscriptions, vous donnera toutes les instructions nécessaires à cet égard. Je vous engage à vous adresser à lui. Je compte sur vos talens et sur vos soins pour avoir une belle médaille.

J'ai l'honneur de vous offrir, Monsieur, l'assurance de ma considération.

Le Ministre, Secrétaire d'État de l'Intérieur,
[Signé:] LAINÉ[1].

M. Andrieu, graveur, rue des Saints-Pères, nº 48.

1. Papiers de M. Henri Johanet.

On a dit que Bertrand Andrieu avait été fait chevalier de l'Ordre royal de Saint-Michel, à l'occasion de l'inauguration de la statue d'Henri IV; les registres des Archives Nationales prouvent que, si Andrieu fut proposé en janvier 1817, le décret relatif à sa nomination ne devint absolument officiel que le 1er mai 1821. Cette haute distinction, réservée aux célébrités (on ne comptait que cent chevaliers) fut la digne récompense des travaux de l'illustre Bordelais [1]. Il est le seul de notre ville et de notre région, avec MM. Lainé et de Sèze, à qui ce titre ait été conféré, et nous nous étonnons que son nom ne figure pas encore sur les murailles de Bordeaux, à côté de ceux de nos hommes illustres.

Nous donnons ici le relevé des registres des Archives Nationales [2].

N° d'ordre 163. — Ministère de la Maison du Roi

Janvier 1817.

Andrieu, graveur en médailles, à Paris.

Ordonnance du Roi

Louis, par la grâce de Dieu, Roi de France et de Navarre,
A tous ceux que ces présentes verront, salut.

Vu les ordonnances de 1665 et 1816, sur l'Ordre de Saint-Michel,

1. L'Ordre de Saint-Michel avait été institué par Louis XI, en 1469. Le nombre des chevaliers de cet Ordre fut, lors de son institution, fixé à trente-six; mais les promotions furent tellement multipliées jusqu'au règne d'Henri III, que ce monarque, pour rendre à l'Ordre tout son éclat, ordonna, en créant celui du Saint-Esprit, que les chevaliers de ce nouvel Ordre fussent auparavant reçus chevaliers de Saint-Michel.

Louis XIV, en 1665, limita le nombre des chevaliers à cent, outre ceux du Saint-Esprit. Cette fixation a été confirmée par Ordonnance du 16 novembre 1816.

La décoration consiste en une croix d'or à huit pointes émaillées de blanc, cantonnées de quatre fleurs de lis d'or, chargées en cœur d'un saint Michel foulant aux pieds le dragon, le tout de couleur naturelle.

Les chevaliers portent un ruban de soie noire, moirée, passé de l'épaule droite au côté gauche, auquel est attachée la Croix de l'Ordre.

L'Ordre de Saint-Michel était spécialement destiné à servir de récompense et d'encouragement aux Français qui s'étaient distingués dans les lettres, les sciences et les arts; ou par des découvertes, des ouvrages et des enteprises utiles à l'État. (*Ordres royaux du Saint-Esprit et de Saint-Michel*, Paris, M.-P. Guyot, imprimeur, 2, rue Mignon, 1822). Note de M. H. Johanet.

2. Archives Nationales, O³ 623.

Vu notre décision du 17 du mois dernier, portant que les Chevaliers de l'Ordre, étrangers ou au service des puissances étrangères, seront considérés comme honoraires,.

Vu le rapport du Ministre, Secrétaire d'État de notre Maison, avons nommé et nommons Chevaliers de l'Ordre de Saint-Michel,

Les Sieurs :

Ch^er^ Grenier, premier Président de la Cour Royale de Riom,
Delvincourt, doyen de la Faculté de Droit,
Héron de Villefosse, de l'Académie des Sciences, maître des requêtes, secrétaire du Cabinet,
Huzard, membre de l'Académie des Sciences,
Vauquelin, id.
Tarbé de Vauxclairs, vice-président du Conseil général des ponts et chaussées,
Vergez, médecin en chef des écuries et des pages,
De La Porte, chirurgien en chef de la Marine de Brest,
Bonnié, premier chirurgien de S. A. le Prince de Condé, Duc de Bourbon;

Les Sieurs :

Lesueur, membre de l'Académie des Beaux-Arts,
Ch^er^ Bosio, statuaire, professeur de l'École spéciale des Beaux-Arts,
Andrieu, graveur en médailles.

Chevaliers honoraires,

Raphaël Morghen, célèbre graveur à Florence,
De Reynold de Croisier (sa famille était chargée de la distribution des pensions accordées aux Suisses par les rois de France, et tous ses ayeuls ont eu le cordon de Saint-Michel).

Le Ministre de notre Maison, ainsi que les Grands Officiers de nos Ordres, sont chargés, chacun en ce qui le concerne, de l'exécution de la présente ordonnance.

Donné au château des Tuileries, ce premier jour du mois de mai de l'an de grâce mil huit cent vingt-un, et de notre règne le vingt-sixième.

[Signé :] Louis.
[Signé :] Lauriston.

Ordonnance qui nomme dans l'Ordre de Saint-Michel 12 chevaliers titulaires et deux chevaliers honoraires[1].

La nomination d'Andrieu parut aussi au *Moniteur* du 20 mai 1821, qui en fait mention en ces termes: « S. M. vient de nommer chevalier de l'Ordre de Saint-Michel M. Andrieu, célèbre graveur en médailles. »

Bien que les médailles du *Débarquement du Roi à Calais* et de *la France en deuil au 20 mars* relatent des événements de 1814 et de 1815, elles ne tombèrent réellement dans le domaine public qu'en 1819, époque à laquelle on fit une certaine publicité à toutes les médailles frappées sous la Restauration. Les deux productions d'Andrieu sont mêlées aux autres dans l'article du *Moniteur* du 26 août 1819:

(1814-24 avril): Débarquement du Roi en France.

Type. La Providence, tenant en ses mains le symbole du monde qu'elle gouverne, ramène le Roi dont le débarquement est indiqué par une proue de vaisseau. La France s'empresse au-devant de son Roi. — Légende: BORBONIDÆ·PATRIÆ·ET·SOLIO·REDDITI (Les Bourbons rendus à la Patrie et au trône). — Exergue: REGIS·APPULSUS·AD·PORTUM·ICCIUM·XXIV·APRIL·MDCCCXIV (Débarquement du Roi au port de Calais, le 24 avril 1814). — Graveur: M. Andrieu (1815. — 20 mars). — La France, frappée, de nouveau, du fléau de l'usurpation. Type: d'un côté, une Furie, armée du flambeau de la discorde, descend d'un navire, et dès ses premiers pas, sur le sol de France, renverse et foule aux pieds l'autel de la félicité publique. Au revers, la France désolée voile l'écusson de ses armes. — Légende du premier type: DIES VICESIMA MARTIS (Journée du 20 mars.) — Au revers: RECEDENTIS·PRINCIPIS·DESIDERIUM (Les regrets de la France accompagnent le Prince dans sa retraite). — Graveurs: pour le premier type, M. Jeuffroy; pour le revers, M. Andrieu.

Ces deux pièces sont irréprochables. Les personnages de la

1. Archives Nationales. Registre O 541, f° 202. Parmi ses confrères de l'Ordre de Saint-Michel, en dehors de ceux nommés en même temps que lui, par l'Ordonnance royale du 1er mai 1821, Andrieu comptait alors des hommes tels que Chaptal, Jussieu, Delambre, Mirbel, Dacier, Dupuytren, Quatremère de Quincy, de Prony, Brongniart, Girodet-Trioson, le baron Gérard, Lemot, Didot, Regnault, Raynouard, l'abbé Sicard, Henrion de Pensey, Dubois, Gros, Cherubini, Biot, etc. — Note de M. H. Johanet.

première sont des merveilles de délicatesse; l'artiste a traité son sujet de la façon la plus magistrale. Nous avons déjà parlé de la seconde, et insisté sur la pose de la femme superbement drapée, personnifiant la France.

Andrieu va terminer ses travaux par les médailles de la *Naissance* et du *Baptême du Duc de Bordeaux*, plus tard Henri V, comte de Chambord. Le Gouvernement commanda la seconde; quant à la première, gravée pour la ville de Paris, elle fut achevée trois mois avant la mort de l'artiste qui, fier de son nouveau titre, la signa : ANDRIEU, CHEVALIER DE SAINT-MICHEL. La commission des Beaux-Arts près la Préfecture de la Seine l'avait jugé seul digne d'exécuter cet ouvrage[1]. Andrieu, sentant sa fin prochaine, y mit toute son âme, tout son génie, voulant terminer sa carrière par un dernier coup d'éclat. On ne connaît pas une œuvre plus parfaite. La grandeur de la médaille (68 millimètres) permit au graveur de diviniser la France et la Ville de Paris.

Voici en quels termes le *Moniteur Universel* du 30 septembre 1822 rend compte de la remise de cette médaille au roi Louis XVIII :

(Paris, 29 septembre). — Après la messe, le Roi a reçu, à l'occasion de l'anniversaire de Mgr le Duc de Bordeaux, les hommages des Ministres, des Maréchaux de France, des Grands Officiers, d'un grand nombre de Pairs et de Députés, les militaires de tous grades et M. l'Ambassadeur de Naples.

A une heure, le Corps municipal, ayant à sa tête M. le Comte de Chabrol, préfet de la Seine, et conduit par M. le Grand-Maître et deux aides des Cérémonies, a eu l'honneur d'être reçu par S. M. — M. le Préfet, en présentant au Roi les médailles que la Ville de Paris a fait frapper pour l'anniversaire de la naissance de Mgr le Duc de Bordeaux, a adressé à S. M. le discours suivant :

SIRE,

Il est des époques mémorables dont la Ville de Paris aime à consacrer le souvenir d'une manière impérissable. La médaille qu'elle a fait frapper pour la naissance du Duc de Bordeaux, représente cette noble cité, offrant à la France le Royal Enfant accordé à nos vœux. C'est du sein de la tombe qu'il semble sortir. Il vient sourire à la Majesté Royale, consoler ses dou-

1. Pièces justificatives.

leurs et percer d'une douce lumière le crêpe funèbre qui couvrait le sol de la Patrie. Élevé près de sa mère, au milieu de ses augustes parens, sous les yeux du plus sage des monarques, ce jeune fils des Rois apprendra par vos exemples, Sire, l'art difficile de cimenter l'union et de fonder la prospérité d'un peuple. Vivez longtemps pour Lui, vivez longtemps pour la France; c'est le vœu de votre bonne ville de Paris. Sire, ses magistrats sont heureux de pouvoir vous l'exprimer en ce jour, et de renouveler à V. M. l'hommage de leur dévouement, de leur amour et de leur respect.

Le Roi a répondu :

Je reçois avec une vive satisfaction le témoignage des sentimens de ma bonne ville de Paris. Le jour dont elle célèbre l'anniversaire fut le plus beau jour de ma vie; il marqua aussi pour la France une époque de bonheur. J'espère que nous en jouirons longtems.

Le Corps municipal s'est rendu successivement chez Monsieur, Madame, Monseigneur le Duc d'Angoulême et Madame la Duchesse de Berry, et a présenté la même médaille à LL. AA. RR.

Il en a été remis au Roi et aux Princes des épreuves en bronze, en argent et en or. Cette médaille est due au burin de M. Andrieu, et son exécution ne fait qu'ajouter à la réputation de ce célèbre graveur.

Arrêtons-nous sur ce suprême éloge, car Andrieu, malade depuis plusieurs années, épuisé par un excès de travail, est frappé mortellement.

La nouvelle de sa mort, vite connue, fut enregistrée en ces termes par le *Moniteur Universel* du 17 décembre 1822 :

M. Andrieu, célèbre graveur en médailles, dont Sa Majesté avait récompensé les talens, en lui conférant l'Ordre de Saint-Michel, vient de mourir à Paris.

La même feuille, dans son numéro du 27 décembre, contenait cet article nécrologique :

M. Bertrand Andrieu, graveur en médailles, chevalier de l'Ordre Royal de Saint-Michel, de l'Académie des Beaux-Arts de Vienne en Autriche, était né à Bordeaux le 4 novembre 1761. Il sentit de bonne heure son génie le porter vers l'art de la gravure, et ses premiers pas dans la carrière annoncèrent un succès éclatant.

A cette époque, la gravure en médailles avait perdu l'éclat qu'elle avait jeté sous les Varin et sous les Dupré; un style faux et recherché, un dessin rapide et incorrect avait pris la place de la naïveté et de la facilité de dessin qu'on admire dans leurs œuvres. D'inestimables artistes luttaient sans doute avec succès contre le mauvais goût, mais il en fallait un qui, nourri des beautés sévères et des grâces de l'antique, eût assez le sentiment de la perfection pour s'écarter tout d'un coup de la route battue, et replacer, d'une main ferme, au rang qu'il doit occuper, un art dont les monumens bravent le temps et les révolutions des empires.

Venu fort jeune à Paris, son coup d'essai annonça le restaurateur de la gravure en médailles; et pendant quarante ans on vit sortir de son burin, aussi fécond que brillant, une foule de productions que, depuis longtems, les connaisseurs placent parmi les chefs-d'œuvre de la numismatique de tous les pays et de tous les tems.

Toujours choisi par le Gouvernement pour exécuter les médailles des événemens les plus mémorables, son talent est associé à tous les genres de gloire qui ont consolé la patrie, la religion et les arts de nos longs malheurs; et quand la Restauration vint faire briller sur la France des jours meilleurs, une ardeur nouvelle sembla s'emparer d'Andrieu. Empressé d'enrichir l'histoire numismatique des descendans de saint Louis, de faire éclater toute sa joie, il publia, dans l'espace de trois ou quatre années, une foule de médailles, parmi lesquelles on distingue la grande Minerve assise distribuant des couronnes, la médaille de la Statue équestre d'Henri IV, celle de la Vaccine et celle de l'Étude, celle du Rétablissement du Culte et celle de la France en deuil au 20 mars.

Il avait terminé depuis peu de mois la grande médaille que M. le Comte de Chabrol de Volvic, préfet de la Seine, l'avait chargé d'exécuter pour la ville de Paris, à l'occasion de la naissance du duc de Bordeaux. Cette médaille, du plus grand module, avait été présentée au Roi, le 29 septembre dernier; il l'avait composée, exécutée et achevée au milieu des souffrances qui, depuis deux ans surtout, causaient à sa famille et à ses amis les plus vives alarmes.

Un triste pressentiment, puisé dans le dépérissement toujours croissant de sa santé, semblait l'avertir qu'il travaillait à son dernier ouvrage; ou, du moins, pensait-il que cet ouvrage, qu'il consacrait à une ville du sein de laquelle sa réputation avait pris son essor, qui avait admiré toutes ses belles productions, terminerait assez noblement sa carrière d'artiste, pour qu'il lui fût permis de la quitter, et de laisser à d'autres le soin de la parcourir sur ses pas. Jouissant d'une réputation méritée et incontestable, de l'estime de

6

tous les grands artistes, honoré des bontés du Roi qui lui avait, depuis deux ans, conféré le cordon de chevalier de Saint-Michel, aimé et respecté de ses amis, chéri d'une famille dont il était la joie, doué du caractère le plus aimable, que lui eût-il fallu pour couler des jours heureux et tranquilles, s'il eût pu recouvrer la santé! Mais, hélas! les décrets impénétrables de la Providence ne l'avaient pas réglé ainsi. Le 6 décembre 1822, à 4 heures, au milieu des consolations de la religion, des soins et de la douleur de sa famille, cet habile artiste, cet excellent homme, a expiré à l'âge de soixante-un an.

Bien qu'il y ait, dans cet article, certaines inexactitudes concernant l'apparition des œuvres d'Andrieu, nous avons tenu à le citer en entier, car il traduit les sentiments d'admiration inspirés par l'artiste bordelais. Mahul l'a aussi reproduit dans son *Annuaire nécrologique* de 1822.

Malgré une longue correspondance, il nous avait été impossible de nous procurer l'acte de décès d'Andrieu. Il y avait, cependant, un certain intérêt à être fixé sur ce point; car les notices biographiques indiquent des dates différentes : 6 décembre, 10 décembre 1822 et même 1819. Les réponses du Greffe, des Archives Municipales furent négatives; et, si on ajoute à cela que le registre des inhumations du cimetière de Vaugirard a disparu, on comprendra notre embarras.

A la suite d'un voyage à Paris, fait tout exprès, de recherches dans les paroisses, nous avons fini par découvrir ce document à Saint-Germain-des-Prés. Le registre, en fort mauvais état, à moitié rongé par les vers et l'humidité, nous fit concevoir tout d'abord de grandes craintes. Nous y avons trouvé ce document, les flammes du Palais de Justice et de l'Hôtel de Ville ayant anéanti l'acte de l'état civil pendant les événements de 1871.

Extrait des Actes de décès de la paroisse de Saint-Germain-des-Prés (Registre de l'année 1820 à 1823).

L'an 1822, le 12 décembre, a été présenté en cette église le corps de Bertrand Andrieu, graveur en médailles, membre de l'Académie des Beaux-Arts de Vienne en Autriche, chevalier de l'Ordre Royal de Saint-Michel, époux de Félicité Beckers, décédé le 10 du même mois, âgé de 60 ans, en sa maison des Petits-Augustins, n° 26[1]. Et lui ont été rendus les honneurs funèbres, en présence de François Bouyn, beau-frère du défunt, et de Pierre Charron, cousin germain du défunt, lesquels ont signé avec nous.

Le 12 décembre 1822, Andrieu fut inhumé dans le cimetière de Vaugirard (ancien cimetière de l'Ouest).

Voici l'inscription gravée sur son tombeau :

ICI
DANS L'ATTENTE DE LA BIENHEUREUSE RÉSURRECTION
REPOSE
LE CORPS DE BERTRAND ANDRIEU,
GRAVEUR EN MÉDAILLES,
CHEVALIER DE L'ORDRE ROYAL DE SAINT-MICHEL,
MEMBRE HONORAIRE DE L'ACADÉMIE IMPÉRIALE ET ROYALE
DES BEAUX-ARTS DE VIENNE EN AUTRICHE,
NÉ A BORDEAUX, LE 4 NOVEMBRE 1761,
MORT A PARIS, LE 10 DÉCEMBRE 1822

LAISSONS A LA POSTÉRITÉ
LE SOIN DE PERPÉTUER SA HAUTE RÉPUTATION.
QU'IMPORTENT UN BRILLANT TALENT ET SES RÉCOMPENSES
A CELUI QUI A CESSÉ DE VIVRE!...
POUR NOUS, DISONS QU'IL FUT LE MODÈLE DES ÉPOUX,
LE MEILLEUR ET LE PLUS TENDRE DES PÈRES;

1. Aujourd'hui, n° 20 de la rue Bonaparte, non loin de la rue Jacob. Cet immeuble, antérieur à 1807, a changé de numéro depuis 1852.

DISONS QUE LE SOUVENIR PRÉCIEUX DES QUALITÉS DE SON CŒUR
ET DES VERTUS RELIGIEUSES QU'IL A PRATIQUÉES
DANS SES LONGUES SOUFFRANCES
FAIT NOTRE SOLIDE GLOIRE ET NOTRE SEULE CONSOLATION ;
ET QUE C'EST MUNIE DU SACREMENT DE LA FOI,
ET PLEINE DE CONFIANCE
DANS LA MISÉRICORDE DU SEIGNEUR
QUE SON AME
A ROMPU LES LIENS QUI L'ATTACHAIENT A LA TERRE !

AU MILIEU DES OMBRES DE LA MORT MÊME JE NE CRAINDRAI POINT, PARCE QUE VOUS ÊTES AVEC MOI, SEIGNEUR.

Ps. 22.

PRIEZ DIEU POUR SON AME

Quelques mois après la mort de Bertrand Andrieu, M. de Puymaurin, directeur de la Monnaie, demanda le cordon de Saint-Michel pour Galle, graveur en médailles. Nous rapportons sa lettre parce qu'elle rappelle à notre souvenir la récompense dont avait été honoré notre concitoyen.

(Écrit au crayon) : *Parvenu au Secrétariat le 3 mars 1823.*

MONNAIE ROYALE DES MÉDAILLES

[5 mars 1823].

MONSEIGNEUR,

L'art numismatique a perdu, par la mort de M. Andrieu, un des plus habiles graveurs de médailles ; quarante ans de travaux et de succès aussi nombreux que mérités lui avaient mérité, de la part de Sa Majesté, l'honorable décoration de l'Ordre de Saint-Michel.

Cette récompense des talents est devenue vacante par sa mort; j'ai l'honneur de présenter à Votre Excellence, pour l'obtenir de Sa Majesté, sur votre présentation, M. Galle, membre de l'Institut, dont les médailles seront un jour recherchées par la postérité, comme des monuments précieux de la supériorité des graveurs français. Si Votre Excellence veut bien se faire représenter ces médailles, leur perfection sera auprès de Votre Excellence le meilleur titre pour le succès de la demande de M. Galle, et elle voudra bien le présenter à Sa Majesté et obtenir pour M. Galle une récompense bien méritée par ses travaux et ses succès.

J'ai l'honneur d'être, avec respect, Monseigneur, de Votre Excellence, le très humble et très obéissant serviteur.

LE BARON DE PUYMAURIN,
Directeur de la Monnaye Royale des Médailles et membre de la Chambre des Dignitaires [1].

Andrieu, inhumé le 12 décembre 1822, dans le cimetière de Vaugirard (ancien cimetière de l'Ouest), a été transporté dans celui du Sud (dit du Montparnasse), en octobre 1837, et réinhumé dans une concession perpétuelle, acquise, le 25 octobre de la même année, par M. Pontonnier, chef de division à la préfecture de la Seine, son gendre.

Cette concession, située 3e division, 1re ligne Nord, n° 12 Ouest (725-p. en 1837), se compose d'une grille avec pierre debout et épitaphe [2]. L'inscription est identique à celle de l'ancienne tombe du cimetière de Vaugirard, que nous venons de reproduire en entier.

L'œuvre considérable d'Andrieu occupe un des premiers rangs dans l'histoire de la gravure en médailles. M. Miel a dit de lui avec raison :

« Les beaux types de Syracuse paraissent avoir été l'objet parti-
» culier des études d'Andrieu; le caractère naïf et élevé des figures,
» la pureté des contours, le grand goût des draperies, l'heureux choix
» des accessoires, toutes les qualités qui distinguent sa manière, il
» les doit, sans doute, à la constante méditation de ces modèles. En
» combinant l'élégance noble des Grecs avec les charmantes vérités

1. Archives de la Monnaie, Dossier : Médailleurs du XIXe siècle.
2. Renseignements fournis par M. Forest, conservateur du cimetière du Sud.

» de la nature qu'on admire dans Varin et dans Dupré, il s'est fait » un style à lui; il doit être considéré comme chef d'école. »

Le grand artiste a donné des conseils, des leçons et fait plusieurs élèves: le plus célèbre, Depaulis, né en 1792, mort en 1868, a produit de beaux ouvrages. Parmi ses nombreuses médailles, citons : la médaille frappée à l'occasion de la naissance du Roi de Rome, représentant deux figures dont l'heureux arrangement symbolisait parfaitement les villes de Paris et de Rome, laquelle fixa l'attention de Denon sur le jeune artiste; la médaille de la naissance de Jeanne d'Arc, de la conquête de l'Illyrie, du baptême du duc de Bordeaux, et le grand médaillon de Corneille, etc. On y retrouve comme un reflet du génie de son maître. Nul, mieux que ce dernier, ne savait draper ses sujets; et il sera toujours consulté avec fruit, par ceux qui auront véritablement l'amour du beau. M. Edmond Johanet a dit, à ce propos, avec beaucoup de justesse :

« Il existe d'Andrieu plus de coins que de poinçons, parce que, » souvent, il gravait en creux. A ce trait, tous les graveurs en » médailles, les hommes spéciaux et les autres, comprendront à » quelle sûreté de main, à quelle science de relief, à quelle connais- » sance infaillible des effets il était parvenu. Procéder de la sorte, » c'est voir au delà du travail qu'on exécute, c'est par une seconde » vue percevoir le relief caché dans les plis du creux. Les médailles » d'un artiste, qui unissait cette dextérité de burin au mérite de » la composition et du style, constituent une œuvre à part dans la » renaissance de la gravure en médailles, qui date de la Révolution. » Cette œuvre classique fait autorité, et a mérité à Andrieu d'être » regardé comme le restaurateur de son art. On lui a fait bien des » emprunts; on a été quelquefois si loin dans l'imitation qu'on » confond, à la Monnaie même, l'original et la copie. En cela, chacun » a suivi, selon son tempérament, l'exemple des pensionnaires de » la villa Médicis, qu'on envoie à Rome pour étudier les chefs-d'œuvre » de l'art antique, et qui en reviennent avec d'heureuses réminis- » cences ou des emprunts un peu forcés. On ne pille que les riches, » on ne copie que les maîtres. »

Notre étude touche à sa fin. Nous ne voulons pas la clore sans remercier M. Céleste, conservateur de la Bibliothèque de Bordeaux, si connu par son affabilité, par le concours dévoué qu'il prête aux chercheurs; nous lui demanderons beaucoup d'indulgence pour celui qui a mis si souvent sa complaisance à l'épreuve, en le forçant à déplacer, pour ses recherches, tant de volumes encombrants, surtout ceux de l'ancien *Moniteur Universel*.

Nous sommes également très reconnaissant à M. F. Mazerolle, archiviste à la Monnaie de Paris, d'avoir bien voulu nous donner l'hospitalité dans la *Gazette numismatique française* et favoriser ainsi la publication de notre travail. Enfin, nous réservons une mention spéciale à MM. Henri, Edmond et Maxime Johanet, Louis Chappotteau et à Mmes Charles Chappotteau et Eugène Aubrun, arrière-petits-enfants d'Andrieu, ainsi qu'à ses arrière-petits-neveux et nièces, particulièrement à M. Laurent Brosset, consul général de Russie à Barcelone, qui, voulant montrer tout l'intérêt qu'ils attachaient à notre travail, nous ont confié les documents les plus précieux.

Afin d'attirer l'attention de nos édiles sur la valeur du talent d'Andrieu, nous avons adressé la lettre ci-jointe à un conseiller municipal, adjoint au Maire de Bordeaux, avec prière de la transmettre à ses collègues. Nous croyons, en agissant ainsi, avoir fait notre devoir.

Messieurs,

Si les hommes célèbres honorent les cités qui les ont vus naître, les villes ont le devoir de perpétuer le souvenir de ceux de leurs enfants dont la renommée a survécu aux outrages du temps, épreuve nécessaire et décisive qui consacre, sans retour, les grands génies comme les grands cœurs. Nous vous proposons de donner le nom de Bertrand Andrieu à une rue de Bordeaux, vous demandant même de choisir une voie importante, digne de ce grand talent.

Andrieu a atteint l'apogée de la gloire dans la gravure en médailles : la Révolution, le Consulat, l'Empire, la Restauration lui doivent plus de cent cinquante chefs-d'œuvre. Tel était son génie que tous les gouvernements, après l'avoir respecté, le comblèrent d'honneurs. Membre de l'Académie des Beaux-Arts de Vienne, chevalier de Saint-Michel, graveur du Cabinet des médailles du Roi, il retraça avec son burin les événements les plus glorieux de notre histoire : Batailles d'Austerlitz, d'Iéna, Entrée à Vienne, Prise de Wilna, la Statue d'Henri IV, la Naissance du duc de Bordeaux, etc.

Sa mort, survenue à Paris au moment d'une grande agitation politique, ne passa cependant pas inaperçue, les journaux lui ayant consacré de longs articles. L'artiste excite encore l'admiration du monde entier ; et, si son nom est gravé sur les médailles, inscrivons-le aussi sur les murs de notre cité, désireux que nous sommes de montrer notre reconnaissance à un de nos plus illustres enfants.

Nous sommes d'autant plus heureux de rendre un hommage tardif à notre héros, qu'il ne nous semble pas avoir eu, de son vivant, tous les honneurs qui lui étaient dus. L'Institut, nous ne savons pour quel motif, n'avait pas songé à lui ouvrir ses portes, alors qu'en 1812, l'Autriche, comme si elle avait voulu le venger de l'oubli de ses contemporains, l'élisait membre de l'Académie Impériale et Royale des Beaux-Arts de Vienne.

Ce n'est pas sans regret que nous achevons ce mémoire, il nous était agréable de vivre en compagnie d'un tel homme ! Amoureux d'idéal, nous avons tenu à parcourir, en rêveur, les rues qu'il habita, dans lesquelles lui-même promena tant de fois ses rêveries. Le soir venu, nous ne pouvions chasser Andrieu de notre pensée, et maintenant encore, nous l'avons présent à l'esprit, comme si nous avions toujours vécu de sa vie, pris notre part de ses labeurs et de ses triomphes.

Nous l'admirons et nous l'aimons pour son génie, qui rayonne à la fois et sur la ville qui l'a vu naître, et sur la France tout entière. Il repose loin de sa ville natale, mais le jour n'est pas loin, nous l'espérons, où son nom revivra dans notre chère cité aux applaudissements de tous les Bordelais.

La notice manuscrite d'Auguste Laboubée, tome I, page 67, subit forcément les atteintes du temps ; l'encre pâlit, et le volume qui la renferme commence à être en fort mauvais état. Aussi, en prévision d'une destruction plus complète, et en reconnaissance des services qu'elle a rendus, nous ne trouvons pas inutile de la reproduire, ne fût-ce que pour rendre hommage à celui qui a voulu perpétuer le souvenir de notre concitoyen.

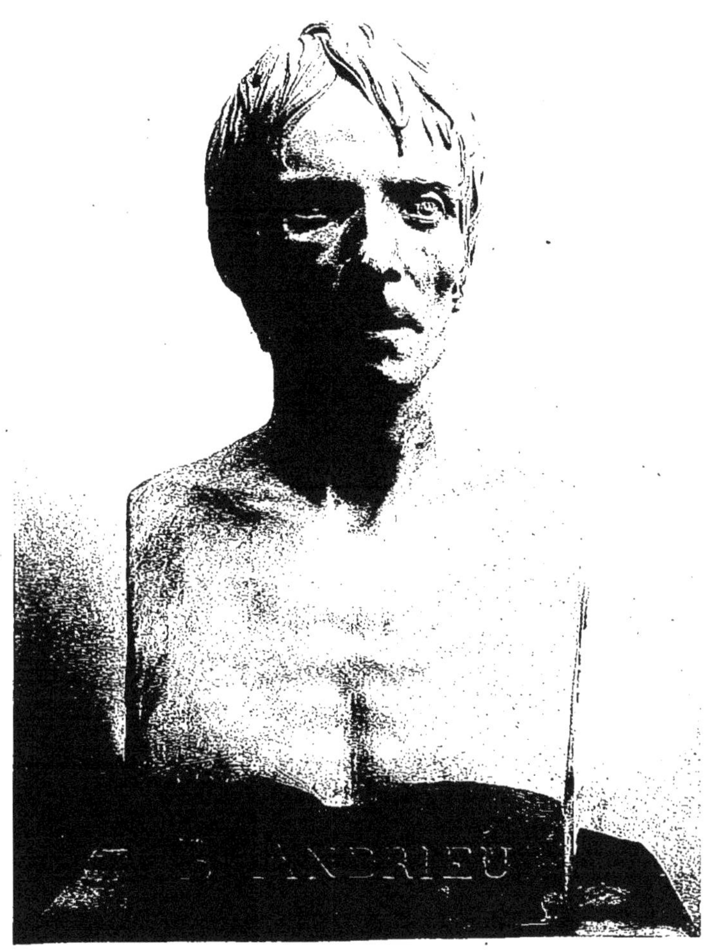

BERTRAND ANDRIEU

D'APRÈS LE MOULAGE EXÉCUTÉ LE JOUR DE SA MORT

10 DÉCEMBRE 1822

PIÈCES JUSTIFICATIVES

I

Notice d'Auguste Laboubée

« Andrieu né à Bordeaux; il est fixé à Paris. On a frappé de lui » une médaille qui représente la prise de la Bastille.

» On a encore de lui une seconde médaille faisant pendant à la » première, représentant l'arrivée du roi à Paris, le 6 octobre 1789.

» Élève de Lavaud. En l'an 9, il exposa au Muséum des arts un » cadre renfermant plusieurs médailles, entre autres celle de la » paix de Lunéville, frappée par ordre du Gouvernement.

» Il s'appliqua à graver pour la typographie, et fit de belles » choses en ce genre.

» On a de lui une médaille de Bonaparte, premier Consul; le » revers est une couronne de laurier dans laquelle on lit: A la Fé- » licité. C'est un grand bronze, 1805.

» On a de lui une seconde médaille d'Alexandre, qui est estimée.

» Le Préfet du département de l'Orne reçut, en 1807, du Mi- » nistre de l'Intérieur, une médaille d'argent, décernée par la Société » centrale de Vaccine à Paris, à M. Thomas Paul Gateron, 24 fri- » maire an 13.

» Une tête d'homme, exécutée par Andrieu, était ce qu'on con- » naissait de plus parfait en taille de relief (voyez le *Moniteur* du » 7 novembre 1810, n° 311, art. Société d'encouragement pour l'in- » dustrie; rapport de M. Mérimée).

» En 1807, il fit une médaille de Sa Majesté l'Impératrice, et une » médaille servant de revers au buste de Sa Majesté l'Empereur et » Roi, qui fut frappée en 1805. Il présenta cette médaille à l'Im- » pératrice le 25 avril 1807. Il a fait celle de la bataille de Marengo » et celle du passage du Saint-Bernard.

» Les ouvrages de M. Andrieu sont fort recherchés. En 1807,

» un importun prit son nom et allait vendre ses médailles ; il réclama, » à ce sujet, dans les journaux.

» La reine de Westphalie visita, le 21 novembre 1807, la Mon- » naie des Médailles ; on frappa en sa présence une médaille gravée » par M. Andrieu, représentant l'Amour donnant des fleurs à l'Hymen » qui en forme une couronne, et au revers une inscription qui consa- » crait sa visite. Il exposa des médailles au Salon de 1808.

» En 1809, il fut chargé par le Gouvernemeut de graver une » nouvelle matricule pour les figures des cartes à jouer, qui devaient » être uniformes pour tout l'Empire.

» Il frappa, en 1810, trois petites médailles pour le mariage de » Sa Majesté l'Empereur, qui furent jetées sur les places publiques.

» Fils d'un vinaigrier de Bordeaux.

» MM. Galle et Andrieu furent mentionnés honorablement par » le jury chargé, par le Gouvernement, de prononcer sur les prix » décennaux en 1810.

» Observations sur les nouvelles cartes à jouer par Pierre Du- » rouchail, graveur, Bordeaux, Mazeau, 1810.

» Monget a dessiné les figures des nouvelles cartes à jouer, An- » drieu les a gravées, et Didot imprimées. Le décret pour les nou- » velles cartes à jouer est du 16 janvier 1808.

» Les maires et députés des 44 bonnes villes de l'Empire, qui » avaient assisté au baptême du Roi de Rome, délibérèrent de faire » faire frapper une médaille, adressée à l'Empereur, d'une dimension » extraordinaire : MM. Lafite, peintre, et Andrieu, graveur, furent » choisis pour l'exécuter.

» Gatteaux fils, son élève, fit en 1811, de nouvelles matrices pour » les figures des cartes à jouer. Ces nouvelles cartes parurent en » 1811.

» En 1811, il frappa la médaille donnée par la Société des Sciences, » Belles-Lettres et Arts de Caen, pour le mémoire sur cette question : » Quelle est l'influence de la tisseuse sur l'économie animale ? »

II

Visite du Prince électoral de Bade

MONNAIE IMPÉRIALE DES MÉDAILLES

Bordereau des sommes dues à la caisse de la Monnaie Impériale des Médailles, pour le prix des médailles en or, en argent et en bronze, remises à S. A. R. le Prince de Bade, le 31 mars 1806, lorsqu'il visita cet établissement.

Savoir :

2 médailles en or, représentant d'un côté le Prince électoral et la Princesse Stéphanie, et au revers l'inscription de la date de sa visite à la Monnaie des Médailles. Ces 2 médailles pesant ensemble 107gr.75cent. à raison de 3.450 fr. le kilog., prix fixé par le Gouvernement........	371 75
30 médailles en argent, représentant le même sujet, pesant ensemble un kilog. 79 grammes, à raison de 270 fr., prix fixé par le Gouvernement..........................	281 05
Plus, une collection de 21 médailles en bronze, frappées depuis l'an VIII................................	75 »
Plus, deux étuis pour les médailles d'or.............	6 »
TOTAL.......	733 80

Certifié sincère et véritable par le comptable soussigné le présent bordereau, montant à la somme de sept cent trente-trois francs quatre-vingts centimes, due à la caisse de la Monnoye des Médailles, pour prix des médailles en or et en argent, remises à S. A. le Prince Électoral de Bade, le 31 mars 1806.

Paris, le 1er avril 1806.
[Pas de signature].

Archives Nationales, o²851, n° 918.

Reçu de M. Denon la somme de douze cents francs, pour la gravure du carré représentant le mariage de S. A. R. le Prince de Bade avec la princesse Stéphanie.

Paris, le 31 mars 1806.
[*Signé* :] ANDRIEU, graveur.

Vu par le Directeur Général.
[*Signé* :] DENON.

Archives Nationales, o²851.

III

Médaille des Souverainetés données

Reçu de M. Denon, directeur général des Musées, la somme de douze cents francs, pour la gravure du carré des Souverainetés données.

Paris, le 2 juillet 1806.
[*Signé* :] ANDRIEU.

Vu par le Directeur Général.
[*Signé* :] DENON.

Archives Nationales, o²851.

IV

Jetons du Musée

Pour refaire les seconds carrés et les jetons, et fournir une tête de l'Empereur :

300 fr. pour chaque carré	600 »
200 fr. pour celui de la tête	200 »
	800 »

Archives Nationales, o²851.

V

Médailles de la bataille de Somma Sierra et de la Rupture du Traité de Presbourg

Bataille de Somma Sierra........................ 2.000 »

Temple de Janus pour la rupture du traité de Presbourg... 500 »

Archives Nationales, o²851, liasse n° 5.

VI

Médailles de la bataille d'Austerlitz et aux effigies de François II et d'Alexandre Ier

Reçu de M. Denon la somme de dix-huit cents francs, pour la gravure de deux carrés, l'un représentant la tête de S. M. l'Empereur et Roi avec l'inscription : Bataille d'Austerlitz, et l'autre le portrait des empereurs Francois II et Alexandre Ier.

Dont quittance.

Paris, le 8 décembre 1807.

[*Signé* :] ANDRIEU.

Vu par le Directeur Général,

[*Signé* :] DENON.

Archives Nationales, o²851.

VII

Médaille de la Paix avec la Saxe

Reçu de M. Denon la somme de deux mille quatre cents francs, pour prix de la gravure de deux carrés de la médaille relative à la paix avec la Saxe, l'un représentant les têtes accolées des empereurs

Napoléon et Charlemagne, et l'autre représentant les têtes accolées de Witikind et Frédéric-Auguste, roi de Saxe.

Dont quittance.
A Paris, le 16 avril 1808.
[*Signé :*] ANDRIEU.

Vu par le Directeur Général,
[*Signé :*] DENON.

Archives Nationales, o²831.

VIII

Médaille du Séjour de Napoléon Ier à Ostérode

Reçu de M. Denon la somme de trois cent trente francs, pour la gravure d'un carré de la tête de l'Empereur, servant à la médaille relative à son séjour à Ostérode.

Dont quittance.
Paris, le 16 avril 1808.
[*Signé :*] ANDRIEU.

Vu par le Directeur Général,
[*Signé :*] DENON.

Archives Nationales, o²851.

IX

Médaille de la Paix de Tilsitt

Reçu de M. Denon la somme de dix-huit cents francs, pour la gravure d'un carré de la médaille relative à la Paix de Tilsitt, représentant les trois têtes accolées des empereurs Napoléon, Alexandre, et du roi Frédéric-Guillaume III.

Dont quittance.
Paris, le 16 avril 1808.
[*Signé :*] ANDRIEU.

Vu par le Directeur Général,
[*Signé :*] DENON.

Archives Nationales, o²851.

X

Médailles des Campagnes de Prusse et de Pologne

Reçu de M. Denon la somme de six cent soixante francs, pour le prix de deux carrés de la tête de l'Empereur, servant à la suite des médailles relatives aux campagnes de Prusse et de Pologne.

Dont quittance.
Paris, le 16 août 1808.
[*Signé :*] ANDRIEU.

Vu par le Directeur Général,
[*Signé :*] DENON.

Archives nationales, o[2]851.

XI

Médailles de Prix et de Mariage

Je, soussigné, reconnais avoir reçu du comptable de la Monnaie des Médailles la somme de mille francs, pour la gravure d'un carré de la tête de l'Empereur et Roi, servant à la fabrication des médailles de prix et des pièces de mariage de 18 lignes, suivant le prix accordé par le Directeur général.

Dont quittance.
Paris, le 27 septembre 1808.
[*Signé :*] ANDRIEU.

Vu par le Directeur Général,
[*Signé :*] DENON.

Archives Nationales, o[2]851.

XII

Médaille du Tibre

Prix convenu .... 2.000 fr.
[*Signé :*] ANDRIEU.

Archives Nationales, o[2]851.

XIII

Médaille de la Vaccine

Pour un carré. Prix convenu...................... 2.400 fr.

[*Signé* :] ANDRIEU.

Archives Nationales, $o^{2}851$.

XIV

Médaille du Mariage de Jérôme, roi de Westphalie

Reçu du comptable de la Monnaie des Médailles la somme de six cents francs, pour avoir fourni un second carré de la pièce de mariage du Prince de Bade, pour servir à celle du mariage du Prince Jérôme, roi de Westphalie.

Dont quittance.

Paris, le 28 avril 1809.

[*Signé* :] ANDRIEU.

Vu par le Directeur Général.
[*Signé* :] DENON.

Archives Nationales, $o^{2}851$.

XV

Médaille de l'Alliance avec la Saxe

Le même jour :

Reçu la somme de six cents francs, pour un second carré de la médaille de l'alliance avec la Saxe, représentant Witikind et Frédéric-Auguste.

Dont quittance.

[*Signé* :] ANDRIEU.

Vu par le Directeur Général,
[*Signé* :] DENON.

Archives Nationales $o^{2}851$.

XVI

Visite de S. M. le Roi de Saxe

MONNAIE IMPÉRIALE DES MÉDAILLES

Dépenses extraordinaires, 1809.

Bordereau des sommes dues à la caisse des Médailles, pour le prix des médailles en or et en argent, remises à S. M. le Roi de Saxe, le 4 décembre 1809, lorsqu'Elle visita cet établissement.

Savoir :

2 médailles en or, remises à Sa Majesté par le Directeur Général : l'une représentant d'un côté les têtes accolées de l'Empereur Napoléon et de Charlemagne, au revers celles de Frédéric-Auguste et de Witikind ; l'autre représentant la tête du Roi de Saxe, et au revers l'inscription de la date de sa visite à la Monnaie des Médailles.

Ces deux médailles pesant ensemble 117 grammes, 10 centigrammes, à raison de 3.450 fr. le kilog., prix fixé par le Gouvernement, cy..

110 médailles en argent, remises à M. le Chambellan de service près S. M., pour distribuer un exemplaire de chacune des deux médailles désignées ci-dessus, tant aux personnes qui ont accompagné le Roi, qu'aux employés de la Monnaie des Médailles.

Ces 110 médailles pesant ensemble 4 kil. 246 gr., à raison de 270 fr. le kilog., cy..

Prix de deux étuis à 20 compartiments..................

Prix de deux étuis pour les médailles d'or................

TOTAL..........

Certifié sincère et véritable par le comptable soussigné le présent bordereau, montant à la somme de quinze cent quatre-vingt-

quinze francs, dix centimes, pour prix des médailles en or et en argent, remises à S. M. le Roi de Saxe, le 4 de ce mois.

Paris, le 5 décembre 1809.
[*Signé* :] CHALTAS.

Vérifié le présent bordereau aux registres des fabrications et de vente.

Paris, le 6 février 1809.
Le Contrôleur,
[*Signé* :] PERNES.

Je, soussigné, chambellan de l'Empereur près le Roi de Saxe, déclare que les cent douze médailles désignées au présent bordereau ont été remises à S. M. le Roi de Saxe et aux personnes de sa suite.

Paris, le 6 février 1809.
[*Signé* :] Le comte DE BONDY.

Archives Nationales, o²852.

Reçu du comptable de la Monnaie des Médailles la somme de mille francs, fixée par M. le Directeur Général pour la gravure du carré de la tête du Roi de Saxe, servant à la médaille de la visite de ce souverain.

Dont quittance.
Paris, le 28 décembre 1809.
[*Signé* :] ANDRIEU.

Vu par le Directeur Général,
[*Signé* :] DENON.

Archives Nationales, o²851.

XVII

Seconds carrés et revers de Médailles et Jetons

MONNAIE IMPÉRIALE DES MÉDAILLES

Exercice 1809.

État des sommes payées par le comptable, pour les seconds carrés de médailles, pièces de mariage et jetons, remplacés en 1809, et acquittés sur les produits antérieurs par ordre du Directeur Général.

Désignation des Médailles et Jetons	Noms des Graveurs	Nombre des Carrés	Sommes payées
La Paix d'Amiens, grande dimension, gravée par feu Dumarest, terminée par.........	Droz	3	1.500
Pièce du mariage du prince de Bade ; 2e carré : Alliance avec la Saxe ; 2e carré..........	Andrieu	2	1.200
Visite du Roi de Saxe; carré de la tête de ce souverain........................	Andrieu	1	1.000
Visite du Roi de Saxe; carré du revers avec inscription..............................	Brenet	1	72
Visite de la Reine de Westphalie.........	Brenet	1	140
Conquête de la Basse-Égypte; 3e carré....	Brenet	1	300
L'Arc de Triomphe; 2e carré.............	Brenet	1	300
Tête de l'Empereur; 2e carré pour la suite des médailles de la campagne de 1805...	Droz	1	330
Carrés unis et préparations pour les médailles de fort relief....................	Droz	3	755
Totaux.....		14	5.597

Certifié véritable par le comptable soussigné le présent état montant à la somme de cinq mille cinq cent quatre-vingt-dix-sept francs, payée aux artistes cy-dénommés pour le prix de quatorze carrés de médailles et jetons, remplaçant ceux brisés par la fabrication en 1809. Ladite somme acquitée sur les produits antérieurs de l'Établissement.

Paris, le 10 janvier 1810.

[*Signé* :] Chaltas.

Vérifié le présent état conforme aux quittances y annexées, montant à la somme de cinq mille cinq cent quatre-vingt dix-sept francs, payée pour le prix de quatorze carrés de médailles et jetons remplaçant ceux brisés par la fabrication.

Paris, le 15 janvier 1810.

Le Contrôleur,
[*Signé :*] PERNES.

Vu par le Directeur Général,
[*Signé :*] DENON.

Archives Nationales, o[2]851.

XVIII

Médailles diverses

Année 1810. — Visite du Roi et de la Reine de Bavière, le carré des deux têtes par Andrieu, cy	1.200	»
3 jetons du Musée Napoléon. Une tête et deux revers gravés par Andrieu, cy	1.800	»
1 carré des deux têtes : le Roi et la Reine de Bavière, par Andrieu, cy	1.200	»

Médailles gravées par Andrieu

La médaille d'Austerlitz, représentant d'un côté le buste de S. M. l'Empereur des Français ; pour revers, les portraits des Empereurs de Russie et de l'Empereur d'Allemagne en 1805	1.800	»
Le buste de S. M. l'Empereur et celui de Charlemagne. Le buste de Witikind et celui de Frédéric, roi de Saxe ; médaille en 1806	2.400	»
Médaille du mariage de Jérôme Napoléon et de la princesse de Wurtemberg, cy	600	»
Même sujet commandé pour la Monnaie des médailles.		
Pièce de monnaie du grand-duc de Berg ; représentant d'un côté son portrait, et pour revers une couronne et inscription.		

L'entrevue à Tilsitt.

La nouvelle pièce de mariage, cy........................ 1.900 »

Accordé à 2.100 fr. pour avoir un second carré ; savoir : 1.500 fr. pour le premier, et 600 fr. pour le second, payable par la Monnaye des médailles.

Pour la grosse tête.................................... 500 »

Pour le revers de la bataille d'Iéna[1].................. 1.800 »

Pour une tête de 18 lignes, chaque carré................ 350 »

Pour refaire une tête, prix convenu..................... 1.000 »

2 seconds carrés à 330 fr.

2 autres pour la bataille d'Iéna.

1 autre pour le séjour à Ostérode.

3 têtes pour la collection, dont 1 payée.

2 de la bataille d'Iéna, dont 1 carré.

1 pour le séjour à Ostérode.

6 têtes, payées le 27 septembre par le comptable de la Monnaye des Médailles.

Archives Nationales, o[1]851.

XIX

MONNAIE IMPÉRIALE DES MÉDAILLES

Exercice 1810

Travail commencé avec M. Pernes.

Gravure de quatre carrés de médailles frappées, pour les visites de L.L. Majestés le Roi et la Reine de Bavière, et du Grand-Duc de Wurtzbourg, par MM. Andrieu et Brenet, suivant quittance montant ensemble à la somme de deux mille cent soixante-douze francs.

Archives Nationales o[1]851.

Jeton du Musée Napoléon ; 1 tête et 1 revers gravés par Andrieu.. 800 »

Archives Nationales, o[1]851.

1. Cette somme est rayée.

XX

Visite de LL. MM. le Roi et la Reine de Bavière

MONNAIE IMPÉRIALE DES MÉDAILLES

Dépenses extraordinaires de 1810

Bordereau des sommes dues à la caisse de la Monnaye des Médailles, pour le prix des médailles en or et en argent, remises à LL. MM. le Roi et la Reine de Bavière, le 5 février 1810, lorsqu'elles visitèrent cet établissement.

Savoir :

3 médailles en or, remises par le Directeur Général à Leurs Majestés et à S. A. I. le Prince Vice-Roi.	
Ces médailles représentant, d'un côté, les têtes accolées de LL. MM. et au revers l'inscription de la date de leur visite à la Monnaye des Médailles, pesant ensemble 179 gram. 10 centigr., à raison de 3.450 fr. le kil., cy..	617 90
75 médailles en argent, remises à M. le Chambellan de service près le Roi de Bavière, pour être distribuées, tant aux personnes de la suite de LL. MM. qu'aux employés de la Monnaye des Médailles. Ces 75 médailles pesant ensemble 2 kil. 880 gram., à raison de 270 fr. le kil., cy................................	777 60
2 grandes médailles en argent, de l'Ordre de Saint-Michel de Bavière, gravées en 1720, et dont les carrés sont restés déposés à la Monnaye. Ces deux médailles, remises à LL. MM. par le Directeur Général, pesant 410 gram. à 2 fr. 70 le kil., cy....................	110 70
2 grandes médailles en bronze, à 7 fr. 50 chaque........	15 »
Prix des 3 étuis pour les médailles en or............	9 00
Total.....	1.530 20

Certifié sincère et véritable par le comptable soussigné le présent bordereau, montant à la somme de quinze cent trente francs vingt centimes, due à la caisse de la Monnaye des Médailles, pour prix des médailles en or et en argent, remises à LL. MM. le Roi et la Reine de Bavière et à S. A. R. le Prince Vice-Roi, le 5 de ce mois.

Paris, le 6 février 1810.
[Pas de signature].

Archives Nationales, o²851.

Gravures des carrés de médailles frappées pour les visites des Souverains

Exercice 1810

1 carré des deux têtes accolées du Roi et de la Reine de Bavière.. 1.200 »

Archives Nationales, o²851.

XXI

MONNAIE DES MÉDAILLES

Exercice 1810 — 15 avril 1810

État des sommes payées par le comptable aux graveurs ci-après dénommés, pour le remplacement de carrés brisés pendant l'exercice 1810.

Andrieu : 3 carrés de jetons des salles du Musée, ci......	800 »
Brenet: 4 carrés de jetons de la Basse-Égypte...........	800 »
Le même : 6 carrés de pièces de mariage...............	740 »
	2.340 »

Délivré le présent état en double expédition, pour servir au remboursement de la somme de deux mille trois cent quarante francs, pour la gravure de treize carrés, suivant trois quittances.

Paris, le...
Le comptable...

Archives Nationales, o²851.

XXII

Visite de S. A. I. le Grand-Duc de Wurtzbourg

MONNAIE IMPÉRIALE DES MÉDAILLES

18 juin 1810

Bordereau des sommes dues à la caisse du comptable, pour le prix des médailles en or, en argent et en bronze, remises à S. A. I. le grand-duc de Wurtzbourg, lorsque le Prince visita l'établissement.

Savoir :

En or : 1 médaille remise au Grand-Duc, par le Directeur Général, représentant d'un côté la tête de S. A. I. et au revers l'inscription de sa visite à la Monnaie des Médailles ;

1 petite médaille en or du mariage de l'Empereur.

Ces deux médailles pesant ensemble 35 gram. 60 centigr., à 3.450 fr. le kil., cy.................................... 122 85

En argent :

50 médailles de la visite du Grand-Duc.
6 — de la Confédération du Rhin.
6 — du mariage de l'Empereur, 1re dimension.
6 — autres de 2me dimension.
24 — petites de la 4me dimension, à virole.

92 — dont le poids est de 1 kil. 495 gr. 8 centigr.,
à 270 fr. le kil. cy.................................... 403 90

En bronze :

50 médailles de la visite du Grand-Duc.
6 — de la Confédération du Rhin.
6 — bronze du mariage de l'Empereur, 2me dimension,
à 2 fr. l'une, cy.................................... 124 »

3 étuis en galuchat vert, garni de velours blanc, à 4 fr. l'un,
cy.................................... 12 »

4 autres étuis à 12 compartiments.................................... 48 »

710 75

Certifié sincère et véritable par le comptable soussigné le présent bordereau, montant à la somme de sept cent dix francs, soixante-quinze centimes, due à la caisse pour prix des médailles y désignées remises à S. A. I. le Grand-Duc de Wurtzbourg, et aux personnes qui ont accompagné ce Prince le jour de la visite, et aux employés de l'établissement.

Paris, le 18 juin 1810.
[Pas de signature].

Archives Nationales, o[2]852.

XXIII

Gravures de carrés de Médailles frappées pour les Visites des Souverains

MONNAIE IMPÉRIALE DES MÉDAILLES

Exercice 1810

État des sommes détaillées, payées par le comptable aux graveurs ci-après dénommés, pour les carrés de médailles des visites des Souverains en 1810.

Andrieu : 1 carré des deux têtes accolées du Roi et de la Reine de Bavière..................................	1.200 »
Brenet : 1 carré du revers avec inscription de la visite....	172 »
Le même : Carré de la visite du grand-duc de Wurtzbourg	800 »
	2.172 »

Délivré le présent état en double expédition, pour servir au remboursement de la somme de deux mille cent soixante-douze francs, pour la gravure de quatre carrés de médailles des visites des Souverains.

Paris le....

Le Comptable,
[*Signé :*] CHALTAS.

Archives Nationales o[2]851.

XXIV

MONNAIE IMPÉRIALE DES MÉDAILLES

Exercice 1811

Note des objets dus à la succession de M. Decotte par la Monnaie Impériale des Médailles.

Savoir :

Pour trois carrés gravés par M. Andrieu, remis au comptable l'an XII :

Le 1er représentant l'Hymen couronnant deux époux ;

Le 2me représentant une tête du premier Consul ;

Le 3me représentant une couronne de roses et de myrte, pour revers des pièces de mariage.

Ces trois carrés ont été payés à M. Andrieu la somme de quinze cents francs ; mais, d'après l'observation faite au soussigné par M. Denon, il réduit sa demande à celle de 750 fr.

Archives Nationales, o²852.

Pour avoir fourni et gravé trois carrés et une virole, devant servir à frapper les pièces de mariage ; un des carrés représentant l'union des deux époux ; l'Hymen, derrière eux, les couronnes; et, de chaque côté, sont deux enfants jouant de divers instruments ;

Pour ce...

Pour revers, une couronne de myrte et de roses, et pour supplément du revers la tête du premier Consul...

TOTAL....... 1.500 »

Pour acquit : [*Signé*] ANDRIEU.

Archives Nationales, o²852.

MONNAIE IMPÉRIALE DES MÉDAILLES

Je, soussigné, reconnais avoir reçu en confiance trois carrés gravés par M. Andrieu, dont l'un représente la tête de l'Empereur, l'autre la cérémonie du mariage, et le troisième un revers lisse, entouré d'une couronne riche. Les dits carrés appartenant à M. Decotte.

Paris, le 5 thermidor an 12.
[*Signé :*] CHALTAS.

Archives Nationales, o²854.

XXV

Médailles diverses

En parcourant une longue note payée à divers graveurs, nous avons trouvé plusieurs médailles d'Andrieu :

La médaille de la Reine Hortense, 1 carré	600	»
La Rupture du traité de Presbourg, 1 carré	600	»
La Vaccine, 1 carré	2.400	»
La bataille de Somma Sierra, 1 carré	2.000	»
Départ de Paris et Entrée à Vienne, 1 carré	2.000	»

Archives Nationales, o²854.

Dans une pièce du budget des dépenses de la Monnaie, on trouve encore :

Prise de Wilna. Andrieu, 1 carré	2.400	»
La Monnaie des Médailles rétablie, 1 carré	2.400	»
Tête de S. M. Marie-Louise, 1 carré		
Tête de Son Altesse Impériale	600	»
La Princesse Élisa	600	»

Archives de la Monnaie.

M. Denon doit à M. Andrieu, pour la gravure de la médaille représentant le Tibre, prix convenu	2.000	»
Pour la médaille représentant la Paix de Vienne, prix convenu	1.800	»
TOTAL	3.800	»

Paris, le 3 avril 1812.
[*Signé :*] ANDRIEU.

Vu par le Contrôleur Général,
[*Signé :*] DENON.

Archives Nationales, o²851.

XXVI ET XXVII

Lettres qui confèrent à Andrieu le titre de membre de l'Académie des Beaux-Arts de Vienne

Vienne, le 18 novembre 1812.

MONSIEUR,

L'Académie Impériale et Royale des Beaux-Arts de Vienne, qui vous a admis au nombre de ses membres, ayant fait expédier les diplômes usités, j'ai l'honneur de vous envoyer, Monsieur, celui qui fait foi de votre association à ce corps, et j'y joins un exemplaire de ses statuts.

Les progrès de l'art, que l'Institut Impérial et Royal de Vienne a principalement en vue, étant également le but qui a dirigé vos efforts et inspiré vos succès dans votre carrière, nous sommes persuadés, qu'associé désormais à ce corps, vous voudrez bien concourir à l'avancement de ses travaux par les communications et les observations que vous croirez propres à remplir cet objet.

L'Académie Impériale recevra toujours avec empressement et avec gratitude ce que vous jugerez devoir m'adresser pour elle.

Le Secrétaire perpétuel de l'Académie Impériale et Royale des Beaux-Arts à Vienne.

[*Signé :*] ELLMAURER.

Papiers de famille de M. H. Johanet.

MONSIEUR,

M. le comte de Metternich, Curateur de l'Académie des Beaux-Arts de Vienne, vient de m'adresser le diplôme qui vous a été expédié, Monsieur, comme membre de cette Académie, et Son Excellence m'ordonne de vous le faire parvenir.

Je m'empresse de vous transmettre cet acte, et je saisis avec un plaisir bien vif cette occasion pour vous offrir l'assurance de ma considération très distinguée.

Paris, le 19 décembre 1812.

Le chargé d'affaires de S. M. l'Emp. d'Autriche,
LE FEVRE RECHTENBURG.

A Monsieur Andrieux.

Papiers de famille de M. H. Johanet; le diplôme est joint à ces pièces.

Les deux pièces suivantes de l'exercice 1810, relatives à des sommes payées pour gravure de médailles, ne furent soldées qu'en 1814, sous Louis XVIII.

XXVIII

Gravure de carrés de Médailles frappées pour la Visite des Souverains

MINISTÈRE DE LA MAISON DU ROI. — MONNAIE ROYALE DES MÉDAILLES

Trimestre 1810. — Crédit partiel du budget.

État de proposition et de demande de payement de sommes dues à la caisse de la Monnaie des Médailles, pour la gravure des carrés de médailles des visites des Souverains, par le Conservateur-Caissier, pendant le trimestre de l'exercice 1810.

Savoir :

NATURE DES DÉPENSES	Montant des bordereaux	Net à payer
Gravure de quatre carrés de médailles frappées, pour la visite de LL. MM. le Roi et la Reine de Bavière et du grand-duc de Wurtzbourg, par MM. Andrieu et Brenet, suivant quittance montant ensemble à la somme de deux mille cent soixante-douze francs.	2.172 »	2.172 »
TOTAL.....	2.172 »	

Vu et arrêté le présent état à la somme de deux mille cent soixante-douze francs, dont le directeur soussigné demande l'ordonnance au nom de M. Chaltas, comptable, sur le fonds de... fixé par le budget pour..., et déduction faite de la somme de..., montant de la retenue de 1/2 °/₀ pour la caisse de vétérance.

Paris, le 15 août 1814.
Le Directeur Général.
[Pas de signature].

Archives Nationales, o²851.

XXIX

Remplacement de carrés brisés

MINISTÈRE DE LA MAISON DU ROI. — MONNAIE ROYALE DES MÉDAILLES.

2e trimestre de l'exercice 1810. — Matériel.
Crédit partiel du budget.

État de proposition et de demande de payement de sommes dues à la caisse de la Monnaie des Médailles, pour le remplacement de carrés brisés, par le Conservateur-Caissier, pendant le 2e trimestre de l'exercice 1810.

NATURE DES DÉPENSES	Montant des bordereaux	Net à payer
Gravure de treize carrés de pièces de mariage et de jetons, suivant trois quittances des graveurs Andrieu et Brenet, montant ensemble à la somme de deux mille trois cent quarante francs, cy................	2.340	2.340
TOTAL		2.340

Vu et arrêté le présent état à la somme de..., dont le directeur soussigné demande l'ordonnance au nom de M. le vicomte de Beaurecueil, conservateur caissier, sur le fonds de... fixé par le budget, pour..., et déduction faite de la somme de... montant de la retenue de 1/2 % pour la caisse de vétérance.

Paris..., le... 1814.

Le Directeur.

[Pas de signature].

Archives Nationales, o²851.

XXX

Brouillon de la minute de la Délibération du Conseil municipal de Bordeaux, relative à la Médaille commémorative de la journée du 12 mars 1814

Le Conseil, après avoir entendu le rapport avec le plus vif intérêt, a arrêté qu'il serait transcrit sur ses registres; puis, sur la proposition d'un de ses membres, il a pris à l'unanimité la délibération suivante :

1° Que pour perpétuer le mémorable souvenir de la journée du 12 mars et de la mémoire de M. Tauzia, il sera frappé une médaille du diamètre de 18 lignes, conforme au modèle annexé à la présente délibération ;

2° Qu'une médaille du même poids et même métal sera présentée par le Conseil municipal à son président, M. le comte de Lynch, maire de Bordeaux;

3° Qu'une médaille en or, du poids de deux onces, frappée sur ce type, sera décernée, au nom de la ville, à M. Both de Tauzia, en mémoire de l'honorable mission confiée à son zèle, et de la manière distinguée dont il l'a remplie;

4° Qu'une médaille semblable, en argent, sera déposée dans les archives de la ville;

5° Et qu'il en sera émis un certain nombre de même métal et dimension pour être distribuées aux principales autorités du département et à chacun des membres du corps du Conseil municipal;

6° Qu'à cet effet une somme de 2.000 francs sera portée au budget proposé pour l'année 1815 ; qu'une expédition de la présente délibération sera jointe audit budget ; que M. le Préfet du département, auquel il en sera transmis une expédition, sera instamment prié de solliciter de l'autorité supérieure l'approbation de ce vœu du Conseil, et que M. le Maire est invité à faire connaître à M. de Tauzia l'objet de la présente délibération.

Archives municipales de Bordeaux. Pièces de la Restauration, 1814. Ce document est couvert de ratures et de corrections.

XXXI

Extrait de la Gazette de France, du samedi 11 juin 1814, au sujet de la Médaille de l'empereur de Russie, Alexandre Ier

Lors de la visite de l'Empereur de Russie à la Monnaie des Médailles, M. Andrieux, membre de l'Académie Impériale de Vienne, présenta au monarque une épreuve du module de 32 lignes de l'effigie de S. M.— L'Empereur a trouvé ce portrait d'une plus grande ressemblance encore que celui qui était gravé par le même artiste, sur la médaille frappée en présence de S. M.

Beaucoup d'amateurs et de curieux qui attachent un grand prix à posséder un bon portrait de S. M., ont engagé M. Andrieux à tirer des clichés sur étain, semblables à celui qu'il a eu l'honneur de présenter à S. M.— Pour satisfaire à leur empressement, cet artiste vient de le mettre en vente[1].

Il suffit de nommer M. Andrieux, pour faire l'éloge de son ouvrage. On sait que cet artiste est un des meilleurs graveurs de France, pays où la gravure sur médaille est portée a son plus haut degré de perfection.

1. Note de la *Gazette de France*. Prix : 12 fr., tout encadré, à Paris, chez l'auteur, place de la Monnaie, près du Palais des Beaux-Arts.

XXXII

Reçu donné à Andrieu, par Millin, de trois empreintes de médailles

BIBLIOTHÈQUE DU ROI

Je reconnais avoir reçu de M. Andrieu, graveur en médailles, trois empreintes en carton, représentant : 1° le buste du Roi à gauche ; autour : *Louis XVIII, roi de France. Andrieu F.;* 2° le buste de Mme la duchesse d'Angoulême, à droite ; autour : *M. T. C. duchesse d'Angoulême, Andrieu F.;* 3° l'Empereur Alexandre, couronné de lauriers, à droite ; autour : *Alexandre Ier, Empereur de toutes les Russies, Andrieu F.*, lesquelles ont été déposées au Cabinet des Médailles de la Bibliothèque du Roi. En foi de quoi, j'ai signé le présent, pour servir et valoir ce que de raison.

A Paris, ce 3 avril 1815.

[*Signé :*] MILLIN,
Conservateur du Cabinet des Médailles.

Papiers de famille de M. H. Johanet.

XXXIII

D'après une pièce conservée dans nos Archives Municipales, la gravure de la médaille de l'entrée du duc d'Angoulême à Bordeaux, votée par le Conseil, sous la présidence de M. Lynch, fut payée sept cents francs à Andrieu.

Il est regrettable que ce document ait été détérioré comme tant d'autres, lors de l'incendie du Palais Rohan :

........................de Monsieur Le......................
...................par les mains de Monsieur..................
...................ateur de loterie royale de France............
.................ct cents francs pour prix de la gravure..........
quarrée de la médaille votée par le Conseil Municip..............

de la ville de Bordeaux, le 22 août 1814, pour co................
le souvenir du 12 mars, et de la mission de M[r]..................
de Tauzia auprès de S. M. Louis XVIII en ....
Angleterre.

A Paris, ce 2 octobre mil huit cent seiz.....

[*Signé :*] ANDRIEU

Pour copie conforme :

L'Adjoint au Maire, délégué pour les finances,

[*Signé :*] FURTADO.

Archives Municipales de Bordeaux. Pièces de la Restauration.

XXXIV

Commande de la Médaille de l'Entrée de Louis XVIII à Paris

Paris, le 19 mars 1817.

MONSIEUR,

Je m'empresse, avec satisfaction, de vous prévenir que, sur ma proposition, Monsieur le comte de Pradel vous a désigné pour graver le carré de la médaille du 20 mars 1815.

Je vous invite donc à vous trouver à la Monnaie des Médailles le jeudi 20 courant, à dix heures du matin, pour fixer ensemble le prix de votre ouvrage, et le temps que vous devez mettre à l'exécuter.

Je suis très flatté, Monsieur, de saisir cette occasion pour vous renouveler l'assurance de mes sentiments distingués.

Le Directeur de la Monnaie Royale des Médailles,

[*Signé :*] Le Baron DE PUYMAURIN.

A M. Andrieu, graveur, à Paris.

Papiers de famille de M. H. Johanet.

Paris, le 7 avril 1817.

Je vous préviens, Monsieur, que, par décision de M. le comte de Pradel, du 4 de ce mois et sur ma proposition, vous avez été chargé de l'exécution de la médaille du 20 mars 1815 : dimension de 22 lignes.

Je vous fais passer le dessin représentant la figure de la France. Le poinçon et les deux carrés devront être livrés à la Monnaye des Médailles, dans 6 mois, à dater de ce jour, et conformément à l'état approuvé par M. le comte de Pradel. Il vous sera payé la somme de trois mille francs, prix modéré sur la soumission que vous m'avez remise le 20 mars der[r].

Je dois aussi vous rappeler que l'exécution des carrés et du poinçon, qui vous sont commandés, doit être surveillée par l'entremise d'une Commission nommée par l'Académie, et qu'ils ne doivent être trempés qu'après avoir fourni un cliché, pour en recevoir l'approbation.

Recevez, Monsieur, l'assurance de ma considération distinguée.

Le Directeur de la Monnaye des Médailles,
[*Signé* :] Le Baron DE PUYMAURIN.

Monsieur Andrieu.

Papiers de famille de M. H. Johanet.

XXXV

Article de M. Miel sur les Médailles frappées à l'occasion de la Statue équestre d'Henri IV

Extrait du *Journal Général de France, politique, littéraire et militaire*. N° du jeudi 8 avril 1819.

Les opinions peuvent être divisées sur la statue équestre d'Henri IV, mais il ne saurait y avoir de partage dans les jugements du public, sur les médailles que M. Andrieu a gravées pour l'inauguration de cette statue ; le mérite qui les distingue est évident pour tous les yeux.

Ces bronzes sont au nombre de trois : un grand module et deux modules moyens. La grande médaille et l'une des médailles moyennes offrent le buste de Louis XVIII ; l'autre médaille moyenne présente celui d'Henri IV : la statue équestre est représentée sur chacun des trois revers.

Les têtes, très ressemblantes, ont la physionomie qui leur convient. Il règne un parfait accord entre la pose du cavalier et le mouvement du cheval ; l'un est bien assis, l'autre marche bien. Il était difficile de réduire un monument colossal aux dimensions d'une pièce de monnaie, de conserver en même temps sur l'empreinte numismatique le caractère monumental. M. Andrieu a complètement réussi dans cette réduction. De larges masses, habilement ménagées au milieu des détails, donnent à l'ensemble un aspect imposant, et le fini précieux des parties délicates n'altère point la grandeur du style. Tous les plans sont bien sentis et franchement accusés. Un modelé correct et moelleux exprime la forme sans l'exagérer, et la vivacité du relief n'est point achetée par la sécheresse des profils ; partout la précision se concilie avec la souplesse et la grâce. Dans ces excellentes miniatures, on voit que la main du graveur n'a jamais cessé d'être dirigée par le sentiment de l'artiste.

Les trois nouvelles médailles sont dignes de leur auteur, et si elles ajoutent à sa célébrité, c'est seulement parce qu'elles augmentent le nombre de ses chefs-d'œuvre ; car depuis longtemps sa réputation est faite. Il y a trente ans que les amateurs recherchent ses productions, dont le style est classique, et dont le travail se recommande par un burin à la fois sévère et brillant. M. Andrieu a, le premier, étendu à la gravure en médailles l'influence que le talent de David exerçait sur tous les arts ; les beaux types de Syracuse paraissent aussi avoir été l'objet particulier de ses études. Le caractère naïf et élevé des figures, la pureté des contours, le grand goût des draperies, l'heureux choix des accessoires, toutes les qualités qui distinguent sa manière, il les doit sans doute à la constante méditation de ces modèles. En combinant l'élégance noble des Grecs avec les charmantes vérités de nature qu'on admire dans Varin et surtout dans Dupré, il s'est fait un style à lui ; il doit être considéré chez nous comme chef d'école.

La typographie est redevable à M. Andrieu des plus belles imitations qui aient été faites sur acier, de la gravure en bois. Tout le monde connaît les vignettes dont le Virgile stéréotypé de Didot est enrichi ; on peut encore citer l'encadrement du billet de banque de mille francs comme un chef-d'œuvre de goût et d'exécution. Je regrette de ne pouvoir passer en revue les nombreux ouvrages d'un artiste aussi fécond que varié ; mais je ne résisterai pas au désir de rappeler deux de ses bronzes, justement comparables à ce que les anciens nous ont transmis de plus parfait en ce genre. L'un est la médaille frappée pour les Prix Décennaux : rien de plus majestueux et de plus grandiose que cette Minerve assise, qui tient en main la couronne offerte au génie ; l'autre est la médaille frappée à l'occasion de la Vaccine : on y voit Esculape qui protège la Beauté, représentée par la Vénus de Médicis ; le contraste entre la figure sévère du dieu et la grâce ingénue de la déesse donne à cette composition, d'ailleurs supérieurement exécutée, le plus haut degré d'intérêt. Ces deux empreintes pourraient passer pour antiques.

J'ai du plaisir, beaucoup de plaisir à louer M. Andrieu. Lorsque, dans l'empire des arts, la médiocrité se montre plus intrigante, et l'intrigue plus audacieuse que jamais ; lorsque de misérables coteries s'obstinent à créer des réputations que les hommes de goût désavouent, rencontrer le talent modeste est un bonheur qui n'a pas de prix. Il semble qu'alors la poitrine se dilate, et qu'après avoir longtemps respiré l'atmosphère impure des marais, on se baigne dans l'air des montagnes ; on sent que cela fait du bien.

XXXVI

Commande de la Médaille du Baptême du duc de Bordeaux

MINISTÈRE DE L'INTÉRIEUR. — SCIENCES ET BEAUX-ARTS

Paris, le 21 octobre 1820.

Monsieur, j'ai arrêté qu'une médaille serait exécutée par les soins de l'Académie des Inscriptions, pour consacrer l'événement du

Baptême de Mgr le Duc de Bordeaux, dans l'ordre de celle qui fut frappée lors de l'inauguration de la statue d'Henri IV, et qu'elle serait confiée à votre burin.

J'ai fixé à 6.000 fr. le prix de ce travail. Je vous invite à y donner tous vos soins et à prendre vos mesures, de manière à ce que la médaille puisse être frappée pour le jour de la cérémonie du Baptême du Prince.

L'Académie est informée de ma décision, et vous devez vous présenter chez M. Dacier, secrétaire perpétuel, pour recevoir les instructions qu'il aura à vous donner.

Recevez, Monsieur, l'assurance de ma considération.

Le Ministre, Secrétaire d'État de l'Intérieur.

Pour Son Excellence et par son ordre :

Le Conseiller d'État, Secrétaire Général.
[*Signé* :] ....

M. Andrieu, graveur.

Papiers de famille de M. H. Johanet.

XXXVII

Médaille à l'occasion de la Naissance de S. A. R. le duc de Bordeaux

PRÉFECTURE DU DÉPARTEMENT DE LA SEINE

Paris, le 30 novembre 1820.

Monsieur, à l'instant même où le Conseil municipal de la ville de Paris fut instruit de la naissance du Prince, qui fait aujourd'hui l'objet de toutes les espérances de la France, il vota une médaille pour consacrer le souvenir de cet heureux événement, et servir de témoignage de l'allégresse répandue dans toute la Capitale.

Chargé, par mes fonctions, d'assurer l'exécution de ce vote, je songeai, de suite, au choix de l'artiste qui pourrait être désigné pour un ouvrage d'un si haut intérêt; mais je désirai consulter pour ce choix, et pour la satisfaction de l'artiste même qui serait choisi, la Commission formée, depuis longtems, près de moi, pour la surveillance et la direction de tout ce qui se rattache aux Beaux-Arts.

C'est avec le plus grand plaisir, Monsieur, que je vous annonce que cette Commission, aussitôt que je l'ai entretenue du projet et des concurrents qui sollicitaient l'avantage de l'exécuter, a été au-devant de mes propres désirs, en vous désignant comme celui qui méritait la préférence.

Vous êtes donc, dès à présent, Monsieur, chargé de ce travail, que vous devez absolument à la brillante réputation que vos nombreux travaux vous ont acquise dans l'art de la gravure.

Je vous invite, dès lors, à vous occuper le plus tôt possible de l'esquisse ou dessin du sujet que vous aurez choisi, et à me le présenter.

Je réclame quelque célérité dans la production de cette esquisse, parce qu'il me tarde de voir achever un ouvrage destiné à consacrer l'un des plus mémorables événements de la Monarchie française, et de juger de l'inspiration que peut y trouver votre beau talent.

Agréez, Monsieur, l'assurance de ma parfaite considération.

Le Conseiller d'État, Préfet,
[*Signé :*] CHABROL.

M. Andrieu, graveur, rue des Saints-Pères, n° 48.

Papiers de famille de M. H. Johanet.

PRÉFECTURE DU DÉPARTEMENT DE LA SEINE

Paris le 26 mars 1821.

MONSIEUR,

J'ai consulté la Commission des Beaux-Arts de la Préfecture, sur votre nouveau dessin de la médaille que la ville de Paris veut faire frapper à l'occasion de la naissance de Mgr le duc de Bordeaux.

Je suis charmé de vous annoncer que ce dessin a obtenu les suffrages et les éloges de la Commission.

Je vais donc le présenter au Conseil municipal qui doit voter les fonds pour acquitter le prix de la médaille. Avant, toutefois, de faire mon rapport, je désire que vous veuillez bien me donner un dessin pour le revers de cette médaille. Vous savez, Monsieur, que la Commission avait exprimé le vœu d'y voir représenter la tête de la duchesse de Berry. Elle a pensé, hier, que cette idée pourrait être rendue en réunissant les profils de la Princesse et du duc de Berry, et plaçant, au-devant de ce dernier qui serait moins en saillie, une urne cinéraire pour annoncer que le Prince n'existe plus.

Je vous prie de vouloir bien vous occuper de cette indication, et de m'en remettre le dessin.

Je vous serai aussi très obligé d'y joindre vos observations, et de me fournir aussi quelques données pour la fixation du prix définitif de l'ouvrage.

Agréez, Monsieur, l'assurance de mes sentiments distingués.

Le Conseiller d'État, Préfet.
[*Signé*:] CHABROL.

Papiers de famille de M. H. Johanet.

PRÉFECTURE DU DÉPARTEMENT DE LA SEINE

Paris, le 15 mai 1821.

MONSIEUR,

J'ai reçu la lettre que vous m'avez fait l'honneur de m'écrire, en me renvoyant le dessin de la médaille que vous devez exécuter pour la ville de Paris, à l'occasion de la naissance de Mgr le duc de Bordeaux.

Je vous remercie des détails et des observations contenues dans cette lettre.

J'aurais volontiers fait mon rapport au Conseil municipal qui doit voter le crédit nécessaire pour payer la médaille dont il s'agit, mais j'ai pensé qu'il était préférable de lui présenter, au lieu du dessin, un modèle en cire. Ce modèle étant commencé, ainsi que vous me l'annoncez, je vous prie de le terminer et de me le renvoyer le plus tôt possible.

Veuillez agréer, Monsieur, la nouvelle assurance de mes sentiments distingués.

Le Conseiller d'État, Préfet,
[*Signé :*] CHABROL.

Papiers de famille de M. H. Johanet. Un exemplaire en argent et un exemplaire en bronze du grand module de la médaille furent envoyés à Andrieu par le Préfet de la Seine.

XXXVIII

Nomination de Bertrand Andrieu comme chevalier de l'Ordre de Saint-Michel

ORDRES DU ROI

Paris, le 182 .

Louis,

A tous ceux que ces présentes verront, salut.

Nous avons ordonné et ordonnons ce qui suit :

Est nommé chevalier de l'Ordre de Saint-Michel le sieur Andrieu, graveur en médailles.

Le Ministre de notre Maison, ainsi que les Grands Officiers de nos Ordres, sont chargés, chacun en ce qui le concerne, de l'exécution de la présente ordonnance.

Donné au Château des Tuileries, le premier jour du mois de mai de l'an de grâce 1821, et de notre règne le 26e.

[*Signé :*] LOUIS, et plus bas : LAURISTON.

Pour extrait conforme, le Chancelier de France, Chancelier Surintendant des finances des Ordres du Roi.

[*Signé :*] DAMBRAY.

Papiers de famille de M. H. Johanet.

MINISTÈRE DE LA MAISON DU ROI

Paris, le 2 mai 1821.

Je m'empresse de vous annoncer, Monsieur, que Sa Majesté, par décision du 1er de ce mois, a daigné vous admettre dans son Ordre de Saint-Michel. En transmettant à M. le Chancelier des Ordres du Roi l'ampliation de l'Ordonnance qui constate votre nomination, je l'ai prié de prescrire les mesures nécessaires, pour que vous en soyez officiellement informé, et que les insignes de l'Ordre vous soient remis.

Recevez, Monsieur, l'assurance de ma considération distinguée.

Le Ministre, Secrétaire d'État de la Maison du Roi,
[*Signé* :] Mis DE LAURISTON.

M. Andrieu, graveur en médailles.

Papiers de famille de M. H. Johanet.

ORDRES DU ROI

Paris, le 4 mai 1821.

Monsieur, je m'empresse de vous annoncer officiellement que le Roi vient de vous nommer, par son Ordonnance en date du 1er de ce mois, chevalier de son Ordre de Saint-Michel, et que vous êtes admis dans cet Ordre, qui ne peut que s'honorer d'une pareille association.

Quoique vous ne soyez pas encore reçu, Sa Majesté vous autorise à porter dès à présent les décorations, qui vont vous être remises par MM. les Grands Officiers de l'Ordre, qui ont reçu les ordres nécessaires à cet effet.

Recevez, Monsieur, l'assurance de ma considération distinguée.

Le Chancelier de France, Chancelier Surintendant des finances des Ordres du Roi.

[*Signé :*] DAMBRAY.

M. Andrieu, chevalier de Saint-Michel.

Papiers de famille de M. H. Johanet.

Le catalogue de M. Voisin, libraire à Paris (septembre 1898), fait mention d'une lettre de remerciements, adressée par Andrieu au Chancelier, dans les termes suivants :

Catalogue 180, nº 3065. « Andrieu (Bertrand), graveur en médailles, né à Bordeaux, mort en 1822.

« Lettre autographe signée à Paris, 7 mai 1821 ; une page in-folio, 4 fr.

« Belle lettre au Chancelier, pour le remercier du cordon de Saint-Michel qu'il vient de recevoir. » — Cette lettre est, aujourd'hui, la propriété de M. Richard Desaix, aux Minimes, à Issoudun (Indre).

ORDRES DU ROI. — ORDRE DE SAINT-MICHEL

Paris, le 8 mai 1821.

J'ai l'honneur, Monsieur, de vous faire passer, d'après l'ordre du Roi, par un des officiers de ses Ordres, les décorations de l'Ordre de Saint-Michel, que Sa Majesté vous a conféré ; vous voudrez bien signer, comme accusé de réception, le procès-verbal qui vous sera présenté par l'Officier des Ordres que j'en ai chargé, et qui doit revenir dans mes mains, pour être déposé dans les Archives.

J'ai l'honneur d'être, avec la plus parfaite considération,

Le Commandeur, Grand Trésorier des Ordres du Roi,

[*Signé :*] Le Cte DE SEZE.

M. Andrieu, chevalier de l'Ordre du Roi.

Papiers de famille de M. H. Johanet.

ORDRES DU ROI. — ORDRE DE SAINT-MICHEL

Paris, le 8 mai 1821.

D'après les intentions du Roi, Monsieur, j'ai l'honneur de vous adresser M. Tiolier, huissier des Ordres, chargé de vous remettre, de la part de Sa Majesté, les insignes de son Ordre de Saint-Michel, dans lequel Elle vient de vous admettre.

J'ai l'honneur d'être, avec la plus parfaite considération,

Le Commandeur, Grand Prévôt, Maître des Cérémonies des Ordres du Roi,

[*Signé* :] Le Mis d'Aguesseau.

A M. Andrieu, chevalier de Saint-Michel.

Papiers de famille de M. Johanet. — Une lettre d'avis imprimée est jointe à ces documents (*ibid.*).

De nombreux journaux relatèrent la mort d'Andrieu ; mais dans beaucoup d'entre eux les articles sont identiques sans compter que les dates sont inexactes. Nous ne citerons que les passages dont la différence est notable.

Le *Journal des Débats* (25 décembre 1822), reproduit la notice du *Moniteur Universel*. La *Gazette de France*, dans celle du 4 janvier 1823, n'en diffère que par le commencement et par la fin, où plus précise, elle dit qu'Andrieu mourut à quatre heures vingt minutes du soir ; le début est consacré plus particulièrement à l'éloge du défunt :

« Si, dans le triste pèlerinage de la vie, nous voyons rarement la » bonté, la modestie, la sensibilité et toutes les autres qualités du » cœur marcher les compagnes du talent ; si trop souvent les défauts » du caractère ou les vices du cœur percent à travers les voiles de la » gloire ; si trop souvent il faut pardonner à l'homme en faveur de » l'artiste, quel coup pour les beaux-arts et pour la société, que la

» perte d'un homme que les plus brillants succès n'enorgueillissaient » pas, que la plus juste et la plus éclatante célébrité laissait calme et » modeste, comme s'il se fût agi d'un autre, et qui sut allier cons- » tamment à un talent prodigieux, l'exercice des plus douces et des » plus aimables vertus !

» Tel était M. Bertrand Andrieu, graveur en médailles, cheva- » lier de l'Ordre royal de Saint-Michel, membre honoraire de l'Aca- » démie des Beaux-Arts de Vienne en Autriche, que la mort vient » d'enlever à une famille en pleurs, aux beaux-arts dont ses ouvrages » porteront la gloire jusqu'à la postérité la plus reculée, et à la » société qui le regrettera toujours.

» Né à Bordeaux ....
» .... et, quand la Restauration vint faire briller » sur la France des jours meilleurs, un feu nouveau sembla s'allumer » sous sa main ; des chefs-d'œuvre vinrent s'ajouter à d'autres chefs- » d'œuvre, enrichir l'histoire numismatique de S. M. Louis XVIII » des plus précieux monumens, procurer de nouvelles jouissances » aux connaisseurs, et donner de nouveaux titres à la célébrité, pour » ainsi dire européenne, dont jouissait depuis longtems leur auteur. » Oui, la postérité à laquelle il appartient déjà confondra dans une » juste et commune admiration la Grande Minerve assise, distribuant » des couronnes, et la médaille de la Statue équestre d'Henri IV, la » médaille de la Vaccine et celle de l'Étude, celle du Rétablissement » du Culte, celle de la France en deuil au 20 mars. Elle opposera » quelques-uns de ces ouvrages à ce que l'antiquité a produit de plus » beau, et la France aura, comme Syracuse, des types à offrir aux » études et aux méditations des artistes futurs, etc. »

Les journaux de Bordeaux ne gardèrent pas le silence sur une perte aussi douloureuse. La *Ruche d'Aquitaine*, du 31 décembre 1822, reproduisit l'article du *Moniteur ;* le *Musée d'Aquitaine* lui consacra aussi quelques lignes, et le *Mémorial Bordelais* dit :

« M. Andrieu, graveur du Cabinet du Roi, l'un des plus habiles » graveurs en médailles, vient de mourir dans un âge très avancé.

» Peu d'artistes ont eu une carrière plus laborieuse et plus hono-» rable.

» Outre une grande partie de la collection des médailles du » Cabinet et de la Bibliothèque du Roi, on doit à son burin facile » et précieux une foule de vignettes, qui ont enrichi la typographie, » et plusieurs modèles de billets que la Banque de France a émis à » diverses reprises. C'est à M. Andrieu qu'on doit la belle médaille » que les électeurs du département de la Gironde firent frapper, en » mémoire de l'époque où le Roi chargea Mgr le duc d'Angoulême » de présider le Collège électoral de ce département. »

Terminons en donnant un entrefilet paru dans la *Patrie* en novembre 1897, et reproduit aussi par bon nombre de journaux :

« Le PREMIER TIMBRE. — La *Patrie* décrit de la façon suivante un » timbre, signé Andrieu (graveur qui mourut en 1819[1]), gravé au-» dessus d'un libellé dont voici la teneur : 8 Brumaire, an 12. — » E. Bruix, conseiller d'État, amiral de la flotille nationale. Ce » timbre représente une tête de Minerve casquée, et porte à ses angles » des attributs : un hibou, un coq, une balance, emblème de justice, » un miroir autour duquel s'enroule un serpent.

» On est bien forcé de constater, après l'examen de cette curieuse » pièce, que le véritable père du timbre est Andrieu et que le fameux » timbre de 1848 n'est qu'une imitation. »

1. Mort en 1822.

FIN DE LA PREMIÈRE PARTIE

DEUXIÈME PARTIE

ŒUVRE D'ANDRIEU

« ..... Elle opposera quelques-uns de ces ouvrages à ce que l'antiquité a produit de plus beau, et la France aura, comme Syracuse, des types à offrir aux études et aux méditations des artistes futurs. »

Gazette de France (4 janvier 1823).

MÉDAILLES D'ANDRIEU

Les médailles de la période révolutionnaire, gravées par Andrieu, sont en étain, et généralement unifaces, plus rarement en métal de cloche ou en bronze. Beaucoup sont dorées et encadrées; ce sont celles que l'auteur mettait lui-même en vente, quand, modeste, mais célèbre débutant, il cherchait non seulement à vivre du produit de son travail, mais encore à vulgariser des œuvres dignes de passer à la postérité.

Les médailles de l'Empire et de la Restauration se rencontrent aussi en étain et sans revers. Contrairement à celles de la Révolution, ce sont les moins répandues; on en trouve surtout des échantillons en or et en argent. L'or fut employé à profusion pour certaines circonstances: *Fêtes du Couronnement*, *Mariage de l'Empereur*, *Naissance du duc de Bordeaux*; toutefois, si l'on excepte les pièces frappées pour ces événements, les médailles de cette sorte sont rares.

Aucune différence n'existe entre les pièces refrappées par la Monnaie, jusque vers 1840; mais, à partir de cette époque, elles portent sur leur tranche l'indication du métal dont elles sont composées.

On a constaté que certaines refrappes ne portaient pas cette marque légale; aussi conseillerons-nous aux amateurs d'examiner attentivement les échantillons qui leur seront soumis, de veiller à ce que la tranche ne montre aucune trace de soudure ou de limage. Dans tous les cas, que les médailles soient anciennes ou modernes, il sera prudent de les toucher, sous peine d'acheter du cuivre pour de l'argent ou de l'or.

Beaucoup d'œuvres d'Andrieu sont inédites, ce sont surtout des variétés de productions célèbres : Anniversaire de la prise de la Bastille, la Paix générale, de nombreuses têtes de l'Empereur et de l'Impératrice, etc.

Ses descendants possèdent des quantités de dessins, d'ébauches, d'épreuves de graveur, de séries de médailles en étain ou en bronze. L'un d'eux, M. H. Johanet, conserve pieusement les souvenirs du grand artiste: brevet de Saint-Michel, brevet de la décoration du Lys, brevet de l'Académie des Beaux-Arts de Vienne, certificat élogieux de l'Académie de Bordeaux, quand Andrieu, bien jeune encore, quitta sa ville natale; contrat d'apprentissage passé entre le même et André Lavau, graveur très connu de notre cité, etc., etc. Nous remercions M. H. Johanet d'avoir mis ces pièces à notre disposition.

Nous avons groupé dans un premier tableau les œuvres d'Andrieu ; dans le deuxième, celles dont il n'a fait que la face. Pour faciliter les recherches, nous avons mentionné les différents synonymes; enfin, l'astérisque indique les pièces dont les coins existent encore à la Monnaie.

La description des médailles est tirée du *Trésor de Numismatique*, du *Catalogue du Musée monétaire*, du *Traité de Hennin*, des documents des Archives Nationales, etc.; pour celles qui ne se trouvaient pas dans ces ouvrages, nous avons essayé de suppléer à cette lacune.

Au début, nous n'avions pas l'intention de faire cette deuxième partie ; mais, plusieurs érudits de notre ville, MM. Lalanne, Céleste, Ducaunnès-Duval, nous firent comprendre qu'il y avait avantage à présenter la longue série des travaux d'Andrieu ; que, possédant déjà un certain nombre de documents, cette tâche nous serait plus facile, qu'enfin cette nouvelle étude compléterait la première. Aujourd'hui, nous sommes heureux d'avoir suivi ces conseils, et, bien que nous ayons fait une œuvre de compilation, nous croyons pouvoir offrir, grâce aux recherches qui nous ont permis de réunir les œuvres de l'artiste, une quantité de renseignements intéressants et inédits.

M. E. Johanet a bien voulu nous confier ses notes manuscrites dans lesquelles il a consigné une foule de souvenirs, voulant ainsi nous témoigner l'importance qu'il attachait à notre travail. Son gracieux concours nous a mis à même de donner la liste des cires et des clichés du cabinet du docteur Dewulf, celle des coins et des poinçons cédés à la Monnaie, en 1833, par Mme veuve Andrieu.

En somme, nous avons condensé l'œuvre du graveur, œuvre dispersée dans des traités volumineux, rares et coûteux; nous avons entrepris de donner la description de médailles dont il n'y était nullement fait mention : les *têtes d'Apollon, de Minerve*, la *Paix d'Amiens*, les essais de Gengembre au *buste de Lavoisier*, ceux du louis de quarante francs et de la pièce de cinq francs, la médaille de la *décoration du Lys*, les *bustes de Louis XVIII*, et toute une série de médailles refrappées sous ce règne : la *Vaccine*, la *Monnaie des Médailles*, le *Canal de l'Ourcq*, etc., etc., ainsi qu'un certain nombre de jetons et de variétés d'autres pièces inédites, dont nous n'avons pas trouvé trace dans les ouvrages classiques. Grâce aux documents des Archives Nationales, nous avons pu indiquer le nom des dessinateurs des médailles d'Andrieu, le prix de leurs dessins et celui de la gravure de beaucoup de coins. Enfin, nous avons ajouté des annotations susceptibles d'intéresser les amateurs et les numismates, trop heureux si, quelque jour, ils voulaient consulter notre ouvrage et montrer, par cela même, un peu d'estime à l'auteur.

I

TABLEAU DES ŒUVRES DE BERTRAND ANDRIEU

Dates	Désignation des Médailles	Module	Observations
1789	Prise de la Bastille ou Siège de la Bastille { *1er état de coin.*	80mm	Sans revers
	{ *2e état de coin.*	»	»
»	Arrivée du Roi à Paris *ou* la Nation a conquis son Roi....................	»	»
»	Arrivée du Roi à Paris : *2e état de coin.*	»	»
»	Variété *formée par la réunion des précédentes*...........................	»	
»	Offrande à la Nation *ou* don patriotique des citoyennes.....................	36	Sans types
1790	Confédération nationale *ou* Fête de la Fédération (*3 variétés*).............	»	»
»	Anniversaire de la prise de la Bastille.	114	Sans revers
»	Variété *sans les attributs*.............	»	Inédite
1791	Essai de l'écu de six livres............	38	Essai de monnaie
1793	Ils ont su la défendre et mourir pour elle.............................	40-35	Sans revers
»	Figures pour assignats : *coqs, génies, balances, divinités*, etc.............		
1796	Tête d'Apollon......................	80	Sans revers
»	Tête de Minerve....................	»	»
»	Variété sans légende................	68	
1797	Caisse d'Escompte du Commerce......	35	Jeton
»	Société Philotechnique, *avec virole*....	30	»

Dates	Désignation des Médailles	Module	Observations
1797	Société Philotechnique, *avec cordon*...	30	Jeton
1799	Vignettes *pour les éditions classiques :* Homère, Virgile..................		
1800	Bonaparte, né à Ajaccio..............	32	
»	Variété	»	
»	Passage du Grand-Saint-Bernard.....	59	Sans revers
»	*Bataille de Marengo................	60	Sans revers
»	Variété *copiée par Montagny*..........	59	
»	*Bonaparte, premier Consul (*Passage du Rhin et du Danube*)	»	Rev. de Galteaux
»	Paix d'Amiens.......................	114	Sans revers
»	Bonaparte, premier Consul...........	41	
1801	Essais de Gengembre au buste de Lavoisier (*2 variétés*)....................	26	Ess. de monnaie
»	*Paix de Lunéville (*2 variétés*)........	41	
»	*Pièce de mariage (*3 variétés*).........	41	
»	Paix générale........................	52	
»	Paix généralle (*sic*)..................	38	Étain, inédite
1802	Caisse d'Escompte du Commerce......	36	Jeton octogone
»	*Rétablissement du Culte............	50	
»	*Organisation de l'Instruction publique.	41	
»	Assemblée du canton de Vaud *ou* la Suisse pacifiée......................	46	
»	IVe année du Consulat de Bonaparte..	24	
»	Jeton *inconnu*.......................	23	Octogone
1803	Chambre de Commerce d'Avignon.....	31	
»	Jeton *de la banque Perrégaux*	30-35	Cliché
»	Jeton *de la Banque de France*.........	29	
»	*Pont sur la Durance................	41	
»	*A la Fidélité........................	52	

Dates	Désignation des Médailles	Module	Observations
1803	Variété	38	
1804	Napoléon, Empereur	60	Cliché inédit
»	Chambre de Commerce de Paris	36	Jeton
»	*Couronnement de Napoléon *ou* le Sénat et le Peuple	41	Rev. de Jeuffroy
»	*Variété *par le module et la signature*	32	
»	*La Vaccine	41	
»	*Variété *sans le buste de Napoléon*	»	
»	Musée central érigé à Gap	54	
»	*Musée Napoléon, Salle du Laocoon	34	
»	* — Salle de l'Apollon	»	
»	*Salle du Laocoon et de l'Apollon	»	
»	Variété *inédite d'un module plus petit*	31	
»	Chambre de Commerce d'Amiens	32	Jeton
»	*Rétablissement de la Monnaie des Médailles *ou* la Monnaie personnifiée	41	
»	*Variété *sans le buste de Napoléon*	41	
»	*Variété *par les inscriptions et les signatures*	41	
»	La Monnaie personnifiée *présentant une médaille à Clio*	115	Cliché s. revers
1805	Napoléon, Empereur et Roi	60	Cliché s. revers
»	Joséphine, Impératrice et Reine	»	»
»	Ampire des Français (*sic*)	43	Étain
»	Bataille d'Austerlitz	41	
»	*Entrevue à Urchitz *ou* des deux Empereurs	41	
»	*Paix de Presbourg (*deux variétés*)	»	
»	*Cathédrale de Vienne *ou* Actions de grâces pour la Paix	»	

Dates	Désignation des Médailles	Module	Observations
1805	*Pont sur le Rhône *ou* d'Avignon.....	41	
1806	*Mariage du prince de Bade..........	»	
»	*Bataille d'Iéna......................	»	
»	Le premier timbre *fait par Andrieu*....	»	
»	Exposition de l'Industrie.............	»	
»	Alliance avec la Saxe.................	»	
»	Souverainetés données...............	»	
»	Têtes du prince Joachim, duc de Berg et de Clèves.......................	»	Coin et poinçon
1807	Variété.............................	»	
»	*Napoléon à Ostérode................	41	
»	*Conquête de la Silésie...............	»	
»	*Paix de Tilsitt......................	»	
»	*Indépendance *ou* Délivrance de Dantzick	»	
»	Distribution générale des Prix.........	»	
»	*Mariage de Jérôme Napoléon, roi de Westphalie..........................	»	
»	*Variété *par le revers*................	»	
»	*Variété *par le revers*................	45	
»	*Visite du roi et de la reine de Westphalie à la Monnaie des Médailles *ou* l'Hymen et l'Amour................	41	
»	Société d'Agriculture de la Haute-Vienne	33	Jeton
1807	*Visite de l'Empereur à Toulouse.....	41	
»	La princesse Pauline.................	22	
»	La princesse Pauline visite la Monnaie des Médailles.....................	»	
»	*La reine Hortense..................	»	
»	*La reine Hortense visite la Monnaie des Médailles.........................	»	

Dates	Désignation des Médailles	Module	Observations
1808	*La princesse Élisa..................	22	
»	*La princesse Élisa visite la Monnaie des Médailles......................	»	
»	Comité central de Vaccine............	32	
1809	Chambre de Commerce de Dieppe....	»	Jeton
»	Variété *avec la tête de Louis XVIII*....	»	
»	Imprimerie Impériale................	»	
»	*Rupture du traité de Presbourg......	45	
»	*Réunion de l'État romain à l'Empire (*2 variétés*)......................	41	
»	*Entrée à Vienne *ou* Porte Saint-Martin et Porte de Carinthie.............	»	
»	*Canal de l'Ourcq...................	»	
»	*Variété *sans le buste de Napoléon*.....	»	
»	*Paix de Vienne.....................	»	
»	*Le roi de Saxe visite la Monnaie des Médailles.........................	»	
1810	Gravure des nouvelles cartes à jouer...	»	
»	*Visite du roi et de la reine de Bavière à la Monnaie des Médailles........	41	
»	*Mariage de l'empereur Napoléon avec Marie-Louise.....................	»	Revers de Jouannin
»	Variété *par le buste de l'Impératrice*....		
»	*Mariage de l'empereur Napoléon avec Marie-Louise.....................	32	Revers de Brenet
»	* — — —	14	Rev. de Galle
»	Variété *non signée au revers*...........	»	
»	Mariage de l'empereur Napoléon, etc., *revers différent*..................	14	
»	Napoléon, *tête laurée, à gauche*.	140	Cliché inédit, sans revers

Dates	Désignation des Médailles	Module	Observations
1810	Bustes accolés de Napoléon et Marie-Louise	140	Cliché inédit, sans revers
»	Marie-Louise, Impératrice	68	» »
»	Napoléon et Marie-Louise	46	Repoussé
»	*Prix décennaux *ou* Minerve distribuant des couronnes	68	
»	*Variété *par le buste de Louis XVIII*	»	
»	Buste de Napoléon Ier	»	
»	Académie des Sciences, etc., de Dijon.	32	Jeton
»	Société centrale de Vaccine	41	
1811	*Naissance du Roi de Rome	»	
»	*Variété *par le module*	32	
»	*Naissance du Roi de Rome	14	Rev. de Galle
»	*Variété *par le buste*	»	»
»	*Variété *par le buste et le revers*	41	Revers de Jouannin
»	**Autre* Variété	»	»
»	*Baptême du Roi de Rome	68	
»	*Variété *importante*	»	
»	Athénée de Vaucluse	41	
1812	*Pièce de mariage	»	
»	*Variété *par le module*	37	
»	*Prise de Wilna	41	
1813	*Visite de l'Impératrice à la Monnaie des Médailles	23	
»	*Retour del'Ile d'Elbe *ou* de l'Empereur.	41	Rev. de Brenet
»	*Variété *par le droit*	»	
»	**Deux autres* Variétés *dans les modules*		
»	*de 16 et 14 millimètres*		
»	*Napoléon et Annibal	41	

Dates	Désignation des Médailles	Module	Observations
	RESTAURATION		
1814	*Refus de Varsovie *ou* d'abdiquer, 1803.	50	
»	Entrée du Duc d'Angoulême à Bordeaux	41	
»	Débarquement du Roi à Calais	50	
»	*Variété *par le module et le revers*......	41	Rev. de Brenet
»	**Autre* Variété *par le revers*...........	»	
»	*Charte Constitutionnelle.............	41	
»	*Variété *dont le buste est de Gayrard*...	»	
»	*Alexandre Ier de Russie visite la Monnaie des Médailles.................	59	
»	*Variété *d'un module plus petit*.........	41	
»	Séjour d'Alexandre Ier à Paris.........	»	
1815	*Exhumation des restes de Louis XVI.	»	
»	*Exhumation des restes de Louis XVI		
»	et de Marie-Antoinette.............	»	
»	*Départ des Bourbons *ou* la France en deuil au 20 mars..................	50	Droit de Jeuffroy
»	Essai du louis de quarante francs......	27	Essai de monnaie
»	Duchesse d'Angoulême...............	65	
»	*Le duc d'Angoulême, président du Collège électoral..................	41	
»	Buste de Louis XVIII................	54	Sans revers
»	Buste de Louis XVIII................	68	»
»	Buste de Louis XVIII................	50	»
»	Buste de Louis XVIII................	63	»
»	Notaires de l'arrondissement de Senlis	31	Jeton octogone
»	Chambre de Commerce de Dieppe....	»	»
»	Essai de la pièce de cinq francs.......	37	Essai de monnaie

Dates	Désignation des Médailles	Module	Observations
1815	Essai de la pièce de un franc?........		
»	Médaille de la décoration du Lys......	41	
1816	*Mariage du Duc de Berry............	50	
»	*Variété	41	Rev. de Brenet
»	Commerce de la boucherie...........	32	Jeton octogone
»	Compagnies d'assurances du Havre....	31	»
1817	Billet de mille francs de la Banque de France........................		
»	Compagnie royale d'assurances.......	35	Jeton octogone
»	Rétablissement de la statue d'Henri IV	50	
»	*Variété *par le module*...............	23	
»	*Variété *par le droit*................	»	
»	*Jean Racine, *de la galerie métallique*..	41	
1820	Mort du Duc de Berry...............	23	
»	*Naissance du Duc de Bordeaux (*commandée par le Gouvernement*)........	50	
»	Naissance du Duc de Bordeaux (*commandée par la Ville de Paris*)........	68	
1822	*Visite du prince et de la princesse de Danemark à la Monnaie............	41	
	Autres médailles d'Andrieu pour lesquelles nos renseignements sont incomplets :		
	Lafosse frères......................	20×25	
	Banca di Lucca......................	22	
	Fabrique Saint-Nicolas	33	
	Flottage des bois....................	30	
	Charles-Auguste, duc de Saxe........	41	
	Variété	»	
	Pièces de monnaie du Duc de Saxe Gotha-Altembourg.................		

II

TABLEAU DES MÉDAILLES DONT BERTRAND ANDRIEU N'A GRAVÉ QUE LE DROIT

Dates	Désignation des Médailles	Noms des graveurs	Module	Observations
1800	*Entrée des Français à Munich........	Gatteaux	59	
1804	*Légion d'honneur..................	Jaley	41	
1805	*Bataille d'Austerlitz................	»	»	
»	*Napoléon couronné à Milan..........	»	»	2 variétés
»	*La Ligurie réunie à la France........	Brenet	»	
»	*École des Mines du Mont-Blanc......	»	»	
»	Variété *non gravée*..................	»	»	
»	*Allocution sur le pont de Lech *ou* à l'Armée..........................	»	»	
»	Levée du Camp de Boulogne..........	»	49	
»	*Capitulation d'Ulm et de Memmingen.	Jaley	41	
»	*Reprise des drapeaux à Inspruck.....	Brenet	»	
»	*Prise de Vienne et de Presbourg.....	Galle	»	
»	*Venise rendue à l'Italie..............	Brenet	»	
»	*Écoles de Médecine................	Jouannin	»	
»	*Colonne de la Grande-Armée........	Brenet	»	
1806	*L'Istrie conquise..................	»	»	
»	*La Dalmatie conquise..............	»	»	
»	*Conquête de Naples................	»	»	
»	*Confédération du Rhin..............	»	»	

Dates	Désignation des Médailles	Noms des graveurs	Module	Observations
1806	*Visite du prince de Bade à la Monnaie des Médailles	Brenet	41	
»	*Bataille d'Iéna	Galle	»	
»	*L'Empereur entre à Berlin	Jaley	»	
»	*Capitulation de quatre forteresses : Spandau, Stettin, Magdebourg, Custrin	Jeuffroy	»	
»	*Occupation de Hambourg	George	»	
»	*Académie des Sciences, Belles-lettres, etc., de Rouen	Allais	»	
»	*Arc de triomphe du Carrousel	Brenet	»	
1807	*Enseignes au delà de la Vistule	»	»	
»	*Bataille d'Eylau	»	»	
»	*Bataille de Friedland	Galle	»	
»	*Victoire écrivant sur un bouclier *ou* Victoires du 14 juin : Marengo, Friedland	Brenet	»	
»	*Campagne de 1806 à 1807 : Berlin, Varsovie, Kœnigsberg	George	»	
»	*Paix de Tilsitt	Droz	»	
»	*Le Grand-Duché de Varsovie *ou* Ancienne splendeur restituée	Brenet	»	
»	*Érection du royaume de Westphalie	»	»	
»	*Victoires en 1807 *ou* l'Aigle couronnée.	Jaley	»	
»	*Route du Simplon	Brenet	»	
»	*Variété	Durand	»	
»	*Route de Nice à Rome	Gayrard	»	
1808	*Réunion de l'Étrurie à l'Empire	Brenet	»	
»	*Bataille de Somma Sierra	»	»	

Dates	Désignation des Médailles	Noms des graveurs	Module	Observations
1808	*Entrée des Français à Madrid........	Brenet	41	
»	Chambre de Commerce d'Orléans.....		32	Jeton
1809	Rome seconde capitale *ou* Rome Paris.	Depaulis	41	
»	*Variété de *la précédente*..............	»	»	
»	*Les Aigles françaises au delà du Raab.	Dubois	»	
»	*Prise de Raab.....................	»	»	
»	*Conquête de l'Illyrie................	Depaulis	»	
»	*Bataille de Wagram................	Galle	»	
1810	*Statue à Desaix....................	Brenet	41	
»	Notaires de l'arrondissement de Laon..		31	
»	Commerce de la boucherie...........		34	
»	Commerce de la charcuterie..........		»	
»	*Orphelines de la Légion d'honneur...	Depaulis	41	
1812	*L'Aigle française sur le Borysthène...	Brenet	»	
»	*Bataille de la Moskowa..............	Jeuffroy	»	
»	*Entrée des Français à Moscou........	Brenet	»	
»	*L'Aigle française sur le Volga........	Michaut	»	
»	*Retraite de l'Armée *ou* de Russie....	Galle	»	
1813	*Mont-Cenis	Brenet	»	
»	*Canal de Mons à Condé.............	»	»	
1814	*Départ de l'Empereur pour la campagne		»	
	de France........................	»	»	
»	*Retour de l'Aigle *ou* Février 1814....	»	»	
»	*Fortune adverse...................	»	»	
»	*Avènement de Louis XVIII...........		»	
»	*Fin de la captivité de Madame, fille de		»	
	Louis XVIII, 1795.................	Galle	50	
»	*Première entrée du Roi à Paris......	Desbœufs	»	
»	*Variété..........................	Brenet	14	

Dates	Désignation des Médailles	Noms des graveurs	Module	Observations
1814	*Première Paix de Paris	Gatteaux	50	
1815	*Translation des cendres de Louis XVI et de Marie-Antoinette		50	
»	*Tombeau de Louis XVI et Marie-Antoinette		»	
»	*Variété		41	
»	*Faculté de Droit de Paris	Gayrard	32	
»	*Constance du Roi pendant les Cent-Jours	Jeuffroy	50	
»	*Deuxième entrée du Roi à Paris	Gayrard	»	
»	*Accession à la Sainte-Alliance	Gatteaux	»	
»	*Anniversaire du 3 mai 1814	Dubois	»	
1816	*Mariage du Duc de Berry	Brenet	41	
»	*Translation des cendres du Duc d'Enghien dans la chapelle de Vincennes	Gayrard	50	
»	*Restauration des quatre Académies		»	
1817	*Hommage rendu aux cendres profanées en 1793	Galle	»	
»	*Restauration du Musée	Desbœufs	»	
»	*Départ de la corvette l'Uranie		41	
»	*Disette de 1817	Gayrard	50	
1818	*Pompe funèbre du prince de Condé	Barre	»	
»	La ville d'Orléans à Nicolas Girardin		41	
»	Chambre des notaires de Vervins		31	Jeton octogone
»	Chambre des notaires de Coulommiers		»	»
»	*Retraite des troupes alliées	Gayrard	50	
1820	*Chambre des notaires de Neufchâtel		32	Jeton octogone
»	*Naissance du Duc de Bordeaux	Depaulis	50	
»	*Pont de Libourne	»	»	

Dates	Désignation des Médailles	Noms des graveurs	Module	Observations
1820	*Monument élevé à Jeanne d'Arc, à Domrémy	Depaulis	50	
»	Fondation du séminaire de Saint-Sulpice		18	
1821	*Pont de Bordeaux	Gatteaux	50	
»	*Pose de la 1re pierre de la chapelle du			
»	Temple		41	
»	*Baptême du Duc de Bordeaux	Galle	50	
1822	*Voyage de la corvette « La Coquille »		41	
»	*Traité de Commerce avec l'Amérique	Gayrard	»	
»	Pose de la 1re pierre de l'octroi de Paris		41	
»	*La Vénus de Milo	Depaulis	50	
»	*Les Canaux de France	Dubois	»	
»	*L'Église Sainte-Geneviève rendue au culte	Barre	»	
»	*L'Industrie et le Commerce fécondés par les découvertes de la science	Galle	»	
»	*Pose de la 1re pierre du port de Lorient		»	
»	*Statue de Turenne à Sédan	Barre	»	
»	*La paix procurée à l'Espagne		50	
»	*Variété *par le module*		41	
»	Société d'Agriculture de la Charente			
»	*La Chambre de Commerce de Bordeaux à Pierre-Desse		50	
1823	*Entrée du duc d'Angoulême à Paris	Gayrard	»	
1824	Pose de la 1re pierre de la barrière de Sèvres		»	

Dates	Désignation des Médailles	Noms des graveurs	Module	Observations
1824	*Pose de la 1re pierre de la barrière Poissonnière	Galle	50	
»	*Pose de la 1re pierre de l'Église Saint-Vincent-de-Paul		»	
»	*Monument du Duc de Berry à Versailles	Michaut	»	
»	*Rétablissement des statues des Rois en France	»	»	
»	*Rétablissement des Missions	Brun	»	
»	*Concordat	Desbœufs		
	Un grand nombre de médailles et de jetons représentent des bustes de Louis XVIII, gravés par Andrieu.			
	Chambre de Commerce d'Orléans Avocats à la Cour de Cassation Chambre de Commerce d'Amiens, etc.			

CATALOGUE

MÉDAILLES DE LA RÉVOLUTION ET DU CONSULAT

1789

1. — **Siège de la Bastille** (14 juillet 1789). (Premier type). — SIÈGE DE LA BASTILLE. Une foule de citoyens armés, parmi lesquels on voit des soldats des Gardes-Françaises, assiègent la Bastille ; les chaines du pont-levis ont été rompues, et l'on pénètre dans la forteresse. A l'exergue : PRISE PAR LES CITOYENS DE LA VILLE DE PARIS LE 14 JUET 1789 (*sic*) ; au-dessus de l'exergue, entre deux lignes : ANDRIEU·F. — N° 1. (*Andrieu fecit*).

Sans revers. — Diam., 80 mm. Cliché d'étain.

HENNIN, p. 15, n° 22, pl. III.

La pièce décrite dans cet article, et gravée par Bertrand Andrieu, est la première d'une suite que cet artiste se proposait, à cette époque, de publier pour retracer les événements les plus remarquables de la Révolution. Frappée seulement en clichés, elle parut au commencement de janvier 1790[1], et eut beaucoup de succès. Bertrand Andrieu ne publia que deux pièces de cette suite, celle-ci, et celle relative à l'arrivée du Roi à Paris, le 6 octobre 1790, qui est classée à cette date.

Il y a deux variétés de cette pièce qui présentent entre elles plusieurs différences. Ces variétés du même coin proviennent de légères retouches que B. Andrieu fit éprouver à ce coin, lequel, n'étant pas trempé, ne servait qu'à faire des clichés. Une

1. *Journal de Paris*, 6 janvier 1790.

des principales différences se remarque à la maison qui est au milieu de la composition, un peu vers la droite. Dans le premier état du coin, celui de cet article, cette maison a deux étages de croisées : deux croisées à l'étage inférieur; cinq à l'étage supérieur. Une partie de ces croisées fut ensuite cachée par la retouche, ainsi que cela peut être observé dans le second état du coin, décrit au numéro suivant.

(Dessin d'Andrieu?).

2. — **Siège de la Bastille** (Deuxième type).

Sans revers. — Cliché d'étain. Diam., 80 mm.

HENNIN, p. 16, n° 23, pl. III.

Pièce semblable à celle décrite sous le numéro précédent, pour les types et les légendes; il s'y trouve seulement quelques différences provenant de retouches faites par l'auteur. Une des principales se remarque à la maison qui est au milieu du champ, qui est un peu vers la droite. Dans cette pièce du second état du coin, on aperçoit un seul étage de trois croisées à cette maison; tandis que dans la pièce précédente, qui est avant la retouche, on voit deux étages de croisées ; sur ce coin-ci, l'étage inférieur est caché par la fumée de l'artillerie.

(Dessin d'Andrieu?).

3. — **Siège de la Bastille.** — SIEGE DE LA BASTILLE. Une foule de citoyens armés, parmi lesquels on voit des soldats des Gardes-Françaises, assiègent la Bastille; les chaînes du pont-levis ont été rompues et l'on pénètre dans la forteresse. A l'exergue : EPOQUE DU 14 JUILLET 1789 DEDIE AUX PATRIOTES.

Sans revers. — Cliché d'étain. Diam., 80 mm.

HENNIN, p. 17, n° 24. pl. III.

Cette pièce est une copie de celle gravée par B. Andrieu, n° 22, avec quelques légères différences, et une autre inscription dans l'exergue.

4. — **Siège de la Bastille, médaille dédiée aux électeurs de 1789, par Palloy.** — CE PLOMB SCELLAIT LES ANNEAUX QUI ENCHAINOIENT LES VICTIMES DU DESPOTISME RETRACE L'EPOQUE DE LA LIBERTE CONQUISE L'AN PREMIER (*sic*); intérieurement à cette légende, en haut : SIEGE DE LA BASTILLE. Une foule de citoyens armés, parmi lesquels on voit des soldats des Gardes-Françaises, assiègent la Bastille; les chaînes du pont-levis ont été rompues, et l'on pénètre dans la forteresse. A l'exergue : DEDIE AUX ELECTEURS DE 1789 PAR PALLOY PATRIOTE LORS DE LA RENDITION (reddition) DE SON CMPTE (compte) A LA NATION.

Sans revers. — Un papier collé de ce côté, soit sur la pièce, soit sur le cadre qui la renferme ordinairement, porte l'inscription suivante imprimée, dans le champ, sous un fleuron : OFFERT AU NOM DE LA RECONNOISSANCE, DU PATRIOTISME ET DE LA FRATERNITÉ A M... ELECTEUR DE 1789, PAR LE PATRIOTE PALLOY ENREGISTRÉ PAR NOUS SECRÉTAIRE PERPÉTUEL DE MM. LES ELECTEURS, LE 28 JANVIER 1792, L'AN 4ME DE LA LIBERTÉ.

SIG. LIESSE ET PALLOY PATRIOTE.

La place laissée en blanc ci-dessus servait à inscrire le nom de l'électeur à qui la médaille était destinée. — Cliché d'étain. Diam., 82 mm.

HENNIN, p. 18, n° 26, pl. IV.

Cette médaille est, comme on le voit, celle que P.-F. Palloy distribua aux électeurs de Paris de 1789, à l'occasion de la reddition de son compte. Le sujet de la prise de la Bastille qu'elle représente, est une copie de la pièce gravée pour le même événement par B. Andrieu, décrite n° 22, avec quelques légères différences et d'autres inscriptions. Elle fut faite par un graveur nommé Moisson, qui voulut s'attribuer le mérite de sa composition; mais il est bien positif que la priorité en appartenait à B. Andrieu, dont la médaille parut la première, et que Moisson ne fit que le copier. On frappa huit cents épreuves de cette pièce, dont cinq cents furent distribuées aux électeurs de 1789. Cette pièce est classée au 14 juillet 1789, parce qu'elle représente la prise de la Bastille, quoiqu'elle n'ait été faite et distribuée aux électeurs que vers le commencement de 1792.

5. — **Arrivée du Roi à Paris** (6 octobre 1789). (Premier type). — LA NATION A CONQUIS SON ROI. Une multitude de peuple entoure la voiture qui a amené Louis XVI et sa famille de Versailles à Paris; le cortège traverse la place Louis XV dont on voit la statue équestre. A l'exergue : ARRIVEE DU ROI A PARIS LE 6 OCTOBRE 1789; au-dessus de l'exergue, entre deux lignes à gauche : ANDRIEU·F; à droite : N° 2.

Sans revers. — Cliché d'étain. Diam., 80 mm.

HENNIN, p. 48, n° 61, pl. VIII. — *Trésor de Numismatique* (Révolution), p. 17, n° 1, pl. XIII.

Il existe des exemplaires de cette pièce coulés en métal de cloche.

Cette médaille est la seconde de la suite que Bertrand Andrieu se proposait de graver pour rappeler les événements les plus remarquables de la Révolution. Il n'a publié de cette suite que la pièce relative à la prise de la Bastille, qui a été décrite n° 22, et celle-ci qui parut au commencement d'octobre 1790[1]. Les mots : LA NATION A CONQUIS SON ROI, avaient été choisis pour légende de cette pièce, afin de rappeler le discours que le maire de Paris, Bailly, avait adressé, le 17 juillet 1789, à Louis XVI, lorsqu'il vint à l'Hôtel-de-Ville. Ce discours commençait ainsi : « Sire, j'apporte à Votre Majesté les clefs de sa bonne ville de Paris. Ce sont les mêmes qui ont été présentées à Henri IV ; il avait reconquis son peuple, ici c'est le peuple qui a reconquis son Roi. »

B. Andrieu, après avoir publié cette médaille, qui eut, ainsi que celle de la prise de la Bastille, beaucoup de succès, regretta d'y avoir placé une inscription qui rappelait ce passage du discours de Bailly. Il effaça cette légende, ainsi que celle de l'exergue, sur le coin qui, n'étant pas trempé, n'était destiné qu'à faire des clichés, et grava, pour toute légende, les mots qui étaient dans l'exergue de la pièce. Cette retouche produisit donc deux variétés ou états de ce coin.

La médaille que nous venons de décrire constitue le premier état ; la description du second figure dans le numéro suivant.

(Dessin d'Andrieu).

6. — **Arrivée du Roi à Paris** (Deuxième type). — ARRIVEE DU ROI A PARIS. Louis XVI, en voiture avec sa famille et entouré du peuple qui le conduit de Versailles à Paris, passant sur la place Louis-XV dont on voit la statue équestre. A l'exergue : LE 6 OCTOBRE 1789. Au-dessus de l'exergue, entre deux lignes : ANDRIEU·F. — N° 2.

Sans revers. — Cliché d'étain. Diam., 80 mm.

Cette pièce-ci, après la retouche, constitue la seconde variété, ou le second état du coin. On peut remarquer, à l'appui de ce détail, que la partie sur laquelle est placée la légende est plus saillante que dans la première variété, ce qui vient de ce que, pour graver une nouvelle légende, il a fallu enlever la partie occupée par la première.

Dessin d'Andrieu ?

HENNIN, p. 49, n° 62, pl. VIII.

Les médailles de la Prise de la Bastille et de l'Arrivée du Roi à Paris se rencontrent dorées et encadrées : l'auteur les vendait lui-même. Dernièrement, M. Céleste, conservateur de la Bibliothèque de Bordeaux, a acquis deux de ces superbes exemplaires, destinés à cet établissement. Si ces pièces sont en général séparées, la deuxième forme quelquefois le revers de la première ; nous possédons un échantillon de ce genre dans notre collection, et résumerons ainsi sa description : Droit : Siège de la Bastille. Revers : Arrivée du Roi à Paris. — Étain doré. Diam., 80 mm.

1. *Moniteur*, 10 octobre 1790, et *Journal de Paris*, 25 du même mois, *supplément*.

Les grands traités classiques : Hennin, *Trésor de Numismatique*, etc., ne mentionnent pas cette particularité d'une certaine importance, à notre avis, puisqu'elle constitue une autre variété.

7. — **Don patriotique des citoyennes de la commune de Paris** (31 décembre 1789). — OFFRANDE A LA NATION. Dans le champ, l'inscription : DON PATRIOTIQUE DES CITOYENNES DE LA COMMUNE DE PARIS.

Rev. — Dans une couronne de chêne, on voit le faisceau sur lequel est perché le coq, entouré de drapeaux et autres instruments de guerre ; l'exergue est vide. Au-dessus de l'exergue, à gauche : ANDRIEU. — Diam., 36 mm.

HENNIN, p. 65, n° 80, pl. XI.

Le 7 septembre 1789, un grand nombre de dames, artistes de Paris, se présentèrent à l'Assemblée Nationale, et lui offrirent leurs bijoux et autres objets précieux, pour être employés aux besoins de l'État[1]. Cet exemple fut suivi par une grande quantité de personnes, et depuis cette époque les dons patriotiques devinrent très nombreux.

Cette pièce fut gravée par Bertrand Andrieu pour rappeler ces dons patriotiques des citoyennes de Paris; elle fut frappée à un très petit nombre d'épreuves. Le coin du revers fut ensuite ajusté pour servir d'emporte-pièce, et employé à frapper le sujet qu'il représente, sans fond. On plaçait les épreuves en métal de ce trophée ainsi découpées, sur un fond d'étoffe ou autre, pour en faire des médaillons.

(Dessin d'Andrieu ?).

Le coin est entre les mains de la famille Johanet.

1790

8. — **Confédération nationale** (14 juillet 1790). — La France assise, tenant le faisceau surmonté du bonnet de la Liberté et s'appuyant de la main gauche sur l'écu de la ville de Paris; elle a sous ses pieds des papiers figurant les privilèges détruits. Dans le fond, le Champ-de-Mars rempli de Fédérés, l'École militaire et l'Autel de la Patrie ; à l'exergue : CONFEDERATION NATIONALE DE PARIS ; au-dessus de l'exergue, à droite : ANDRIEU.

Rev. — Dans le champ, l'inscription : DU REGNE DE LOUIS 16 ROI

1. *Journal de Paris*, 14 septembre 1789, etc.

D'UN PEUPLE LIBRE, AN 2ME DE LA LIBERTÉ LE 14 JUILLET 1790. — Clichés. Diam., 36 mm.

(Dessin d'Andrieu ?).

HENNIN, p. 110, n° 147, pl. XVII.

Il existe deux variétés de cette médaille, mais qui offrent peu de différences entre elles; l'une a les lignes de l'inscription plus resserrées et l'autre une bélière ou anneau[1].

9. — **Anniversaire de la Prise de la Bastille** (14 juillet 1790). — Mars debout, la tête couverte du casque, un manteau jeté sur les épaules, s'appuie sur sa lance ; à ses pieds un bouclier; derrière lui, à gauche, des drapeaux, un canon, des boulets ; à sa droite, dans le fond, la Bastille seulement esquissée ; à l'exergue : CELEBRE LE 14 JUILLET 1790.

Sans revers. — Cliché d'étain. Diam., 114 mm.

Trésor de Numismatique (Révolution), p. 26, n° 4, pl. XXII.

La matrice en cuivre a été achetée à la vente Despaulis par M. de Liesville et donnée au musée Carnavalet.

Cette pièce, la plus grande de toutes celles de la Révolution, paraît avoir été destinée à la suite que se proposait de publier Bertrand Andrieu, et a été gravée sur une cire faite par lui. Il en existe chez son gendre, M. Pontonnier, une variété inédite; c'est un cliché sans légende, du module de 72 millimètres, où Mars est représenté comme ici, mais sans aucun des accessoires ci-dessus décrits. Au-dessus de l'exergue, qui est lisse, on lit à gauche le nom : ANDRIEU. F. Cette cire se trouve aujourd'hui chez M. Chappotteau, descendant de M. Pontonnier. Hennin ignorait que l'auteur de ces deux pièces fût Andrieu.

Bien que la notice biographique du *Trésor de Numismatique* contienne certaines erreurs, nous la reproduirons ici, parce qu'elle fait suite à la pièce que nous venons de décrire : « M. Andrieu (Bertrand), né à Bordeaux en 1762[2], se sentit de bonne heure une vocation prononcée pour la gravure en médailles, et n'eut, pour ainsi dire, dans cet art, d'autre maître que lui-même. Il apprit à dessiner à l'Académie de Bordeaux, et à manier le burin chez un graveur nommé Lavaux, qui s'était fait quelque réputation en gravant des armoiries. Venu fort jeune à Paris, il y resta plusieurs années inconnu, jusqu'au moment où il se révéla, comme graveur en médailles, par la publication de sa grande médaille de la *Prise de la Bastille*, presque immédiatement suivie de celle de l'*Arrivée du roi à Paris*... Ces deux médailles, destinées à une

1. Notes manuscrites de M. E. Johanet.
2. 4 novembre 1761.

suite qu'il avait eu le projet de graver sur les évènements de la Révolution, sont ses coups d'essai, les premières, du moins, qui portent son nom. La grandeur de leur dimension, les détails dont elles se composent et le mérite de l'exécution en font des ouvrages à part. Depuis lors, et plus particulièrement depuis l'époque du Consulat jusqu'à sa mort, il produisit sans interruption une quantité considérable de médailles, toutes recommandables par une extrême pureté de style, un goût sévère, une perfection constante dans le travail, et dont un grand nombre sont placées au premier rang parmi les chefs-d'œuvre de la numismatique moderne. Souvent choisi par le Gouvernement pour exécuter les médailles des évènements les plus mémorables, son talent et son nom se sont associés à toutes les gloires de la France. Sujets composés, têtes, figures nues, figures habillées, architecture; son burin aussi souple que fécond, a traité avec un égal succès presque tous les genres. Dans la longue suite de ses œuvres, nous nous bornerons à citer ici: la *Bataille de Marengo*, le *Passage du Mont Saint-Bernard*, le *Rétablissement du culte*, les *Prix décennaux*, le *Baptême du Roi de Rome*, les *Têtes de l'Empereur*, *des deux Impératrices*, *et des quatre Princesses impériales*, le *Tibre*, la *Vaccine*, la *Cathédrale de Vienne*, la *Porte de Carinthie*, les *Deux Salles du Musée*, etc. Aux brillantes qualités de l'artiste, Bertrand Andrieu réunissait les qualités modestes de l'homme de bien. Passionné pour son art, le dépérissement de sa santé affaiblie par de douloureuses souffrances, surtout pendant les deux dernières années de sa vie, ne suspendit pas un instant ses travaux. Il venait de terminer une grande médaille que lui avait commandée la ville de Paris, lorsqu'il mourut le 10 décembre 1822. »

1791

10. — **Essai d'Écu de six livres** (1791). — LOUIS XVI ROI DES FRANÇOIS. Buste de Louis XVI à gauche; au-dessous: ANDRIEU F.

Rev. — REGNE DE LA LOI AN 2ME DE LA LIBERTÉ. Le génie de la France, debout, grave sur des tables avec le sceptre de la raison, désigné par un œil ouvert à son extrémité; les tables sont placées sur un autel rond; à droite, le faisceau surmonté d'une couronne de laurier, d'un cartel portant le mot: PATRIE, et du coq. A l'exergue: 1791; au-dessus de l'exergue, à droite: ANDRIEU F. — Diam., 38 mm.

HENNIN, p. 215, n° 322, pl. XXX.

Cette pièce est l'essai de Bertrand Andrieu pour le concours de 1791.

L'année 1791 était l'an 3me de la Liberté et non l'an 2me; mais cette erreur vient de ce que, jusqu'à la fin de 1791, il y avait deux manières de compter les années de l'ère de la Liberté; les uns plaçaient le commencement de cette ère au 1er janvier 1789, et les autres au 14 juillet de cette année. Par décret du 2 janvier 1792, l'Assemblée législative fixa le commencement de l'ère de la Liberté au 1er janvier 1789.

Conformément à l'article X du décret du 9 avril 1791, il avait été établi, par le comité des Monnaies de l'Assemblée Nationale, un concours pour la gravure des nouveaux coins et pour la place de graveur général des Monnaies. Ce concours avait été ouvert jusqu'au 25 juin 1791[1]. Les six artistes suivants avaient concouru: Bertrand Andrieu, Jean-Pierre Droz, Augustin Dupré, Benjamin Duvivier, Nicolas-Marie Gatteaux et François Vasselon. Un septième, Lorthior, ne put pas présenter ses essais, qui ne furent pas terminés à temps, et d'autres graveurs qui s'étaient annoncés comme concurrents ne s'occupèrent pas des travaux nécessaires pour être admis. C'est à tort que l'on a dit que l'essai de J.-P. Droz ne fut pas présenté au concours[2]. Les essais des concurrents furent exposés publiquement et jugés par l'Académie de Peinture et de Sculpture. Le prix fut décerné à Augustin Dupré, qui obtint quarante suffrages sur cinquante-sept votants. Il fut, en conséquence, nommé graveur général des Monnaies de France, par décret de l'Assemblée Nationale du 11 juillet 1791.

1793

11. — **La Liberté** (1793). — La Liberté assise de face, s'appuyant de la main droite sur un faisceau, et tenant de la main gauche le niveau; le bras gauche placé sur un autel; la déesse est sur un soubassement portant l'inscription: ILS ONT SU LA DÉFENDRE ET MOURIR POUR ELLE; de chaque côté est un peuplier portant un écusson; l'écusson à gauche représente le buste de Lepelletier, et l'autre celui de Marat; en haut du champ, un œil rayonnant; sur la base de l'autel, en creux: ANDRIEU.

Sans revers. — Cliché, pièce ovale en hauteur. Diam., 40 et 35 mm.

HENNIN, p. 397, n° 585, pl. LVIII.
Cette pièce doit être classée à la fin de 1793.

1796

12. — **Tête d'Apollon** (1796). — L'AN IV DE LA RÉPUBLIQUE FRANÇAISE,

1. *Journal de Paris*, 17 juin 1791.
2. *Biographie universelle des Contemporains*, t. XIII, p. 445.

Tête d'Apollon, de profil à gauche; devant, une branche de laurier ceignant la chevelure qui, longue et bouclée, retombe librement ; derrière le cou, qui la cache en partie, une lyre placée obliquement ; sous la tête, près du bord de la médaille : ANDRIEU F.

Sans revers. — Médaillon. Diam., 80 mm.

(Dessin d'Andrieu).

Une réduction de ce médaillon existe sur le jeton de la Société Philotechnique, décrit plus loin, n° 15.

13. — **Tête de Minerve** (1796). — L'AN IV DE LA REPUBLIQUE FRANÇAISE. Tête de Minerve, de profil à droite, coiffée d'un casque sur le le côté duquel on voit une branche d'olivier et dont la bombe est ornée d'un lion ailé galopant ; cimier avec crinière retombant en arrière ; de longs cheveux bouclés s'échappent du casque et recouvrent la nuque ; au bas, près du bord du cou : ANDRIEU F.

Sans revers. — Médaillon. Cliché. Diam., 80 mm.

(Dessin d'Andrieu).

On retrouve une réduction de cette tête sur la médaille de l'*Exposition de l'Industrie*, du même auteur.

Il existe une variété de ce médaillon, sans légende[1].

1797

14. — **Caisse d'Escompte du Commerce** (1797). — CAISSE D'ESCOMPTE DU COMMERCE. Debout, à gauche, et tenant de la main droite une lampe allumée, la Vigilance est placée entre un bureau couvert de papiers, et un siège antique orné de la figure d'une oie ; un coq au-dessus du bureau, dont le côté est orné d'un caducée, et, à sa base : ANDRIEU F. ; en haut, une étoile. A l'exergue : VIGILANCE ; au-dessus, des épis.

Rev. — Dans le champ, l'inscription : ASSOCIATION DU IV FRIMAIRE AN VI POUR LA PROSPÉRITÉ DU COMMERCE. — Jeton octogone. Diam., 35 mm.

1. Notes manuscrites de M. E. Johanet.

Trésor de Numismatique (Révolution), p. 87, n° 2, pl. LXVI. — HENNIN, p. 576, n° 822, pl. LXXXII.

(Dessin d'Andrieu).

La Caisse d'Escompte du Commerce fut fondée le 4 frimaire an VI (24 novembre 1797). C'était une institution particulière, établie d'après les droits consacrés dans la constitution de l'an III, sans autorisation ni loi spéciale. Cette caisse avait pour objet d'escompter les effets de commerce et principalement ceux souscrits par les marchands en détail de Paris. Elle fut réunie à la Banque de France, à dater du commencement de l'an XII et liquidée.

Ce jeton de la Caisse d'Escompte du Commerce servait aux distributions pour droit de présence aux assemblées de son administration.

Ainsi que le coq, l'oie est le symbole de la vigilance, par allusion à celles qui sauvèrent le Capitole assiégé par les Gaulois.

15. — **Société Philotechnique** (1797). — Tête d'Apollon à gauche; devant, une branche de laurier, et derrière, une lyre; au dessous: ANDRIEU F.

Rev. — SOCIETE PHILOTECHNIQUE. Dans le champ, l'inscription: FONDÉE EN L'AN 3. 1795; au-dessous, une abeille. — Jeton. Diam., 30 mm.

HENNIN, p. 579, n° 827, pl. LXXXIII.

(Dessin d'Andrieu).

Cette pièce a été gravée par Andrieu. On en trouve des épreuves frappées avec une virole et d'autres avec un cordon, ce qui constitue deux variétés, mais trop peu importantes pour être distinguées par deux numéros différents.

Ce jeton fut distribué, pour la première fois, le 2 ventôse an XIII (21 février 1805).

1799

16. — **Bonaparte, premier Consul.** — BONAPARTE NÉ À AJACCIO LE 15 AOÛT 1769. Buste de Bonaparte, à gauche, en uniforme; au-dessous: ANDRIEU F.

Rev. — Dans le champ, au milieu d'une couronne de laurier, l'inscription: PREMIER CONSUL DE LA RÉPUBLIQUE FRANÇAISE LE IV NIVOSE AN VIII. — Diam., 22 mm.

Trésor de Numismatique (Révolution), p. 99, n° 9, pl. LXXIV.

(Dessin d'Andrieu).

17. — **Bonaparte, premier Consul.** — BONAPARTE NÉ A AJACCIO LE 15 AOUT 1769. Buste de Bonaparte, à gauche, en uniforme; au-dessous : ANDRIEU F.

Rev. — Dans une couronne de laurier, l'inscription : NÉ A AJACCIO LE 15 AOUT 1769. — Diam., 33 mm.

Trésor de Numismatique (Révolution), p. 99, n° 6, pl. LXXV.
(Dessin d'Andrieu).

1800

18. — **Passage du mont Saint-Bernard** (18 mai 1800). — Armé d'un foudre, Bonaparte, en uniforme et à cheval, se frayant un chemin à travers les rochers du Saint-Bernard. A l'exergue : PASSAGE DU G^D S^T (Grand-Saint-) BERNARD LE XXV FLOREAL AN VIII ; à gauche : ANDRIEU F.

Sans revers. — Cliché. Diam., 58 mm. (fig. 1).

Trésor de Numismatique (Révolution), p. 101, n° 7, pl. LXXVI.

Cette pièce n'a été frappée qu'en cliché. Bertrand Andrieu qui l'a gravée, a publié un autre cliché du même module que celui-ci, auquel il est destiné à servir de pendant, et représentant la *Bataille de Marengo*. On le trouvera plus loin.

On rencontre cette médaille et celle de la *Bataille de Marengo* encadrées.

Cette médaille est la première gravée sous la direction de Denon; M. E. Johanet en a donné une appréciation fort juste :

« La première médaille qu'Andrieu grava sous sa direction est le *Passage du Grand-Saint-Bernard*. La composition de cette médaille est une réminiscence du tableau de David sur le même sujet. Pour la première et dernière fois, le chef de l'école classique moderne fit un écart en plein romantisme : le coursier sur lequel il a posé le Dieu ressemble à Pégase cabré sur le mont Parnasse. Persée, c'est-à-dire Bonaparte, par un geste magnifique, indique à ses soldats la cîme des Alpes, vers laquelle les quatre vents de la Gloire, gonflant les plis de son manteau, vont le porter dans leur tourbillon.

» La scène peinte par David est vraiment dramatique, et il faut avouer que l'inspiration qu'en a tirée Denon, pour la médaille qu'il fit graver par Andrieu, n'est pas à la hauteur du modèle. Ici, ce n'est plus Pégase qui vole, c'est simplement un cheval qui galope. Ce n'est plus Bonaparte emporté par le souffle de sa fortune, c'est un général qui ne se distingue des autres généraux que parce qu'il se fraye un passage à travers les rochers, en les culbutant de la foudre qui s'échappe de sa dextre.

» Andrieu eût préféré copier David, mais Denon ne lui ayant pas laissé le choix, il fit, pour que l'art n'y perdît pas, un chef-d'œuvre de son esquisse[1]. »

19. — **Bataille de Marengo** (14 juin 1800). — BONAPARTE PREMIER CONSUL DE LA RÉPUBLIQUE FRAN^{SE}. Tête de Bonaparte, à droite, placée sur un tableau carré long, en travers, sur lequel est représentée une vue de la bataille de Marengo; le buste et le tableau sont entourés de drapeaux et d'armes; au bas du buste, une branche de chêne et une branche de laurier. A l'exergue : BATAILLE DE MARINGO (Marengo) LE XXV PRAIRIAL AN VIII ; sur la barre de l'exergue, à gauche : ANDRIEU F.; à droite : AN X.

Sans revers. — Cliché. Diam., 60 mm.

Trésor de Numismatique (Révolution), p. 101, n° 3, pl. LXXVII.

Bolzenthal a dit de cette médaille qu'elle était le produit d'une véritable inspiration. Il ne parle nullement d'*exaltation*, mot qui provient d'une erreur de traduction.

Coïncidence curieuse : Andrieu a gravé la médaille de la Bataille de Marengo, et un autre Bordelais, le général comte Boudet, a puissamment contribué à la victoire elle-même ; ce fut à ce dernier que le général Desaix, blessé mortellement, dit : « Cachez ma mort, cela pourrait ébranler les troupes. »

20. — **Passage du Saint-Bernard. — Bataille de Marengo.** — PASSAGE DU G^{D} S^{T} BERNARD LE XXV FLOREAL AN VIII. Bonaparte à cheval, enveloppé du manteau militaire, s'élance au travers des rochers qu'il semble frapper d'un foudre qu'il lance de la main droite. Sur la plinthe : MONTAGNY F. (Œuvre de Montagny), D'APRÈS ANDRIEU.

Rev. — BONAPARTE PREMIER CONSUL DE LA RÉPUBLIQUE FRANÇ^{SE}. Le buste du premier Consul, de profil à droite, tête et col nus, cheveux courts, placé sur un tableau carré long représentant la bataille de Marengo, et entouré de drapeaux et d'armes. A l'exergue : BATAILLE DE MARENGO LE XXVI PRAIRIAL AN VIII. Sur la plinthe, à gauche : MONTAGNY F. (Œuvre de Montagny). — Diam., 59 mm.

Méd. franç. du Musée monétaire (Coins), p. 323, n° 70.

Le revers de cette médaille est, comme son avers, une copie d'après Andrieu. Nous avons trouvé le renseignement suivant dans les papiers de M. E. Johanet :

1. M. E. Johanet, *Andrieu, graveur en médailles.*

« Depaulis, dans une note, dit que les coins de la Bataille de Marengo et du Passage du Grand-Saint-Bernard ont été gravés sur acier, et qu'ils furent vendus en Angleterre. »

21. — **Passage du Rhin et du Danube.** — BONAPARTE PREMIER CONSUL DE LA RÉPUBLIQUE FRANÇSE. Buste de Bonaparte, de profil à droite, tête et col nus, cheveux courts; au bas : ANDRIEU·F.

Rev. — PASSAGE DU RHIN ET DU DANUBE. Mars s'élançant à droite, son épée d'une main et un foudre de l'autre, après avoir franchi le Rhin, dont le dieu est couché derrière lui, menace le dieu du Danube, qui le contemple avec crainte, couché sur son urne, appuyé d'une main sur un gouvernail et tenant de l'autre main une corne d'abondance. A l'exergue : ARMÉE DU RHIN MOREAU GENL. EN CHEF; sur le bord, à gauche : GATTEAUX I ET F. (Dessiné et gravé par Gatteaux). — Diam., 59 mm.

Méd. franç. du Musée monétaire (Coins), p. 324, n° 76.

Trésor de Numismatique (Révolution), p. 104, n° 1, pl. LXXVIII.

Cette médaille, faite en 1800, n'a été frappée que depuis la Révolution de 1830 à la Monnaie de Paris.

Droit d'Andrieu, revers de Gatteaux, son ami.

Le cœur du général Moreau et le corps de son épouse reposent dans un caveau du cimetière de la Chartreuse de Bordeaux.

22. — **Paix d'Amiens** (1800). — Mars casqué et nu, ayant un peplum sur les épaules, pose sur une hémisphère, placée sur un socle, un rameau d'olivier; la Victoire, qui est séparée de Mars par ce socle, élève au-dessus de la tête de ce dernier une couronne de la main droite et de la gauche lui présente une palme de laurier; derrière Mars, la poupe d'un vaisseau; au pied du socle, un glaive dans son fourreau. A l'exergue : LE 6 GERMINAL L'AN X.

Sans revers. — Cliché. Bronze, 114 mm.[1]

On connaît deux exemplaires de cette pièce : dans la collection Johanet et à la Bibliothèque Nationale.

Le *Trésor de Numismatique* donne une description de ce cliché, mais n'en indique pas l'auteur (p. 121, n° 5, pl. LXXXIX).

1. Notes manuscrites de M. E. Johanet.

Cette médaille n'est pas signée d'Andrieu, mais on peut affirmer qu'elle est de lui, par cette particularité que Mars est le même, à une légère différence près, que celui de l'*Anniversaire de la Prise de la Bastille.*

23. — **Perfectionnement des Monnaies par Gengembre, médaille au buste de Lavoisier** (1800). — ANT. LAUR. LAVOISIER. Tête nue de Lavoisier, de profil à droite, le cou nu, cheveux rejetés en arrière, noués sur la nuque ; au-dessus du ruban qui les attache, une longue papillote en travers ; sur la tranche du cou : ANDRIEU F.

Rev. — RÉPUBLIQUE FRANÇAISE et un foudre, au bas de la médaille, entre les deux mots de cette légende. Dans le champ, une inscription en six lignes : L'AN 8 PH. GENGEMBRE ESSAYAIT DE PERFECTIONNER LES MONNAIES ; sur la tranche, l'inscription : ❀A LA PATRIE❀AUX SCIENCES. — Diam., 26 mm.

24. — **Même sujet** (1801). — Droit semblable à celui du numéro précédent.

Rev. — Sans légende. Inscription en six lignes dans le champ : L'AN 9 PH. GENGEMBRE ESSAYAIT DE PERFECTIONNER LES MONNAIES. — Sur la tranche, l'inscription : ❀A LA PATRIE❀AUX SCIENCES. — Diam., 26 mm.

Cet essai diffère du précédent par le millésime ; l'absence du foudre et de l'inscription de la légende : REPUBLIQUE FRANÇAISE.

25. — **Bonaparte, premier consul** (1800). — BONAPARTE PREMIER CONSUL DE LA RÉPUBLIQUE FRANÇSE. Buste de Bonaparte en costume de consul ; à droite, sur le bord du bras : ANDRIEU·F.

Rev. — Dans une couronne de laurier, l'inscription : DONNE PAR LE PREMIER CONSUL LE 25 MESSIDOR AN VIII·14 JUILLET 1800. — Diam., 41 mm.

Trésor de Numismatique (Révolution), p. 106, n° 4, pl. LXXIX.

La tête du droit fut employée plus tard pour d'autres pièces, notamment pour une médaille relative à la *Paix de Lunéville*.

1801

26. — **Paix de Lunéville** (9 février 1801). — BONAPARTE PREMIER

CONSUL DE LA RÉPUBLIQUE FRANÇSE; la légende commence en bas sous le buste. Buste de Bonaparte en uniforme, de profil à droite, tête nue, cheveux courts; sur la tranche du bras : ANDRIEU F.

Rev. — PAIX DE LUNÉVILLE. La Paix debout, tenant de la main droite une branche d'olivier, et de la gauche une corne d'abondance. A l'exergue : LE XX PLUVIOSE AN IX; au-dessus de la barre de l'exergue, à gauche : ANDRIEU F. — Diam., 41 mm. (fig. 2).

Trésor de Numismatique (Révolution), p. 111, n° 4, pl. LXXXII.

Méd. franç. du Musée monétaire (Coins), p. 329, n° 90.

Il existe deux variétés du droit de cette médaille : sur l'une, la légende semblable à celle-ci, au lieu de commencer en bas sous le buste, commence derrière la tête; nous donnons l'autre sous le numéro suivant.

27. — **Paix de Lunéville** (Variété). — BONAPARTE PREMIER CONSUL DE LA RÉPUBLIQUE FRSE; la légende commence en haut, au-dessus de la tête, à gauche. Buste de Bonaparte en uniforme, de profil à droite, tête nue, cheveux courts; sur la tranche du bras : ANDRIEU F.

Revers semblable à celui de la pièce précédente. — Diam., 41 mm.

Trésor de Numismatique (Révolution), p. 111, n° 5, pl. LXXXII.

28. — **Pièce de Mariage.** — Droit semblable à celui de la médaille précédente.

Rev. — Un homme et une femme joignant leurs mains au-dessus d'un autel enflammé; derrière eux, un génie ailé, représentant l'Hymen, tient en l'air, à mains jointes, une couronne de roses; à droite et à gauche, un Amour accroupi; sur la base de l'autel : ANDRIEU F. — Diam., 41 mm.

Trésor de Numismatique (Révolution), p. 111, n° 6, pl. LXXXII.

Cette médaille était employée, à cette époque, comme pièce de mariage. — Il existe de la pièce précédente et de celle-ci, une troisième variété, dont le droit représente une couronne de fleurs; le champ est lisse.

Le *Catalogue du Musée monétaire* (p. 538) donne la description d'une pièce de mariage, qui est une variante de la précédente; on s'en sert encore, la voici :

Deux époux en costume antique, debout face à face, se donnant la main au-dessus d'un autel enguirlandé de fleurs et orné d'un flambeau dressé au-dessus d'un arc tendu, sur lequel brûlent deux cœurs. Derrière l'autel, une figure ailée, debout de face, élève de ses deux bras des couronnes de myrte et de roses. Au fond, accroupis de chaque côté, deux Amours font de la musique, celui de gauche soufflant dans une flûte de Pan, celui de droite jouant de la lyre. Sur la base de l'autel : ANDRIEU F. — Diam., 41 mm.

29. — **Paix générale** (1801-1802). — BONAPARTE PREMIER CONSUL DE LA RÉPUBLIQUE FRANSE. Buste de Bonaparte, de profil à droite, tête et col nus, cheveux courts ; au-dessous du buste : ANDRIEU · F.

Rev. — La Victoire debout, le pied gauche sur un canon, tient un bouclier appuyé sur son genou, sur lequel elle grave l'inscription suivante : A LA GLOIRE DES ARMÉES FRANÇAISES ; derrière elle se trouvent des armes, des drapeaux et des lauriers, avec une corne d'abondance et un caducée. A l'exergue : PAIX GÉNÉRALE 1801-1802. — Diam., 52 mm.

Trésor de Numismatique (Révolution), p. 122, n° 1, pl. XC.
Méd. franç. du Musée monétaire (Coins), p. 336, n° 117.
La tête de cette médaille a été aussi employée pour une autre publiée dans le *Trésor de Numismatique*, pl. XCV, n° 11.

30. — **La Paix générale** (Variante). — BONAPARTE PREMIER CONSUL DE LA REPUBLIQUE FRAN. Buste de Bonaparte, à droite, en uniforme ; sur le bord du bras : ANDRIEU.

Rev. — LA PAÏX—GENERALLE (*sic*) LE 18 BR. La Paix debout, tenant une branche d'olivier de la main droite, et de la gauche une corne d'abondance. A l'exergue : L'AN-X. — Étain. Diam., 38 mm.

Trésor de Numismatique (Révolution), p. 116, n° 10, pl. LXXXVII.
Pièce ayant ordinairement une bélière.

1802

31. — **Caisse d'Escompte du Commerce.** — NAPOLEON BONAPARTE. Buste de Bonaparte à droite ; au-dessous du buste : ANDRIEU F. A l'exergue : CONSUL A VIE 15 AOUT 1802.

Rev. — CAISSE D'ESCOMPTE DU COMMERCE. La Vigilance debout, tenant une lampe allumée, est placée entre un bureau couvert de papiers et un siège antique orné de la figure d'une oie ; sur la partie élevée du bureau est un coq ; ce meuble est orné du caducée, et sa base porte : ANDRIEU F ; en haut, une étoile. A l'exergue : ASSOCIATION DU IV FRIMAIRE AN VI. — Jeton octogone. Diam., 36 mm.

Trésor de Numismatique (Révolution), p. 124, n° 6, pl. XCI.

(Dessin d'Andrieu).

Ce jeton offre, au revers, le même type que celui qui a été décrit par Hennin, n° 822.

32. — **Rétablissement du Culte** (8 avril 1802). — NAPOLÉON BONAPARTE PREMIER CONSUL. Buste de Bonaparte, de profil à droite, tête et col nus, cheveux courts ; sur la tranche du cou : ANDRIEU FECIT.

Rev. — RÉTABLISSEMENT DU CULTE. La France, sous les traits d'une femme tenant d'une main un miroir dans lequel un serpent se contemple, symbole de la Prudence, relève, de l'autre, la Religion assise sur les ruines d'une église ; près de la Religion, un livre ouvert et un crucifix, dans le fond, à gauche, l'église de Notre-Dame de Paris ; au milieu, un faisceau circulaire auquel sont suspendus un glaive et un bouclier, orné d'un foudre ; sur le sommet du bouclier est perché un coq, emblème de la Vigilance. A l'exergue : LE XVIII GERMINAL AN X ; au-dessous : ANDRIEU FECIT. — Diam. 59 mm., (Fig. 3).

Trésor de Numismatique (Révolution), p. 122, n° 6, pl. XC.

Méd. franç. du Musée monétaire (Coins), p. 338, n° 123.

Le 8 avril 1802, le Concordat entre la France et la cour de Rome fut sanctionné par le Corps Législatif, qui vota diverses lois relatives à l'organisation du culte.

33. — **Organisation de l'Instruction publique** (1802). — Buste de Bonaparte, de profil à droite, tête et col nus, cheveux courts ; au-dessous du buste : ANDRIEU FECIT ; sans légende ni exergue.

Rev. — Un jeune homme, vêtu à la romaine, portant la *bulla*, ornement en forme de cœur que les patriciens suspendaient au cou de leurs enfants jusqu'à l'âge de quatorze ans, est assis sur un cube et lit attentivement dans un livre déroulé, où se trouve en quatre lignes la légende : DENON DIREXIT ANDRIEU FECIT ; à ses pieds, un scrinium rempli de manuscrits ; devant lui se trouve une palme, et au-dessus de sa tête est une étoile. A l'exergue : L'AN IV DE BONAPARTE L'INSTRUCTION PUBLIQE EST ORGANISÉE, en trois lignes. — Diam., 41 mm.

Méd. franç. du Musée monétaire (Coins), p. 339, n° 124.

1803

34. — **La Suisse pacifiée et réorganisée** (14 avril 1803). — LA SUISSE PACIFIÉE ET RÉORGANISÉE. Un aigle volant entouré de rayons ; il tient dans ses serres un livre, sur lequel on lit : ACTE DE MÉDIATION ; au-dessous : ANDRIEU F.

Rev. — PREMIÈRE ASSEMBLÉE DU GRAND CONSEIL DU CANTON DE VAUD. Un péristyle à quatre colonnes, avec deux parties latérales ; dans le milieu de la frise on lit : LIBERTÉ ET PATRIE ; dans le fond, des montagnes. A l'exergue : XIV AVRIL MDCCCIII. — Diam., 46 mm.

Trésor de Numismatique (Révolution), p. 129, n° 5, pl. XCIV.

Cette médaille fut frappée à l'occasion de la pacification de la Suisse, lorsque Napoléon prit le titre de médiateur de la Confédération helvétique.

35. — **IVme Année du Consulat de Bonaparte** (1803). — NAPOLÉON BONAPARTE. Tête de Bonaparte, à droite ; au-dessous : ANDRIEU F.

Rev. — Un œil rayonnant ; au-dessous, dans le champ : IVME ANNÉE DU CONSULAT DE BONAPARTE, au-dessous, les lettres R. et J. entrelacées. — Diam., 24 mm.

Trésor de Numismatique (Révolution), p. 129, n° 9, pl. XCIV.

Nous n'avons pu nous procurer aucun renseignement précis sur la destination de cette pièce, qui paraît avoir été faite, pour un usage particulier, par un orfèvre nommé *Knapp*.

36. — **Médaille indéterminée.** — Les notes de M. E. Johanet mentionnent la pièce suivante :

Une femme assise sur une plinthe, tenant d'une main une corne d'abondance et, de l'autre, faisant mouvoir une roue placée sur un guéridon ; au-dessous : ANDRIEU F.

Rev. — Une couronne de feuilles. Dans le champ, les lettres J·R·C. entrelacées. — Pièce octogone. — Diam., 23 mm.

Destination inconnue.

37. — **Chambre de Commerce d'Avignon** (1803). — BONAPARTE IER CONSUL DE LA RÉPUBLIQUE F^SE^ (française). Tête à droite, de Bonaparte ;

au-dessous de la tête : ANDRIEU F. A l'exergue : DÉPARTEMENT DE VAUCLUSE

Rev. — Dans une couronne, au milieu du champ : CHAMBRE DE COMMERCE D'AVIGNON — CHAPTAL MINISTRE DE L'INTÉRIEUR M. A. (*Marc-Antoine*) BOURDON PRÉFET — AN XI. — Diam., 31 mm.

Trésor de Numismatique (Révolution), p. 129, n° 10, pl. XCIV.

38. — **Jeton de la Banque Perregaux.** — PERREGAUX ET COMPAGNIE. Minerve, casquée et assise, ouvre un coffre rempli de sacs d'argent; derrière elle, un hibou perché sur une branche; au-dessous: ANDRIEU F.

Sans revers. — Cliché. Pièce ovale. — Diam., 30 × 35 mm.

Cette médaille ou jeton a été frappé pour la maison de banque Perregaux (Jean-Frédéric), l'un de ceux qui contribuèrent, par l'apport d'une première mise de fonds de 30 millions, à la fondation de la Banque de France, dont il devint président. Napoléon le nomma sénateur et commandeur de la Légion d'honneur, en 1804. Il mourut peu après. Son fils, Alphonse-Claude, etc., fut nommé comte par l'empereur, dont il devint chambellan, et acquit le titre de pair. Il avait épousé une fille du duc de Tarente, en 1813.

39. — **Jeton de la Banque de France.** — BANQUE DE FRANCE. Mercure ouvre un coffre et y vide un sac d'argent; derrière, une ancre; au-dessous: ANDRIEU F.

Sans revers. — Diam., 29 mm.

D'après les notes manuscrites de M. E. Johanet.

40. — **Pont sur la Durance** (1803). — NAPOLEONI BONAPARTE PRIMARIO R·P·G CONSVLI PERPETVO (*A Napoléon Bonaparte, premier consul à vie de la République française*). Buste de Bonaparte, de profil à droite, tête et col nus, cheveux courts, draperie antique agrafée sur l'épaule. Au bas: ANDRIEU. F.

Rev. — LOCVPLETATORI GALLIÆ (*Au bienfaiteur de la France*). Minerve debout, au milieu de divers instruments et outils, tenant une branche d'olivier, montre à la nymphe de la Durance le lieu où la première pierre du nouveau pont a été posée. La nymphe, assise au pied des montagnes d'où sort la Durance, s'appuie d'une main sur son urne, et de l'autre sur une roue. A l'exergue: PONTE DRVENTIÆ

DECRETO ET INCŒPTO A. XI. (*Anno undecimo*) J. A. (*Joanne-Antonio*), CHAPTAL REGIM. INTER. ADM. (*regiminis interioris administrato*) M. A. (*Marco-Antonio*) BOVRDON VALCL. PRAEF. (*Valclusii præfecto*). (*Pont sur la Durance décrété et commencé en l'an XI, Jacques-Antoine Chaptal ministre de l'Intérieur, Marc-Antoine Bourdon, préfet de Vaucluse*). Au-dessus de l'exergue, à droite : ANDRIEU. F. — Diam., 41 mm. (Fig. 4).

Trésor de Numismatique (Révolution), p. 130, n° 3, pl. XCV.

Méd. franç. du Musée monétaire (Coins), p. 342, n° 138.

41. — **A la Fidélité**. — BONAPARTE PREMIER CONSUL DE LA RÉPUBLIQUE FRANCSE. — Buste de Bonaparte, de profil à droite, tête et col nus, cheveux courts. Au bas : ANDRIEU. F.

Rev. Dans une couronne de laurier, l'inscription : A LA FIDÉLITÉ, en deux lignes. — Diam., 52 mm.

Nous n'avons pu nous procurer aucun renseignement sur la destination de cette pièce et de la suivante.

Trésor de Numismatique (Révolution), p. 130, n° 11, pl. XCV.

Méd. franç. du Musée monétaire (Coins), p. 335, n° 113. A.

42. — **A la Fidélité**. — BONAPARTE PREMIER CONSUL DE LA RÉPUBLIQUE FRANCSE. — Buste de Bonaparte, à droite, tête et cols nus, cheveux courts. Au bas : ANDRIEU F.

Rev. — Dans une couronne de laurier, l'inscription: A LA FIDÉLITÉ, en deux lignes. — Diam., 38 mm.

Cette médaille ne diffère de la précédente que par le module plus petit.

Trésor de Numismatique (Révolution), p. 130, n° 10, pl. XCV.

Méd. franç. du Musée monétaire (Coins), p. 335, n° 113 B.

1804

43. — **Napoléon empereur** (1804). — NAPOLÉON EMPEREUR. Buste de Napoléon, à droite, le front ceint d'une couronne de laurier, et en grand costume impérial ; sur la tranche du bras : ANDRIEU F.

Sans revers. — Cliché, Diam., 60 mm.

Collection Lalanne, à Bordeaux.

Trésor de Numismatique (Empire), p. 1, n° 1, pl.

44. — **Chambre de Commerce de Paris** (18 mai 1804). — NAPOLÉON EMPEREUR. Tête de Napoléon lauré, à droite; au-dessous : ANDRIEU F. A l'exergue : 28 FLORÉAL AN XII · 18 MAI 1804.

Rev — Dans une couronne formée d'épis et de fruits, l'inscription : CHAMBRE DE COMMERCE DE PARIS; au-dessous, un large fleuron et l'inscription : 6 VENTOSE AN 11. 25 février 1803. — Jeton octogone. Diam., 36 mm.

Trésor de Numismatique (Empire), p. 2, n° 4, pl. I.

45. — **Couronnement de Napoléon à Paris.** — NAPOLÉON EMPEREUR. Buste de Napoléon, de profil à droite, col nu, couronné de laurier; en bas du champ : DENON DIR. ANDRIEU F.

Rev. — LE SÉNAT ET LE PEUPLE. A l'exergue : AN XIII, et au-dessous : DENON DIR. JEUFFROY F. — Napoléon, en grand costume impérial, la tête nue, l'épée au côté, tenant d'une main un sceptre surmonté d'un aigle aux ailes éployées, est debout sur un pavois supporté par deux personnages, dont l'un, enveloppé d'un long manteau, représente le Sénat, et l'autre, les bras nus, portant un sabre, représente le peuple. A gauche, dans le champ, un livre ouvert où on lit à chaque page le mot : LOIS; à droite, un soc de charrue antique. — Diam., 41 mm.

Méd. franç. du Musée monétaire (Coins), p. 348, n° 8.

45 *bis*. — **Couronnement de Napoléon** (2 décembre 1804). — NAPOLÉON EMPEREUR. Tête de Napoléon lauré, à droite, différente de la précédente; au-dessous : DENON DIR. ANDRIEU F.

Revers semblable à la médaille précédente, avec cette différence qu'au lieu de JEUFFROY F. à l'exergue, on lit : ANDRIEU F.; sans le mot LOIS, sur les pages du livre gauche. — Diam., 32 mm.

Trésor de Numismatique (Empire), p. 6, n° 2, pl. III.

46. — **La Vaccine** (1804). — NAPOLÉON EMPEREUR. Tête de Napoléon lauré, à droite, col nu; au-dessous : DENON DIR. ANDRIEU. F.

Rev. — Esculape, debout, prend sous sa protection la Vénus de Médicis, dont le bras gauche est entouré d'un bandage. Dans le champ, à gauche, une génisse ; à droite, une lancette au-dessus d'un tube de verre destiné à conserver le vaccin. A l'exergue : LA VACCINE MDCCCIV ; sur le bord de la médaille, à gauche : ANDRIEU F ; à droite : DENON DIR. — Diam., 41 mm. (Fig. 5).

Trésor de Numismatique (Empire), p. 10, n° 4, pl. V.

Prix de la gravure du coin : 2.400 fr.

La tête du droit de cette médaille fut trouvée si belle qu'on s'en servit, dans la suite, pour la plupart des médailles du règne de Napoléon Ier ; elle avait été exécutée d'après la statue de Chaudet, qui obtint le grand prix en 1810.

47. — **La Vaccine** (Variante). — Esculape, debout, prend sous sa protection la Vénus de Médicis, dont le bras gauche est entouré d'un bandage ; dans le champ, à gauche, une génisse ; à droite, une lancette au-dessus d'un tube de verre destiné à conserver le vaccin. A l'exergue : LA VACCINE MDCCCIV ; près du bord de la médaille, au-dessus de la plinthe, à gauche : ANDRIEU ; à droite, un peu circulairement : FECIT. DE PUYMAURIN D.

Rev. — Couronne de laurier. — Diam., 41 mm.

Bien que de Puymaurin ait fait mettre son nom sur cette médaille, le sujet fut exécuté sous la direction de son prédécesseur Denon, révoqué à la Restauration.

Cette médaille provient de la collection Lainé, et fait partie de notre collection. D'autres exemplaires existent dans le cabinet de MM. Desnoyers, d'Orléans, et Lalanne, de Bordeaux. Le coin existe aussi à la Monnaie. *Catalogue du Musée monétaire* (Coins), p. 540.

48. — **Muséum central érigé à Gap** (1804). — NAPOLÉON PREMIER EMPEREUR DES FRANÇAIS. Buste de Napoléon, en uniforme, à droite ; sur la tranche du bras : ANDRIEU F. Le tout est entouré d'une couronne de laurier.

Rev. — MUSÉUM CENTRAL ÉRIGÉ A GAP PAR LES SOINS DE MR LADOUCETTE PRÉFET✱. Dans le champ : DÉPT DES HTES ALPES. CET ÉDIFICE A ÉTÉ ÉLEVÉ EN L'AN XII AVEC LES FONDS OFFERTS ET FAITS PAR LES COMMUNES 1804 L'AN PREMIER DE L'EMPIRE. De chaque côté du millésime 1804, l'empreinte d'un poinçon ; la couronne du droit, les légendes et les inscriptions sont gravées en creux. — Diam., 54 mm.

Trésor de Numismatique (Empire), p. 10, n° 3, pl. V.

Cette médaille, exécutée sur le dessin de M. Janson, ingénieur des ponts et

ŒUVRES DE BERTRAND ANDRIEU

chaussées, par M. Tellemon, ancien officier supérieur et artiste à Gap, ne fut pas frappée, mais seulement fondue. Reproduite à un petit nombre d'exemplaires, il en fut placé un, lors de la pose de la première pierre du Musée, dans la fondation de l'angle sud-sud-est.

49. — **Musée Napoléon. Salle du Laocoon** (1804). — Tête de Napoléon lauré, à droite, sans légende ni exergue; au-dessous: ANDRIEU F.

Rev. — Vue d'une des salles du musée du Louvre, où l'on voit, dans le fond, le groupe du Laocoon. Sur un des cintres intérieurs: R. F: (République française); sur la plinthe: ANDRIEU F. DENON D. A l'exergue: MUSÉE NAPOLÉON. — Diam., 34 mm. (Fig. 6).

Méd. franç. du Musée monétaire (Coins), p. 348, n° 6 *bis*.
Trésor de Numismatique (Empire), p. 10, n° 5, pl. V.

50. — **Musée Napoléon. Salle de l'Apollon** (1804). — Tête de Napoléon lauré, à droite, sans légende ni exergue; au-dessous: ANDRIEU F.

Rev. — Vue d'une des salles du musée du Louvre, dont l'entrée est surmontée d'un buste de Napoléon Ier, et porte sur l'imposte cintrée: SALLE DE L'APOLLON; au fond se dresse la statue de l'Apollon du Belvédère; au-dessous, sur la plinthe: ANDRIEU F. DENON D. A l'exergue: MUSÉE NAPOLÉON. — Diam., 34 mm. (Fig. 7).

Trésor de numismatique (Empire), p. 10, n° 6, pl. IV.

Prix de la gravure des coins de la tête de l'Empereur, de la salle de l'Apollon et de la salle du Laocoon: 800 fr. Ces coins se brisèrent à la première frappe; Andrieu reçut encore 800 fr. pour les refaire.

51. — **Musée Napoléon. Salle du Laocoon et Salle de l'Apollon** (1804). — Vue d'une des salles du musée du Louvre; dans le fond, le groupe du Laocoon; sur un des cintres: R. F. (*République française*); au-dessus, les trois Grâces. A l'exergue: MUSÉE NAPOLÉON; sur la barre d'exergue: ANDRIEU F. DENON D.

Rev. — Vue d'une des salles du musée du Louvre; dans le fond, la statue de l'Apollon du Belvédère; sur le cintre de la porte d'entrée: SALLE DE L'APOLLON; au-dessus, dans une niche, le buste de Napoléon, à droite. A l'exergue: MUSÉE NAPOLÉON; sur la barre de l'exergue: ANDRIEU F. DENON D. — Diam., 34 mm. (Fig. 8).

Trésor de Numismatique (Empire), p. 10, n° 7, pl. V.

Cette médaille diffère des précédentes en ce que la tête de Napoléon est remplacée par une des salles du musée.

52. — **Musée Napoléon** (1804). — Droit semblable à celui de la médaille précédente, d'un module plus petit, et avec l'inscription suivante sur la barre d'exergue : DENON DIREX. ANDRIEU F.

Revers semblable à celui de la médaille précédente, d'un module plus petit, et avec l'inscription suivante sur la barre d'exergue : DENON DIREX. ANDRIEU F. — Diam., 31 mm.

Trésor de Numismatique (Empire), p. 11, n° 7 A, pl. V.

53. — **Chambre de Commerce d'Amiens** (1804). — NAPOLÉON EMP ET ROI. Tête de Napoléon, à droite. A l'exergue : SACRÉ ET COURONNÉ LE 2 DÉCEMBRE 1804; au-dessous de la tête: ANDRIEU F.

Rev. — CHAMBRE DE COMCE (*Commerce*) D'AMIENS. Minerve, assise, tenant de la main gauche le caducée, et de la droite une couronne entourée de divers attributs de l'agriculture et du commerce ; à gauche, la mer et un vaisseau à la voile. A l'exergue : 3 NIVOSE AN 11. 24 DÉCEMBRE 1802; au-dessus de l'exergue, à gauche : ANDRIEU F. Jeton octogone. — Diam., 32 mm.

Trésor de Numismatique (Empire), p. 12, n° 6, pl. VI.

54. — **Rétablissement de la Monnaie des Médailles** (1804). — NAPOLÉON EMPEREUR. Tête de Napoléon lauré, à droite, col nu ; au-dessous : DENON DIR. ANDRIEU F.

Rev. — La Monnaie, personnifiée par une femme vêtue à l'antique, debout, appuyée sur la barre d'un balancier, ayant à ses pieds un coin et des outils de monnayeur, présente une médaille à Clio, qui l'inscrit sur ses tablettes ; sur la base du balancier on lit : FACTIS PROROGAT AEVUM (*Par ses travaux elle perpétue le temps*). A l'exergue : MDCCCIV; sur le bord de la médaille, à gauche : ANDRIEU F.; à droite DENON D. — Diam., 41 mm.

Trésor de Numismatique (Empire), p. 12, n° 7, pl. VI.
Méd. franç. du Musée monétaire (Coins), p. 351, n° 17.
Le coin du revers fut employé longtemps à la Monnaie des Médailles ; on l'utilisait encore sous Louis XVIII. — Prix de la gravure du coin : 2.400 fr.

55. — **Rétablissement de la Monnaie des Médailles** (1804). — La Monnaie, personnifiée par une femme vêtue à l'antique, debout, appuyée sur la barre d'un balancier, ayant à ses pieds un coin et des outils de monnayeur, présente une médaille à Clio, qui l'inscrit sur ses tablettes ; sur la base du balancier on lit : FACTIS PROROGAT AEVUM. A l'exergue : MDCCCIV ; sur le bord de la médaille, à gauche : ANDRIEU F. ; à droite : DENON D.

Rev. — Couronne de laurier ; champ lisse. — Diam., 41 mm.

Trésor de Numismatique (Empire), p. 13, n° 7 A, pl. VI.
Méd. franç. du Musée monétaire (Coins) pour la description du droit, *loc. cit.*
Le champ lisse permettait de graver des inscriptions.

56. — **La Monnaie personnifiée.** — La Monnaie, personnifiée par une femme vêtue à l'antique, debout, appuyée sur la barre d'un balancier, ayant à ses pieds un coin et des outils de monnayeur, présente une médaille à Clio, qui l'inscrit sur ses tablettes.

Cette variante diffère notablement des précédentes :

1° L'inscription de la base du balancier : FACTIS PROROGAT AEVUM, manque ;

2° Le millésime est remplacé par l'inscription suivante en abrégé : Æ. A. A. F. F. (*aere, auro, argento, flando, feriundo ; pour fondre et frapper l'or, l'argent et le bronze*). Cette inscription est celle de la légende du revers de la médaille frappée sous Louis XV, et représentant une vue de l'Hôtel de la Monnaie ; sur cette pièce, elle se trouve en abrégé et à l'exergue ;

3° On trouve la légende suivante : RERUM GEST. FIDEI ET ÆTERN. ;

4° Les noms d'Andrieu et de Denon manquent.

Rev. — Couronne de laurier ; un champ de lisse. — Diam., 41 mm.

Cette médaille, frappée sous Louis XVIII, provient de la collection Lainé, et fait partie de notre collection.

57. — **La Monnaie personnifiée présentant une médaille à Clio** (1804). — La Monnaie, personnifiée, adossée contre la barre d'un balancier, présente une médaille à Clio, qui l'inscrit sur ses

tablettes. La base du balancier ne porte point d'inscription et l'exergue est lisse.

Sans revers. — Cliché. Diam., 115 mm.

Trésor de Numismatique (Empire), p. 13, n° 8, pl. VI.

Cette pièce est le modèle qui a servi pour le revers de la médaille du *Rétablissement de la Monnaie des Médailles.*

1805

58. — **Napoléon, empereur et roi** (7 juin 1805). — NAPOLÉON EMPEREUR ET ROI. Tête de Napoléon lauré, à gauche; sur la tranche du cou : ANDRIEU F.; sans inscription à l'exergue.

Sans revers. — Cliché. Diam., 60 mm.

Collections Lalanne et de Fayolle, à Bordeaux.

Trésor de Numismatique (Empire), p. 16, n° 13, pl. VII.

Ce cliché en étain se rencontre aussi en étain bronzé, et luxueusement encadré. Pièce d'une rare finesse.

59. — **Joséphine, impératrice et reine** (1805). — JOSÉPHINE IMPÉRATRICE ET REINE. Buste de Joséphine à droite, habillée et coiffée d'un diadème, le cou orné d'un collier de pierres fines; sur la tranche du cou : ANDRIEU F.; sans inscription à l'exergue.

Sans revers. — Cliché. Diam., 60 mm.

Collections Lalanne et de Fayolle, à Bordeaux.

Trésor de Numismatique (Empire), p. 16, n° 13, pl. VII.

Ce cliché en étain se rencontre aussi en étain bronzé, et luxueusement encadré. Pièce d'une finesse merveilleuse et très rare. Andrieu présenta lui-même cette médaille à l'impératrice en 1807. Nous l'avons classée à l'année 1805, parce qu'elle était destinée à servir de revers au numéro précédent.

Répétons une dernière fois que presque toutes les œuvres d'Andrieu se rencontrent en étain et unifaces; l'auteur tirait toujours un certain nombre de clichés avant que les coins ne fussent trempés, et l'administration de la Monnaie faisait toujours la même opération avant d'accepter définitivement les travaux de cet artiste ou ceux de ses contemporains.

60. — **Empire des Français** (22 septembre 1805). — NAPOLÉON·EMPEREUR·DES·FRANÇAIS. Buste de Napoléon à droite; sur la tranche du bras : ANDRIEU F.

Rev. — AMPIRE (*sic*) DE (*sic*) FRANÇAIS A PARIS L'AN·13. L'aigle impériale de face, les ailes éployées, placée au milieu du manteau surmonté de la couronne impériale. — Étain. Diam., 43 mm.

Trésor de Numismatique (Empire), p. 16, n° 7, pl. VIII.

61. — **Bataille d'Austerlitz** (2 décembre 1805). — BATAILLE D'AUSTERLITZ. Buste de Napoléon lauré, à droite, col nu ; au-dessous : II DÉCEMBRE MDCCCV ; sur la tranche du cou : ANDRIEU F.

Rev. — ALEXANDRE I· FRANÇOIS II. Bustes en regard d'Alexandre Ier, empereur de Russie, et de François II, empereur d'Autriche, l'un et l'autre couronnés, le cou nu ; au-dessous : ANDRIEU F, DENON D. — Diam., 41 mm.

Méd. franç. du Musée monétaire (Coins), p. 356, n° 37 *bis*.

La composition de cette médaille avait été indiquée à Denon, par Napoléon lui-même, qui, lorsqu'on lui en présenta une autre épreuve, n'en fut pas satisfait, et fit faire à sa place une autre médaille de la bataille d'Austerlitz, dont le droit est bien d'Andrieu, mais le revers de Jaley.

Dessin de Chaudet.

Prix de la gravure des deux coins : 1.800 fr.

62. — **Entrevue des deux empereurs à Urchitz** (4 décembre 1805). — BATAILLE D'AUSTERLITZ. Buste de Napoléon lauré, à droite, col nu ; au-dessous : II DÉCEMBRE MDCCCV ; sur la tranche du cou : ANDRIEU F.

Rev. — L'empereur François II, en costume antique, la tête nue, le front ceint d'une bandelette, s'avance, une main posée sur son cœur, vers l'empereur Napoléon, qui, costumé en héros romain, la tête laurée, appuyé sur son glaive, lui tend la main ; entre eux se dresse une enseigne militaire surmontée d'un aigle, et dont le cartouche porte la lettre N ; au pied de l'enseigne, des drapeaux croisés déposés à terre. A l'exergue : ENTREVUE DE L'EMP·NAPOLÉON ET DE L'EMP·FRANÇOIS II·A URCHITZ LE IV·DÉCEMBRE MDCCCV, en quatre lignes ; au-dessous de la plinthe, à gauche : ANDRIEU. F. ; à droite : DENON D. — Diam., 41 mm. (Fig. 9).

Méd. franç. du Musée monétaire (Coins), p. 357, n° 38.

Dessin payé 72 fr. à Chaudet.

Prix de la gravure du coin : 1.800 fr.

63. — **Paix de Presbourg** (26 décembre 1805). — NAPOLÉON EMPEREUR ET ROI. Buste de Napoléon lauré, à droite, col nu ; sur la tranche du cou : ANDRIEU F.

Rev. — Le temple de Janus Quadrifrons, surmonté d'un buste du dieu ; les portes sont fermées ; sur la frise l'inscription : TEMPLVM JANI (Temple de Janus). A l'exergue : PAIX DE PRESBOURG XXVI·DÉCEMBRE MDCCCV ; au-dessous : ANDRIEU F^{T} DENON D^{T}. — Diam., 41 mm. (Fig. 10).

Méd. franç. du Musée monétaire (Coins), p. 358, n° 40.
Les portes du temple de Janus étaient ouvertes en temps de guerre.
Dessin payé 48 fr. à Lepère.
Prix de la gravure du coin de revers : 800 fr.
Il existe une variété de cette médaille avec la tête de Napoléon, par Droz.

64. — **Cathédrale de Vienne** (28 décembre 1805). — NAPOLÉON EMP. ET ROI. Buste de Napoléon lauré, à droite ; au-dessous : ANDRIEU F. DENON DIR^{T}.

Rev. — ACTIONS DE GRACES POUR LA PAIX ; à l'exergue la continuation de la légende : ORDONNÉES A VIENNE PAR L'EMPEREUR NAPOLÉON LE XXVIII DÉCEMBRE MDCCCV. Vue de l'église cathédrale de Saint-Étienne, à Vienne, où fut chanté un *Te Deum*, après la signature de la paix de Presbourg. — Diam., 41 mm.

Méd. franç. du Musée monétaire (Coins), p. 358, n° 42.
Dessin payé 48 fr. à Lepère.
Prix de la gravure du coin de revers : 1.200 fr.

65. — **Pont sur le Rhône** (1805). — NAPOLEO IMPERATOR ET REX·AN·II·MDCCCV· (*Napoléon empereur et roi, l'an deux, 1805*). Buste de Napoléon lauré, à droite, une draperie est agrafée sur son épaule ; au-dessous : ANDRIEU F.

Rev. — PONTEM RHODANI FELICIORE SITV RESTITVIT (*Il a fait établir le pont du Rhône dans un site plus convenable*). La Victoire, s'avançant dans les airs sur un trophée d'armes surmonté d'une aigle romaine, tient une palme dans une main, et de l'autre montre le pont du Rhône, que l'on voit entre Avignon, d'un côté, et Villeneuve, de l'autre. A l'exergue : J. B. CHAMPAGNI PRIMARIO REGIM. INT. (*regiminis interioris*)

ADMINISTRATO. M. A. BOURDON VALCL. (*Valclusii*) PRÆFECTO. (*Jean-Baptiste Champagny étant ministre de l'intérieur, Marc-Antoine Bourdon, préfet de Vaucluse*); au-dessus de la plinthe, à gauche : ANDRIEU.F. — Diam., 41 mm.

C'est probablement en l'honneur du rétablissement de ce pont que fut composé le rondeau devenu si populaire :

Sur le pont d'Avignon, tout le monde y passe....

Méd. franç. du Musée monétaire (Coins), p. 354, n° 31.

1806

66. — **Mariage du prince de Bade** (7 avril 1806). — NAPOLÉON EMP ET ROI. Buste de Napoléon lauré, à droite, col nu; sur la tranche du cou : ANDRIEU F.

Rev. — STÉPHANIE NAPOLÉON C·F· (*Charles-Frédéric*) LOUIS DE BADE, en légendes perpendiculaires et parallèles de chaque côté du sujet. Le prince de Bade et la princesse Stéphanie, sous les traits de Jacob et de Rachel, unissent leurs mains au-dessous d'un N entouré de rayons. A l'exergue : ALLIANCE MDCCCVI; au-dessous : ANDRIEU F. DENON DT. — Diam., 41 mm.

Méd. franç. du Musée monétaire (Coins), p. 361, n° 55.
Dessin payé 72 fr. à Bartolini.
Prix de la gravure du coin de revers : 1.200 fr.

67. — **Bataille d'Iéna** (14 octobre 1806). — NEAPOLIO IMPERATOR REX. Buste de Napoléon lauré, à droite, tête et col nus[1]; au-dessous : ANDRIEU F.

Rev. — BORVSSI DIDICERE NVPER (*Les Prussiens apprirent naguère à le connaître*). Napoléon en général romain, couronné de laurier, brandissant un foudre et précédé par un aigle, passe au galop de son cheval sur le corps de deux ennemis renversés; sur le bord de la médaille, à droite, au-dessus de la plinthe : ANDRIEU F. A l'exergue : EXERCITV AD IENAM DELETO. XIV OCTOB. MDCCCVI (*Armée taillée en pièces à Iéna, le 14 octobre 1806*). — Diam., 41 mm. (Fig. 11).

1. Comme nous l'avons déjà dit dans la préface de la deuxième partie de notre travail, les descriptions sont prises dans les ouvrages que nous citons.

Méd. franç. du Musée monétaire (Coins), p. 363, n° 60 *bis*.
Dessin composé et payé par l'Institut.
Prix de la gravure du coin de revers : 1.800 fr.
Prix des deux têtes de Napoléon, gravées pour cette médaille : 660 fr.

68. — **Exposition de l'Industrie.** — Buste de Minerve, à droite, coiffée d'un casque lauré, dont la bombe est ornée d'un lion ailé galopant, cimier avec crinière retombant en arrière ; au-dessous : ANDRIEU F.

Rev. — RÉCOMPENSES A L'INDUSTRIE NATIONALE. Au milieu du champ, l'inscription : EXPOSITION DE L'AN R... F (*République française*) ; un espace réservé entre ces deux lettres pour graver le chiffre de l'année, le reste du champ lisse pour recevoir les noms et mentions nécessaires. — Diam., 41 mm.

Méd. franç. du Musée monétaire (Coins), p. 335, n° 112.

Dessin d'Andrieu. — La tête de Minerve est semblable à celle qui parut en l'an IV ; elle n'en diffère que par le module : 41 mm. au lieu de 80 mm.

Cette médaille a été frappée pour la 4e Exposition de l'Industrie française, en septembre 1806, qui dura 24 jours, sur la place des Invalides. Il y eut 3.422 exposants ; on distribua 27 médailles d'or, 63 d'argent de 1re classe et 53 de 2e, 126 mentions honorables et 44 citations.

69. — **Alliance avec la Saxe** (1806). — NAPOLÉON·EMP·CHARLEMAGNE·EMP·, en deux lignes verticales et parallèles. Bustes superposés de Napoléon et de Charlemagne, le premier lauré, col nu ; le second portant la couronne impériale, longue barbe, cheveux retombant en boucles jusque sur la poitrine ; sur la tranche du cou de Napoléon : ANDRIEU F. ; au-dessous : DENON DIR.

Rev. — VITIKIND·R·S· (*Rex Saxoniæ*) FREDERIC·AUG·R·S· (*Rex Saxoniæ*), en deux lignes verticales et parallèles. Bustes superposés de Vitikind et de Frédéric-Auguste ; le premier, cheveux longs, barbe entière, coiffé d'une large couronne enrichie de perles et ornée de figurines, le col découvert, avec vêtement garni de fourrures ; le second sans barbe, revêtu d'une cuirasse ; sur la tranche du buste de Vitikind : ANDRIEU F. ; au-dessous : DENON DIR. A l'exergue : AN M·MCCC·VI. — Diam., 41 mm.

Méd. franç. du Musée monétaire (Coins), p. 363, n° 63.
Prix de la gravure des coins de face et de revers : 2.400 fr.
Andrieu refit un de ces coins

70. — **Souverainetés données** (1806). — NAPOLÉON EMP·ET ROI. Buste de Napoléon lauré, à droite, col nu; sur la tranche du cou: ANDRIEU F.

Rev. — Le trône impérial, devant lequel est une table où sont placés des sceptres et des couronnes; à terre gisent trois autres couronnes; au-dessus, un aigle aux ailes éployées se tient debout, perché sur un faisceau surmonté d'une statuette de Napoléon assis, en grand costume impérial, tenant un sceptre et un globe. A l'exergue: SOUVERAINETÉS DONNÉES MDCCCVI; au-dessous: ANDRIEU F. DENON D. — Diam., 41 mm.

Méd. franç. du Musée monétaire (Coins), p. 364, n° 64.
Dessin payé 24 fr. à Zix.
Prix de la gravure du coin de revers: 1.200 fr.
Cette médaille a aussi été frappée avec une tête de Napoléon, par Droz.

71. — **Joachim Murat, duc de Berg et de Clèves** (1806). — Tête à droite, de Joachim Murat; au-dessous: JOACHIM HERZOG ZU BERG U CLÈVES T·S; sur la tranche du cou: ANDRIEU (signature ébauchée).

Rev. — BERG: UND CLEVISCHE LAND MUNZ. 1806. Dans le champ, entouré de deux palmes de laurier reliées au sommet par un serpent qui se mord la queue, l'inscription: XVI EINE FEINE MARK[1].

72. — **Variante**. — Même droit, mais modifié et avec plus de relief.

Rev. — Semblable au numéro précédent.

Ces deux coins font partie de la Collection Dewulf.
Une note, trouvée dans les dossiers réservés aux Archives nationales, nous avait, en effet, indiqué l'existence d'une médaille-monnaie, au buste du prince Joachim.

1807

73. — **Napoléon à Ostérode** (1er avril 1807). — NAPOLÉON A OSTÉRODE. Buste de l'Empereur, de profil à droite, tête et col nus, couronné de laurier; sous le buste, en deux lignes: ANDRIEU F. DENON DIRT.

1. D'après les notes manuscrites de M. E. Johanet.

Rev. — FABIUS CUNCTATOR (*Fabius temporisateur*). Buste de Fabius, surnommé *Cunctator*, de profil à gauche, tête et col nus, cheveux courts. A l'exergue : DENON DIR^{T}. — Diam., 41 mm. (Fig. 12).

Méd. franç. du Musée monétaire (Coins), p. 366, n° 74.

Prix de la gravure du coin de face : 330 fr.

Le coin du revers est l'œuvre de Jouannin, bien qu'aucun des ouvrages que nous citons ne mentionne le nom du graveur. Aucun doute ne saurait subsister à cet égard, si on consulte l'état conservé aux Archives que nous avons publié plus haut.

74. — **Conquête de la Silésie** (20 juin 1807). — NAPOLÉON EMP. ET ROI. Buste de Napoléon lauré, à droite, col nu ; sur la tranche du cou : ANDRIEU F.

Rev. — La Victoire, assise de profil à gauche, sur un socle orné d'un serpent qui se mord la queue, écrit, avec la pointe d'un javelot une inscription sur un bouclier ; la Paix, couronnée de laurier, tenant une branche d'olivier, lui arrête la main ; devant les deux déesses se dresse une colonne entourée de sept couronnes murales, portant les noms des villes conquises en Silésie : GLATZ, KOSEL, NEISSE, SCHWE, (*Schweidnitz*), BRIEG, BRESLAW, GLOGAW ; au pied de la Victoire est une huitième couronne murale portant le nom de SILBERBERG. A l'exergue : CONQUÊTE DE LA SILÉSIE. MDCCCVII ; sur le bord, à gauche : ANDRIEU F. ; à droite : DENON DIR. — Diam., 41 mm. (Fig. 13).

Méd. franç. du Musée monétaire (Coins), p. 368, n° 79.

Dessin payé 48 fr. à Meynier.

Prix de la gravure du coin de revers : 2.000 fr.

Andrieu grava aussi trois têtes de Napoléon qui servirent de droit aux médailles relatives à la campagne de Prusse et de Pologne, et qui lui furent payée 1.660 fr.

75. — **Paix de Tilsitt** (7 juillet 1807). — NAPOLÉON. ALEXANDRE I. GUILLAUME III. Bustes superposés, de profil à droite, de l'empereur Napoléon Ier, de l'empereur Alexandre Ier et du roi Frédéric-Guillaume, tête et col nus ; les deux premiers couronnés de laurier, le troisième les cheveux retenus sur le front par un bandeau ; au-dessous des bustes : ANDRIEU F. DENON DIR^{T}.

Rev. NIÉMEN. Le dieu du Niémen, couché de face, le coude

appuyé sur son urne versante, présente de la main droite un modèle de pavillon construit sur un radeau au milieu du fleuve, où eut lieu l'entrevue des deux empereurs ; aux pieds du dieu s'élève un olivier parmi des roseaux. A l'exergue : PAIX DE TILSITT M·DCCC·VII ; au-dessous de la plinthe, à gauche : DENON D. ; à droite : DROZ F. — Diam., 41 mm. (Fig. 14).

Méd. franç. du Musée monétaire (Coins), p. 368, n° 80.
Prix de la gravure du coin de face : 1.800 fr.

76. — **Indépendance de Dantzick** (9 juillet 1807). — NEAPOLIO IMPERATOR REX. Buste de Napoléon lauré, à droite, tête et col nus ; au-dessous : ANDRIEU F.

Rev. — Napoléon debout, en uniforme de général, drapé dans son manteau, la tête couronnée de laurier, relève la ville de Dantzick prosternée devant lui, et lui pose une couronne murale sur la tête ; dans le champ, à gauche, un caducée ; à droite, un acrostolium, emblème de la navigation ; sur le bord de la médaille, à droite : ANDRIEU F. ; et à gauche : DENON DIR. A l'exergue : LIBERTAS DANTISCO RESTITVTA[1]. (*Liberté rendue à Dantzick*) ; au-dessous : MDCCCVII. — Diam., 41 mm.

Méd. franç. du Musée monétaire (Coins), p. 369, n° 82.
Dessin payé 48 fr. à Meynier.
Prix de la gravure du coin de revers : 2.000 fr.

77. — **Distribution générale des prix donnés au nom de S. M. I. et R.** (21 août 1807). — NAPOLÉON EMPEREUR. Tête de Napoléon lauré, de profil à droite ; au-dessous : DENON DIR. ANDRIEU F.

Rev. — Dans une couronne de laurier, l'inscription ; D^ON^ G^LE^ (*Distribution générale*) DES PRIX DONNÉS AU NOM DE S. M. I. et R. (*Sa Majesté Impériale et Royale*) PAR S. E. M. (*Son Excellence Monseigneur*) CRETET MIN^TRE^ DE L'INT^R^ (*Ministre de l'Intérieur*) — A. M. (*Antoine*) M pour V (*Vincent*) ARNAULT DE L'INSTITUT DE FRANCE ORATEUR DE LA SALEMNITÉ (*sic*) — 21 AOUT 1807 ; cette inscription est gravée en creux. — Diam., 41 mm.

1. Les inscriptions des médailles étaient données par l'Académie des Inscriptions et Belles-Lettres.

Trésor de Numismatique (Empire), p. 47, n° 7 A, pl. XXI.

On connaît un certain nombre de médailles données en prix, et offrant au droit la tête de Napoléon Ier; au revers, une couronne de laurier entourant un champ lisse, destiné à recevoir des inscriptions.

78. — **Mariage du roi de Westphalie** (22 août 1807). — NAPOLÉON EMPEREUR. Buste de Napoléon lauré, à droite, tête et col nus; au-dessous: DENON DIR. ANDRIEU F.

Rev. — L'Hymen, assis sur un tertre contre lequel il a déposé son flambeau, tresse une guirlande avec des fleurs que lui donne l'Amour, debout devant lui, une corbeille placée à ses côtés. A l'exergue: J· (*Jérôme*) NAPOLÉON C· (*Catherine*) DE WURTEMBERG. Au-dessous, un N radié et la date: M D CCCVII. Sur la plinthe, à gauche: ANDRIEU F.; à droite: DENON D. — Diam., 41 mm.

Méd. franç. du Musée monétaire (Coins), p. 370, n° 85.
Dessin payé 72 fr. à Prud'hon.
Prix de la gravure des deux coins de revers: 2.100 fr.

79. — **Mariage du roi de Westphalie** (22 août 1807). — NAPOLÉON EMP. ET ROI. Buste de Napoléon lauré, à droite, col nu; sur la tranche du cou: ANDRIEU F.

Rev. — IÉROME NAPOLÉON. — F·C·S·D. (*Frédéric-Catherine-Sophie-Dorothée*) DE WURTEMBERG, en deux lignes parallèles de chaque côté du champ. Deux figures costumées à l'antique se rencontrent et se donnent la main, au-dessous d'un N rayonnant. A l'exergue: ALLIANCE M D CCC VII; au-dessous, à gauche: ANDRIEU F.; à droite: DENON D. — Diam., 41 mm.

Méd. franç. du Musée monétaire (Coins), p. 370, n° 86.
Le revers de cette médaille est le même, à l'inscription près, que celui qui avait été précédemment employé pour une médaille, frappée à l'occasion du mariage de la princesse Stéphanie avec le prince de Bade, et déjà décrite (n° 66).

80. — **Mariage du roi de Westphalie** (22 août 1807). — NAPOLÉON EMP. ET ROI. Buste de Napoléon lauré, à droite, tête et col nus; sur la tranche du cou: ANDRIEU F.

Rev. — CATHERINE P· (*princesse*) DE WURT. (*Wurtemberg*) IÉROME NAP· (*Napoléon*) ROI WESTPH. (*Westphalie*). Un jeune guerrier, costumé à l'antique, prend la main d'une femme, costumée de même, un diadème dans les cheveux, qui se tient debout devant lui, et lui pose l'autre main sur l'épaule; derrière le jeune guerrier se trouve la proue d'une galère. A l'exergue : ALLIANCE M D CCC VII. — Diam., 45 mm.

Méd. franç. du Musée monétaire (Coins), p. 370, n° 87.

Cette médaille a été primitivement frappée à Stuttgard, avec le buste du roi Frédéric, dont le coin n'a pas été conservé et a été remplacé par l'effigie de Napoléon Ier.

81. — **Le roi et la reine de Westphalie visitant la Monnaie des Médailles** (novembre 1807). — L'Hymen assis sur un tertre, formant une guirlande avec des roses que lui présente l'Amour. A l'exergue : J. (*Jérôme*) NAPOLÉON. C. (*Catherine*) DE WURTEMBERG; au-dessous, la lettre N (*Napoléon*) entourée de rayons, et en bas : MDCCCVII ; sur la barre de l'exergue : ANDRIEU F. DENON D.

Rev. — Dans une couronne de pervenche, l'inscription : LL. MM. LE ROI ET LA REINE DE WESTPHALIE VISITENT LA MONNAIE DES MÉDAILLES EN NOV. MDCCCVII ; au-dessus de cette inscription, une flèche; au-dessous, un flambeau. — Diam., 41 mm.

Trésor de Numismatique (Empire), p. 49, n° 3, pl. XXII.

Le sujet de l'avers de cette médaille, moins l'inscription, a servi longtemps de médaille de mariage.

82. — **Société d'agriculture de la Haute-Vienne** (1807). — NAPOLÉON EMPEREUR. Tête de Napoléon lauré, à droite; au-dessous : DENON DIR. ANDRIEU F.

Rev. — Dans une couronne de chêne et de laurier, l'inscription : DÉPARTEMENT DE LA HAUTE-VIENNE — SOCIÉTÉ D'AGRICULTURE DES SCIENCES ET DES ARTS; en bas du champ, une étoile. — Jeton. Diam., 35 mm.

Trésor de Numismatique (Empire), p. 51, n° 8, pl. XXIII.

1808

83. — **Séjour de l'empereur à Toulouse** (25 juillet 1808). — NEAPOLIO IMPERATOR REX. Buste de Napoléon lauré, à droite, tête et col nus; au-dessous : ANDRIEU F.

Rev. — PRÆSENTIA DONISQVE TOLOSA FELIX (*Toulouse heureuse de sa présence et de ses bienfaits*). La ville de Toulouse, sous les traits d'une femme drapée à l'antique, couronnée de tours, un placet à la main, se tient debout devant l'Empereur, qui, en costume militaire, une écharpe nouée autour de la taille, tenant d'une main son épée au fourreau, lui montre de l'autre le plan des embellissements projetés de la ville; sur le tapis de la table où ce plan est déroulé on voit les armes de Toulouse. A l'exergue: XXV·JULII·M D CCC VIII — Diam., 41 mm.

Méd. franç. du Musée monétaire (Coins), p. 374, n° 99.

84. — **La princesse Pauline** (1808). — ΠΑΥΛΙΝΑ ΣΕΒΑΣΤΟΥ ΑΔΕΛΦΗ. (*Pauline, sœur de l'Empereur*). Tête de la princesse Pauline à gauche; au-dessous : AN. (*Andrieu*).

Rev. — ΗΜΩΝ ΚΑΛΗ ΒΑΣΙΛΕΥΕ (*Belle, sois notre reine*). Groupe des trois Grâces. — Diam., 23 mm.

Trésor de Numismatique (Empire), p. 62, n° 1, pl. XXVIII.
Méd. franç. du Musée monétaire (Coins), p. 484 n° 209.
Prix de la gravure du coin de face : 600 fr.

85. — **La princesse Pauline visite la Monnaie des Médailles** (31 décembre 1808). — Droit semblable à celui de la médaille précédente.

Rev. — Dans le champ, l'inscription, en quatre lignes : S. A. I. LA PRINCESSE PAULINE VISITE LA MONNAIE DES MÉDAILLES. — Diam., 23 mm.

Trésor de Numismatique (Empire), p. 62, n° 2, pl. XXVIII.
Méd. franç. du Musée monétaire (Coins), p. 404, n° 210.

86. — **La reine Hortense** (1808). — ΟΡΤΗΣΙΑ ΒΑΣΙΛΙΣΣΑ (*La reine Hortense*). Tête de la reine Hortense à droite; au-dessous: AN (*Andrieu*).

Rev. — Dans le champ, un chevalet sur lequel est la toile d'un tableau représentant le buste habillé d'une femme ; les attributs de la Peinture et de la Musique sont rangés autour du chevalet auquel est suspendue une couronne de roses. A l'exergue : ΤΙΜΩΣΙ ΤΙΜΩΜΕΝΑΙ Ε (ετος) ΑΩΙΓ (*Honorées, elles honorent. Année 1813*). Au-dessous, à gauche : BP. (*Brenet*) ; à droite : AN (*Andrieu*). — Diam., 22 mm.

Trésor de Numismatique (Empire), p. 62, n° 5, pl. XXVIII.
Méd. franç. du Musée monétaire (Coins), p. 403, n° 208.
Prix de la gravure du coin de face : 600 fr.

87. — **La reine Hortense visite la Monnaie des Médailles** (31 décembre 1808). — Droit semblable à celui de la médaille précédente.

Rev. — Dans le champ, l'inscription : S. M. LA REINE HORTENSE VISITE LA MONNAIE DES MÉDAILLES. — Diam., 23 mm.

Trésor de Numismatique (Empire), p. 62, n° 6, pl. XXVIII.
Méd. franç. du Musée monétaire (Coins), p. 404, n° 208 *bis*.

88. — **La princesse Élisa** (1808) ΕΛΙΣΑ ΣΕΒΑΣΤΟΥ ΑΔΕΛΦΗ (*Élisa, sœur de l'Empereur*). Tête de la princesse Élisa à droite ; au-dessous : AN. (*Andrieu*).

Rev. — Vibilia, déesse des voyageurs et des chemins, couchée sur une grande route, au pied d'une colonne miliaire qui porte le chiffre 4. A l'exergue : VIA DA LUCCA A PISA (*Route de Lucques à Pise*) ; au-dessous : DENON D. BRENET F. — Diam., 23 mm.

Trésor de Numismatique (Empire) p. 63, n° 7, pl. XXVIII.
Méd. franç. du Musée monétaire (Coins), p. 404, n° 210.
Prix de la gravure du coin de face : 600 fr.

89. — **La princesse Élisa, grande-duchesse de Toscane, visite la Monnaie des Médailles** (31 décembre 1808). — Droit semblable à celui de la médaille précédente.

Rev. — Dans le champ, l'inscription : S. A. I. LA PRINCESSE ÉLISA GRANDE DUCHESSE DE TOSCANE VISITE LA MONNAIE DES MÉDAILLES. — Diam., 23 mm.

Trésor de Numismatique (Empire), p. 63, n° 8, pl. XXVIII.
Méd. franç. du Musée monétaire (Coins), p. 414, n° 210 *bis*.

90. — **Comité central de la Vaccine** (1808). — NAPOLÉON EMP. ET ROI. Tête de Napoléon lauré, à droite, au-dessous : ANDRIEU F.

Rev. — E. (*Emmanuel*) CRETET MINISTRE DE L'INTÉRIEUR. Dans le champ, l'inscription : COMITÉ CENTRAL DE VACCINE FORMÉ LE XI'. MAI. MDCCC ; en bas : MDCCCVIII. — Diam., 32 mm.

Trésor de Numismatique (Empire), p. 67, n° 1, pl. XXX.

1809

91. — **Chambre de Commerce de Dieppe** (7 février 1809). — NAPOLÉON EMP. ET ROI. Tête de Napoléon lauré, à droite ; au-dessous : ANDRIEU F.

Rev. — CHAMBRE DE COMMERCE DE DIEPPE. Dans le champ, un caducée ailé. A l'exergue : DÉCRET IMPÉRIAL DU VII FÉVRIER·MDCCCIX. — Jeton octogone. — Diam., 32 mm.

Trésor de Numismatique (Empire), p. 70, n° 2, pl. XXXI.

92. — **Imprimerie impériale** (24 mars 1809). — NAPOLÉON EMP. ET ROI. Tête de Napoléon lauré, à droite ; au-dessous : ANDRIEU F.

Rev. — Dans une couronne de laurier et de chêne, l'inscription · IMPRIMERIE IMPÉRIALE — DÉCRET DU XXIV MARS MDCCCIX. — Jeton. Diam., 32 mm.

Trésor de Numismatique (Empire), p. 70, n° 5, pl. XXXI.

93. — **Rupture du traité de Presbourg** (22 avril 1809). — Le temple de Janus Quadrifrons, dont la porte est brisée ; au-dessus de Janus Quadrifrons, qui surmonte le monument, l'inscription : TEMPLUM JANI ; sur le bord de la médaille, à gauche : ANDRIEU F. ; à droite : DENON DIR. A l'exergue : TRAITÉ DE PRESBOUBG ROMPU PAR L'AUTRICHE, et au-dessous : IX AVRIL MDCCCIX.

Rev. — ABENSBERG. ECKMUHL. Napoléon debout, en costume romain, les bras étendus sur deux trophées d'armes. A l'exergue : BATAILLES DES XX ET XXII AVRIL MDCCCIX. XL. M. PRISONNIERS ; au-dessus de l'exergue, circulairement à gauche : DENON D. ; à droite : BRENET. F. — Diam., 41 mm.

Trésor de Numismatique (Empire), p. 70, n° 8, pl. XXXI.
Méd. franç. du Musée monétaire (Coins), p. 378, n° 114.
Prix de la gravure du coin de face : 500 fr.

94. — **Réunion de l'État romain à l'Empire** (1er mai 1809). — NEAPOLIO IMPERATOR REX. Buste de Napoléon lauré, à droite, tête et col nus ; au-dessous : ANDRIEU F.

Rev. — Le dieu du Tibre, tenant de la main droite un gouvernail et de la main gauche une corne d'abondance, est couché, le coude appuyé sur son urne versante; à ses pieds est la louve allaitant Romulus ; au fond, le Capitole avec le temple de Jupiter, vers lequel se dirige à tire d'ailes un aigle portant la foudre dans ses serres; sur la plinthe, à gauche : ANDRIEU F. ; à droite : DENON D. A l'exergue : AQVILA REDVX M·DCC·IX· (*Retour de l'aigle en 1809*). — Diam., 41 mm.

Méd. franç. du Musée monétaire (Coins), p. 378, n° 117.
Le revers de cette pièce se rencontre aussi sur la médaille : *Rome seconde Capitale*, dont le droit est de Depaulis.
On connaît deux variétés de cette dernière par les têtes de Napoléon, par Andrieu, déjà décrites.
Prix de la gravure du coin de revers : 2.000 fr.

95. — **Entrée à Vienne.** (13 mai 1809). — PORTE SAINT-MARTIN. Vue de la porte Saint-Martin à Paris ; sur le bord de la médaille, au-dessus de la plinthe, à gauche : ANDRIEU F. ; à droite : DENON : DIR. A l'exergue : L'EMPEREUR PART DE PARIS LE XIII AVRIL MDCCCIX.

Rev. — PORTE DE CARINTHIE. Vue de la porte de Carinthie à Vienne. A l'exergue : L'EMPEREUR ENTRE A VIENNE LE XIII MAI MDCCCIX ; au-dessous : ANDRIEU F. DENON DIR. — Diam., 41 mm. (Fig. 15).

Méd. franç. du Musée monétaire (Coins), p. 378, n° 116.
Prix de la gravure du coin de face : 1.000 fr. ; du coin de revers : 1.000 fr.

96. — **Canal de l'Ourcq** (15 août 1809). — NAPOLÉON EMPER. ET ROI. Buste de Napoléon lauré, à droite, tête et col nus, un des rubans de la couronne retombant sur l'épaule ; sur la tranche du cou : ANDRIEU F.

Rev. — La ville de Paris, sous les traits d'une femme drapée à l'antique, couronnée de tours, est assise de face sur une galère ; d'une main elle tient une corne d'abondance et tend son bras vers une jeune nymphe, qui verse dessus les eaux d'une urne où on lit ces mots : VRCA (*Ourcq*) ; de l'autre côté est accroupie une nymphe qui lui arrose les pieds avec le contenu d'une urne chargée de l'inscription : SEQVANA (*Seine*) ; au-dessus de la plinthe, à gauche : ANDRIEU F. ; à droite : DENON D. A l'exergue : VRCA PARISIOS DEDVCTA (*Les eaux de l'Ourcq amenées à Paris*) ; au-dessous : IV AVGVSTI MDCCCIX. — Diam., 41 mm. (Fig. 30).

Méd. franç. du Musée monétaire (Coins), p. 381, n° 124.

Andrieu, après avoir gravé le coin de cette médaille, fit une retouche au bras de la femme personnifiant la ville de Paris.

Prix de la gravure du coin : 2.550 fr.

Dessin payé 72 fr. à Fragonard.

97. — **Canal de l'Ourcq** (Variante). — La ville de Paris, sous les traits d'une femme drapée à l'antique, couronnée de tours, est assise de face sur une galère ; d'une main elle tient une corne d'abondance ; elle tend son autre bras vers une jeune nymphe qui verse dessus les eaux d'une urne où on lit ces mots : VRCA (*Ourcq*). De l'autre côté est accroupie une nymphe qui lui arrose les pieds avec le contenu d'une urne où on lit : SEQVANA (*Seine*).

Rev. — Couronne de laurier. A l'exergue : VRCA PARISIOS DEDVCTA ; au-dessous ; IV AVGVSTI MDCCCIX ; au-dessus de la plinthe, à gauche : ANDRIEU F. ; à droite : DENON D. — Diam., 41 mm.

Bien que refrappée sous Louis XVIII, vers 1817, le nom de Denon a été conservé, alors que, sur plusieurs médailles rappelant des événements de l'Empire, ce nom est remplacé par celui de son successeur, de Puymaurin.

Nous possédons un exemplaire de cette médaille dans notre collection.

98. — **Paix de Vienne** (14 octobre 1809). — NAPOLÉON EMP. ET ROI. Buste de Napoléon lauré, à droite, col nu ; sur la tranche du cou : ANDRIEU F.

Rev. — Napoléon, sous la figure d'un héros grec, sa chlamyde rejetée en arrière, debout de face, couronné de laurier, pose d'une main une branche d'olivier sur un autel dressé à sa droite, tandis que de l'autre main armée d'une torche, il met le feu à des débris de canons et de pièces d'artillerie ; sur le bord de la médaille, à gauche :

ANDRIEU F. D. D. A l'exergue : PAIX DE VIENNE MDCCCIX. — Diam., 41 mm. (Fig. 16).

Méd. franç. du Musée monétaire (Coins), p. 381, n° 127.

Prix de la gravure du coin de revers : 1.200 fr.

99. — **Le roi de Saxe visite la Monnaie des Médailles** (7 décembre 1809). — FRÉDÉRIC AUGUSTE ROI DE SAXE. Buste du roi de Saxe, de profil à droite, tête et col nus, en coiffure de son temps, cheveux relevés sur le front, roulés sur les tempes, noués derrière la tête par un ruban et retombant en queue sur les épaules ; au bas : ANDRIEU F. DENON D.

Rev. — S. M. LE ROI DE SAXE VISITE LA MONNAIE DES MÉDAILLES EN DÉCEMBRE M·DCCCIX ; inscription en six lignes sur champ uni. — Diam. ; 41 mm.

Méd. franç. du Musée monétaire (Coins), p. 382, n° 132.

Revers de Brenet. — Prix de la gravure du coin de face : 1.000 fr.

1810

100. — **Visite du roi et de la reine de Bavière à la Monnaie des Médailles** (5 février 1810). — Bustes superposés du roi et de la reine de Bavière, tête et col nus, la reine portant un diadème sur le front et un collier de perles autour du cou ; sans légende ni exergue ; sur le bord inférieur du buste du roi : ANDRIEU F. ; au-dessous : DENON DIR.

Rev. — Dans le champ, l'inscription en sept lignes : L·L·M·M· LE ROI ET LA REINE DE BAVIÈRE VISITENT LA MONNAIE DES MÉDAILLES EN FÉVRIER MDCCCX. — Diam., 41 mm.

Méd. franç. du Musée monétaire (Coins), p. 385, n° 142.

Revers de Brenet. — Prix de la gravure du coin de face : 1.200 fr.

101. — **Mariage de l'Empereur** (1er avril 1810). — Bustes superposés de Napoléon et de Marie-Louise, de profil à droite, col et tête nus, l'Empereur couronné de laurier et l'Impératrice portant le diadème ; au-dessous : ANDRIEU F. DENON D.

Rev. — NAPOLÉON EMP. ET ROI·M·LOUISE D'AUTRICHE. L'Empereur

costumé à l'antique, couronné de laurier, conduit par la main l'Impératrice, costumée de même, la couronne impériale sur la tête, vers un autel allumé, dont la face est ornée de l'arc et du carquois de l'Amour avec le flambeau de l'Hymen; sur la base de l'autel, à gauche : JOUANNIN F. A l'exergue : I AVRIL MDCCCX ; au-dessous : DENON D. — Diam., 41 mm.

Méd. franç. du Musée monétaire (Coins), p. 387, n° 150 A.

102. — **Variante.** — On connaît une variété de la médaille précédente, qui consiste uniquement dans la tête de l'Impératrice; les cheveux ne sont pas bouclés et le diadème est moins large. La gorge est drapée; sur la tranche du cou de Napoléon : ANDRIEU F.; au-dessous : DENON D.

Rev. — Semblable au précédent, sauf qu'il n'est pas signé de Jouannin, ni d'aucun autre graveur[1].

Cabinet Desnoyers, à Orléans, n° 59.

103. — **Mariage de l'Empereur.** — Mêmes bustes que la médaille n° 101, ci-dessus. — ANDRIEU F., sous la mention de la direction de Denon.

Rev. — Semblable au numéro précédent. — Même légende. — A l'exergue : MDCCCX; à gauche : BRENET F.; à droite : DENON D. — Diam., 32 mm.

Méd. franç. du Musée monétaire (Coins), p. 387, n° 150 B.

104. — **Mariage de l'Empereur.** — Mêmes bustes qu'à la médaille précédente.

Rev. — Semblable aux précédents. A l'exergue : 1810; sur la base de l'autel : GALLE F. — Diam., 14 mm.

Méd. franç. du Musée monétaire (Coins), p. 388, n° 150 D.

105. — **Mariage de l'Empereur.** — Mêmes bustes que la médaille n° 103.

Rev. — Semblable à celui de la médaille n° 104. sans signature de graveur. — Diam., 14 mm.

1. Notes manuscrites de M. E. Johanet.

Méd. franç. du Musée monétaire (Coins), p. 388, n° 150 E.

106. — **Mariage de l'Empereur.** — NAPOLÉON IER EM·ET ROI. Buste de Napoléon lauré, tête et col nus ; au-dessous : ANDRIEU F.

Rev. — L'Amour marchant à gauche, courbé sous le poids d'un foudre qu'il porte sur les épaules. A l'exergue : MDCCCX. — Diam., 14 mm.

Méd. franç. du Musée monétaire (Coins), p. 388, n° 151 B.

107. — **Tête de Napoléon Ier** (1810). — Tête de Napoléon lauré, à gauche, un des rubans de la couronne tombant sur l'épaule ; sur la tranche du cou : ANDRIEU F. — *Sans revers.* — Diam., 140 mm. — Cliché en étain.

Collection Lalanne, à Bordeaux.

108. — **Bustes accolés de Napoléon et Marie-Louise** (1810). — Bustes accolés, de profil à gauche, de Napoléon et de Marie-Louise ; sur la tranche du cou de Napoléon : ANDRIEU F. — *Sans revers.* — Cliché en étain.

Collection Lalanne, à Bordeaux.

109. — **Variante.** — Le buste de Napoléon est lauré ; celui de l'impératrice drapé, avec tête coiffée d'un diadème. — Diam., 140 mm.

Ces deux pièces sont décrites dans le *Trésor de Numismatique*, p. 87 ; elles sont très rares.

110. — **Marie-Louise, impératrice** (1810). — MARIE LOUISE IMPÉRATRICE. Buste de Marie-Louise drapée, à droite, et coiffée ; sur la tranche du bras : ANDRIEU. F. — *Sans revers.* — Diam., 68 mm.

Trésor de Numismatique (Empire), p. 87, n° 6, pl. XLI.
Collection Lalanne, à Bordeaux.

111. — **Napoléon et Marie-Louise** (1810). — NAPOLÉON MARIE-LOUISE. Têtes accolées, à droite, de l'Empereur et de l'Impératrice ; sur le bord du cou de Napoléon : ANDRIEU F. ; au-dessous ; DENON D. — *Sans revers.* — Repoussé. Diam., 46 mm.

Trésor de Numismatique (Empire), p. 87, n° 7, pl. XLII.

112. — **Prix décennaux.** — Buste de Napoléon Ier lauré, à gauche, tête et col nus, la bandelette de la couronne retombant sur l'épaule; sur la tranche du buste : ANDRIEU F.; au-dessus, dans le champ : DENON D.

Rev. — PREMIÈRE DÉCADE DU DIX-NEUVIÈME SIÈCLE. Minerve assise, de profil à gauche, près d'un autel orné d'aigles et de guirlandes, où sont disposées des palmes et des couronnes, tend en avant une couronne de la main droite et en tient une autre sur ses genoux ; au-dessus de la plinthe, à droite : ANDRIEU F. A l'exergue : L'EMPEREUR NAPOLÉON A DÉCERNÉ... LE CTE MONTALIVET MTRE DE L'INTÉRIEUR... DÉCEMBRE MDCCCX. — Diam., 68 mm. (Fig. 17).

Méd. franç. du Musée monétaire (Coins), p. 391, n° 161.

Prix de la gravure du coin de revers : 2.500 fr.

Cette médaille a été frappée à un nombre incalculable d'exemplaires, copiée en cinq modules par divers graveurs et donnée en prix par beaucoup de Sociétés.

On la trouve aussi très souvent désignée sous le nom de : *Minerve assise distribuant des couronnes.*

Par un décret du 30 août 1804, Napoléon avait institué des prix de dix et cinq mille francs pour être décernés tous les dix ans, le jour anniversaire du 18 brumaire an VIII (9 novembre 1799). Le jury était composé des présidents et secrétaires perpétuels de l'Institut. Les sujets des concours embrassaient les sciences, les lettres, les arts, etc ; neuf grands prix et treize prix y étaient affectés. Par un autre décret du 28 novembre 1809, leur nombre fut augmenté comme il suit: 19 prix à 10.000 fr. et 16 à 5.000. Les différentes classes de l'Institut firent connaître leurs jugements dès 1809; mais la distribution des récompenses fut renvoyée à la fin de l'année 1810 et ne s'effectua jamais. Le *Moniteur universel* donne un compte rendu très détaillé de l'examen des ouvrages des concurrents.

La tête du droit de cette médaille paraît être une réduction du grand médaillon de 140 mm., représentant le buste de Napoléon, et c'est probablement elle qui fut payée 5.000 fr. à Andrieu.

113. — **Variante.** — Buste de Louis XVIII, par Gayrard.

Rev. — Minerve assise de profil, à gauche, etc.

Cette médaille diffère de la précédente par plusieurs points :

1° Le buste de Napoléon est remplacé par celui de Louis XVIII ;

2° Les deux aigles de la base de l'autel ont disparu ;

3° L'inscription de l'exergue n'existe plus ;

4° On lit à droite : PUYMAURIN D.

ŒUVRES DE BERTRAND ANDRIEU

114. — **Buste de Napoléon.** — Buste de Napoléon lauré et drapé, de profil à gauche. — Diam., 68 mm.

Cette tête paraît être le projet primitif de celle du droit de la médaille des Prix décennaux. Elle n'est pas signée, mais est bien l'œuvre d'Andrieu.

Le coin en cuivre existe dans le cabinet du docteur Dewulf [1].

115. — **Académie des Sciences, Arts, etc., de Dijon** (1810). — Tête de Napoléon lauré, à droite ; au-dessous : ANDRIEU F.

Rev. — Dans le champ, l'inscription : ACADÉMIE DES SCIENCES, ARTS ET BELLES-LETTRES DE DIJON ; au-dessous, une tête de Méduse ailée. — Jeton. Diam., 32 mm.

Trésor de Numismatique (Empire), p. 91, n° 5, pl. XLV.

116. — **Société centrale de Vaccine** (1810). — NAPOLÉON EMP· ET ROI. Tête de Napoléon lauré, à droite ; au-dessous du cou : ANDRIEU F.

Rev. — Dans une couronne de laurier, l'inscription, en haut : MINISTÈRE DE L'INTÉRIEUR. — SOCIÉTÉ CENTRALE DE VACCINE ; la partie inférieure du champ est lisse et était destinée à recevoir le nom, gravé en creux, au burin, de la personne à laquelle cette médaille était destinée. — Diam., 41 mm.

Trésor de Numismatique (Empire), p. 94, n° 4, pl. XLVII.

1811

117. — **Naissance du roi de Rome** (20 mars 1811). — Bustes superposés de Napoléon et de Marie-Louise, à droite, tête et col nus, l'Empereur lauré et l'Impératrice portant le diadème ; au-dessous : ANDRIEU F. DENON D.

Rev. — NAPOLÉON FRANÇOIS JOSEPH CHARLES ROI DE ROME. Buste de profil à gauche ; sur la tranche du buste : ANDRIEU F. A l'exergue : XX MARS MDCCCXI. — Diam., 41 mm.

Méd. franç. du Musée monétaire (Coins), p. 393, n° 171 A.

118. — **Naissance du roi de Rome.** — Bustes superposés de l'Empereur et de l'Impératrice, comme au numéro précédent.

1. Notes manuscrites de M. E. Johanet.

Rev. — Buste du roi de Rome, semblable au numéro précédent. — Diam., 32 mm.

Méd. franç. du Musée monétaire (Coins), p. 393, n° 171 B.

Cette médaille ne diffère de la précédente que par le module plus petit.

119. — **Naissance du roi de Rome.** — Bustes superposés de l'Empereur et de l'Impératrice à droite, semblables aux deux précédents, par Andrieu.

Rev. — NAPOLÉON F·J·C· ROI DE ROME; au-dessous, en deux lignes : XX MARS MDCCCXI; sur la tranche du buste : GALLE; même buste qu'aux médailles n°s 117 et 118. — Diam., 41 mm.

Méd. franç. du Musée monétaire (Coins), p. 393, n° 171 C.

120. — **Variante.** — Il existe une variété de cette dernière médaille, où le buste du roi de Rome, signé Andrieu, n'a ni légende, ni exergue.

121. — **Naissance du roi de Rome.** — Buste du roi de Rome, semblable au revers du n° 117.

Rev. — NAISSANCE DU ROI DE ROME. L'Impératrice, sous la figure d'une matrone romaine, debout de face, tient son fils sur un bras; sur le bord de la médaille, au-dessus de la plinthe, à gauche : DENON D.; à droite : JOUANNIN. A l'exergue : MDCCCXI. — Diam., 41 mm.

Méd. franç. du Musée monétaire (Coins), p. 394. n° 173 A.

122. — **Naissance du roi de Rome.** — Bustes superposés de l'Empereur et de l'Impératrice, comme au n° 117; au-dessous : ANDRIEU F. D. D.

Rev. — NAPOLÉON F[S] J[H] C[S] (*François-Joseph-Charles*) ROI DE ROME. L'Impératrice, figurée comme au n° 121, ayant à ses pieds, à gauche, l'aigle marchant, les ailes éployées, le regard fixé vers le roi de Rome; et, à droite, la louve romaine et les deux jumeaux ; sur le bord de la médaille, au-dessus de la plinthe, à gauche : DENON D.; à droite : JOUANNIN F. A l'exergue : NÉ LE XX MARS MDCCCXI. — Diam., 41 mm.

Méd. franç. du Musée monétaire (Coins), p. 394, n° 173, B.

123. — **Baptême du roi de Rome.** — Buste de Napoléon lauré, à gauche, tête et col nus ; un des rubans de la couronne retombe sur l'épaule ; sur la tranche du buste : ANDRIEU F. ; au-dessous, dans le champ : DENON D.

Rev. — L'Empereur, en grand costume impérial, le front ceint de laurier, debout devant son trône, élève dans ses bras son jeune fils au-dessus des fonts baptismaux, sur lesquels sont deux vases sacrés et un rameau d'olivier ; au pied des fonts est posé à terre un livre d'église à fermoirs, marqué d'une croix sur la couverture ; sur le bord de la médaille, au-dessus de la plinthe, à gauche : ANDRIEU FECIT. A l'exergue : BAPTÊME DU ROI DE ROME MDCCCXI. — Diam., 68 mm. (Fig. 18).

Méd. franç. du Musée monétaire (Coins), p. 396, n° 179.
Dessin du revers, de Lafitte.

124. — **Baptême du roi de Rome.** — L'Empereur, en grand costume impérial, le front ceint de laurier, debout devant son trône, élève dans ses bras son jeune fils au-dessus des fonts baptismaux, sur lesquels sont deux vases sacrés et un rameau d'olivier ; au pied des fonts est posé à terre un livre d'église à fermoirs, marqué d'une croix sur la couverture ; sur la plinthe : LAFITTE DEL · (*delineavit*) ; sur le bord de la médaille, au-dessus de la plinthe, à gauche : ANDRIEU FECIT. A l'exergue : BAPTÊME DU ROI DE ROME MDCCCXI.

Rev. — Dans le champ, l'inscription : A L'EMPEREUR LES BONNES VILLES DE L'EMPIRE, en trois lignes ; autour du champ, quarante-neuf couronnes murales disposées circulairement sur deux rangs, chacune d'elles porte le nom d'une ville de l'Empire ; la couronne avec le nom de PARIS est la plus grande et occupe la partie la plus élevée du cercle ; au-dessous sont celles de la seconde et de la troisième ville de l'Empire : ROME et AMSTERDAM ; viennent ensuite celles des autres villes par ordre alphabétique : sur le premier rang : ALEXANDRIE, AIX-LA-CHAPE (*la Chapelle*), AMIENS, ANGERS, BESANÇON, BORDEAUX, BOURGES, BRÊME, BRUXELLES, CAEN, CLERMONT, COLOGNE, DIGNE, FLORENCE, GAND, GÊNES, GENÈVE, GRENOBLE, HAMBOURG, LA ROCHELLE, LIÈGE, LILLE ; sur le deuxième rang LIVOURNE, LUBECK, LYON, MARSEILLE, MAYENCE,

METZ, MONTPELLI (*Montpellier*), MONTAUBA (*Montauban*), NANCY, NANTES, NICE, ORLÉANS, PARME, PLAISANCE, REIMS, RENNES, ROUEN, ROTTERDAN (*Rotterdam*), STRASBOUR (*Strasbourg*), TOULOUSE, TOURS, TURIN, VERSAILLES. — Diam., 68 mm.

Trésor de Numismatique (Empire), p. 100, n° 13, pl. D.
Méd. franç. du Musée monétaire (Coins), p. 396, n° 180.
Au retour de l'île d'Elbe, comme 22 des villes de l'Empire avaient cessé d'appartenir à la France, on substitua à ce revers une tête de Napoléon.
Voir le numéro précédent.

125. — **Athénée de Vaucluse** (1811). — G. (*Goswin*) DE STASSART PRÉSIDENT DE L'ATHÉNÉE DE VAUCLUSE A F· (*François*) PÉTRARQUE. Une couronne de chêne entoure le champ qui est lisse; en bas du champ: MDCCCXI.

Rev. — Dans le flanc de montagnes élevées, à l'entrée d'une grotte, une nymphe couronnée de roseaux repose sur une urne; à ses pieds croît un laurier; derrière elle, un autel sur lequel sont placées deux couronnes; une lyre y est appuyée. A l'exergue: MUSIS ARTIBUS· ARVIS·M.DCCC.XI. (*Aux muses, aux arts, aux champs, 1811*); au-dessus de l'exergue, à gauche: ANDRIEU F. — Diam., 42 mm.

Trésor de Numismatique (Empire), p. 101, n° 1, pl. LII.

1812

126. — **Pièce de Mariage** (1812). — Un jeune homme, la houlette sur l'épaule, le chapeau rejeté derrière le dos, s'avance à la rencontre d'une jeune fille et lui prend les deux mains dans les siennes, derrière le jeune homme, un mur de fontaine sur lequel sont posés deux vases et une jatte; entre les deux personnages une levrette, emblème de fidélité; sur la plinthe: ANDRIEU F. DENON D. (Fig. 32).

Rev. — Une couronne de roses entourant un champ uni, destiné aux inscriptions.

Cette médaille existe dans les modules de 37 et 41 millimètres; la Monnaie la frappe encore.

Nous possédons, dans notre collection, un échantillon différent du précédent.

Le mot *Denon* n'existe pas, et la signature d'Andrieu est placée près du bord de la médaille, au-dessus de la plinthe, à gauche.

Des notes manuscrites de M. E. Johanet, il résulte que, d'après une tradition de famille, les personnages décrits plus haut représentent Jacob et Rachel, mais qu'ils peuvent aussi représenter Abraham et Sarah, ou autres patriarches. En raison de ces renseignements particuliers, de la même dénomination donnée par le Catalogue du Musée monétaire, nous nous rangeons à cette opinion.

M. Johanet ajoute encore : « Il est probable qu'Andrieu aura adopté ces personnages pour cette médaille, à l'occasion du mariage de sa fille Rosalie-Félicité avec Pierre Prodhomme, unis le 24 novembre 1812. L'inscription gravée dans le champ de la pièce qui appartient aux descendants de l'artiste est ainsi conçue : « Pierre Prodhomme, Rosalie-Félicité Andrieu, mariés le 24 novembre 1812. »

L'exemplaire de notre collection porte des noms différents; et la date, au lieu de se trouver dans le champ, est gravée sur la tranche.

127. — **Prise de Wilna** (28 juin 1812). — NAPOLÉON EMP· ET ROI. Buste de Napoléon lauré, à droite, col nu; sur la tranche du cou : ANDRIEU F.

Rev. — Deux chefs polonais, en costume national, prêtent serment de fidélité à la Confédération des Polonais entre les mains de Napoléon qui, debout devant eux, en uniforme, la tête nue, pose la main droite sur le bouclier de l'un, et de la gauche tient le sabre de l'autre ; sur le bord de la médaille, au-dessus de la plinthe, à gauche : DENON DIR ; à droite : ANDRIEU F. A l'exergue : PRISE DE WILNA XXVIII·JUIN MDCCCXII. — Diam., 41 mm.

Méd. franç. du Musée monétaire (Coins), p. 398, n° 187.

Prix de la gravure du coin de revers : 2.400 fr.

1813

128. — **Visite de l'Impératrice à la Monnaie des Médailles** (31 décembre 1813). — Buste de l'Impératrice à droite, tête et col nus, le front ceint du diadème; sur le bord de la médaille, au-dessus de la plinthe, à gauche : BRENET F ; à droite : DENON D.

Rev. — Un balancier au repos, au-dessous du monogramme M. (*Marie-Louise*) entouré de rayons. A l'exergue : L'IMPÉRATRICE MARIE·

LOUISE A HONORÉ DE SA PRÉSENCE LA M· (*Monnaie*) DES MÉDAILLES MDCCCXIII. — Diam., 23 mm.

Méd. franç. du Musée monétaire (Coins), p. 403, n° 207.

Prix de la gravure du coin de face : 600 fr.

1815

129. — **Retour de l'île d'Elbe** (20 mars 1815). — Un grenadier présentant les armes et un paysan tendant les bras s'avancent au-devant de l'Empereur, qui se tient debout en uniforme, le chapeau sur la tête, les bras croisés ; sur le bord de la médaille, au-dessus de la plinthe, à gauche : DENON DIR, et à droite : ANDRIEU F. A l'exergue : RETOUR DE L'EMPEREUR MARS MDCCCXV.

Rev. — Un aigle ayant sur la tête la couronne impériale et portant dans son bec la croix de la Légion d'honneur, vole à tire d'aile au-dessus de la mer vers la France ; dans le lointain, on aperçoit l'île d'Elbe. A l'exergue : XXVI·FÉVRIER MDCCCXV· ; au-dessus, à gauche : BRENET F ; à droite : DEN D. — Diam., 41 mm.

Méd. franç. du Musée monétaire (Coins), p. 408, n° 223.

130. — **Retour de l'île d'Elbe** (20 mars 1815). — Bustes superposés de l'Empereur et de l'Impératrice, avec le roi de Rome entre les deux, de profil à droite ; l'Empereur est couronné de laurier, l'Impératrice a le front ceint d'un diadème, et leur jeune fils a les cheveux longs et bouclés descendant sur l'épaule ; en bas du champ : ANDRIEU F.

Rev. — RETOUR DE L'EMPEREUR MARS MDCCCXV. — Avers de la médaille précédente. — Diam., 41 mm. (Fig. 19).

Méd. franç. du Musée monétaire (Coins), p. 408, n° 224.

131. — **Retour de l'île d'Elbe** (mars 1815). — Bustes superposés de l'Empereur, de l'Impératrice et de leur jeune fils, comme à la médaille précédente, à la différence que le buste du roi de Rome est le troisième, au lieu de figurer entre ceux de son père et de sa mère ; sur le bord inférieur du premier buste, celui de l'Empereur : ANDRIEU.

Rev. — MARS 1815. L'aigle au repos, de profil à gauche, les serres posées sur un foudre; au-dessus de sa tête une étoile. — Diam., 16 mm.

Méd. franç. du Musée monétaire (Coins), p. 409, n° 225.

La même médaille se frappe aussi dans le module de 14 mm.

132. — **Napoléon et Annibal** (1815). — NAPOLÉON, près de la bordure à droite. Buste de Napoléon à droite, tête et col nus, sans couronne; sur la tranche du buste : ANDRIEU F.

Rev. — ANNIBAL, près de la bordure à gauche. Buste d'Annibal à gauche, tête et col nus, cheveux longs, barbe entière; en bas du champ : DENON D. — Diam., 41 mm.

Méd. franç. du Musée monétaire (Coins), p. 411, n° 235.

Cette médaille, frappée en Angleterre, fait allusion à la situation de Napoléon allant demander asile à ce pays, et d'Annibal retiré dans les États d'Antiochus, roi de Syrie, après la bataille de Zama et l'abaissement de Carthage sous la puissance romaine.

MÉDAILLES DE LA RESTAURATION

133. — **Refus de Varsovie** (18 février 1803). — LUDOVICVS XVIII FRANC· ET NAV·REX. Buste de Louis XVIII à droite, tête et col nus, cheveux relevés sur le front et les tempes, noués derrière la tête et retombant en queue sur la nuque, favoris courts; sur la tranche du buste : ANDRIEU F.; en bas du champ : DE PUYMAURIN DIREXIT.

Rev. — NEC·VIS·NEC·FALLACIA·ERIPIET (*Ni la force ni la ruse ne la lui arrachera*). Louis XVIII, en habits royaux, la tête nue, debout devant son trône, d'une main couvrant la couronne royale posée sur une colonne marquée des fleurs de lis de France, étend l'autre main, avec un geste de refus, vers un papier déroulé que lui présente une figure de la Ruse, son masque à la main, suivie de la Force, figurée par un personnage antique portant un glaive, le bas du visage caché dans les plis de son manteau; au-dessus de la plinthe, sur le bord de la médaille, à droite : ANDRIEU FECIT. A l'exergue : PACTIONES·ABDI-

CANDI·REPVDIATAE. VARSOVIAE·XVIII·FEBR·MDCCCIII (*Les propositions d'abdication repoussées à Varsovie, le 18 février 1803*). — Diam., 50 mm. (Fig. 20).

Méd. franç. du Musée monétaire (Coins), p. 419, n° 5.

Quoique rappelant un événement de l'Empire, nous avons classé cette médaille parmi les pièces de la Restauration. — Répétons aussi que les têtes de Louis XVIII, gravées par Andrieu, furent trouvées si belles qu'on les employa pour le droit de la plupart des médailles de ce règne. Pareil fait s'est aussi présenté pour les médailles de l'Empire, où les têtes de Napoléon, gravées par le même artiste, servirent à un grand nombre d'entre elles, bien que le revers fût l'œuvre d'autres graveurs.

1814

134. — **Entrée du duc d'Angoulême à Bordeaux** (12 mars 1814). — ENTRÉE DE S·A·R·M· LE DUC D'ANGOULÊME A BORDEAUX. 12 MARS 1814. Écusson aux armes de la ville de Bordeaux, sans la couronne qui les surmonte ordinairement ; au-dessous, à gauche, touchant presque le bord inférieur de cet écusson : ANDRIEU ; à droite, dans la même position : FECIT ; au-dessous d'un motif horizontal, l'inscription en deux lignes : LE COMTE LYNCH MAIRE ; le dernier mot, formant la seconde ligne, est en lettres plus grosses que ceux de la première.

Rev. — Couronne de chêne et de laurier, entre les extrémités des deux branches, en haut de la médaille, le mot : FIDELITÉ. Dans la couronne, une inscription en sept lignes, les deux dernières séparées des autres par un motif horizontal identique à celui du droit, et ainsi conçue : P. P. BOTH DE TAUZIA PORTE EN ANGLETERRE A S·M·LOUIS XVIII L'HOMMAGE DE LA VILLE VOTÉ PAR LE CONSEIL MUNICIPAL. — Diam., 41 mm. (Fig. 22).

Dessin d'Andrieu.

Prix de la gravure du coin : 700 fr., chiffre très probable qu'on peut déduire d'un document, en partie brûlé, que nous avons publié parmi les pièces justificatives.

Il n'a été frappé que deux exemplaires en or de cette médaille.

135. — **Débarquement du roi à Calais** (24 avril 1814). — LUDOVICVS·XVIII FRANC·ET·NAV·REX. Buste de Louis XVIII à droite, tête et

col nus, cheveux longs relevés sur le front et les tempes, noués derrière la tête et retombant en queue sur la nuque, favoris courts; sur la tranche du buste : ANDRIEU F. ; en bas du champ : DE PUYMAURIN DIREXIT.

Rev. — BORBONIDAE·PATRIAE·ET·SOLIO·REDDITI (*Les Bourbons rendus à leur patrie et à leur trône*). La ville de Calais personnifiée, la couronne murale en tête, ayant derrière elle un bouclier aux armes de France appuyé contre un autel, s'élance, les bras ouverts, au-devant de Louis XVIII en habits royaux, la tête nue, tenant à la main un rameau d'olivier, qui vient de descendre d'un navire; il est conduit par une femme personnifiant l'Europe, couronnée d'étoiles, tenant un globe dans une de ses mains; au-dessus de la plinthe, sur le bord de la médaille, à gauche : ANDRIEU FECIT. A l'exergue : REGIS·APPVLSUS·AD·PORTUM·ICCIUM XXIV·APRIL·MDCCCXIV (*Débarquement du roi au port de Calais, le 24 avril 1814*). — Diam., 50 mm. (Fig. 21).

Méd. franç. du Musée monétaire (Coins), p. 420, n° 6.

Cette tête de Louis XVIII a servi pour plusieurs autres médailles. En 1827, le coin d'Andrieu, très endommagé par les frappes successives, fut refait, ainsi que le poinçon, par Barre et par Caqué.

Le graveur général Albert Barre professait une grande admiration pour notre concitoyen, et disait qu'il était resté l'un des représentants les plus notables de la nouvelle école de la gravure numismatique, qui se forma à la fin de la Révolution, sous la tutelle de Louis David.

136. — **Débarquement du roi à Calais** (24 avril 1814). — LOUIS XVIII ROI DE FRANCE ET DE NAVARRE. Buste de Louis XVIII à droite, tête et col nus, cheveux longs, rejetés en arrière et retombant librement en boucles sur les épaules ; légers favoris; sur la tranche du buste : ANDRIEU F.

Rev. — IL PORTE LA PAIX DU MONDE. Revers de Brenet. — Diam., 41 mm.

Méd. franç. du Musée monétaire (Coins), p. 420, n° 7.

On connait une variété de cette médaille, dont le revers offre une couronne formée de deux branches de laurier entourant un champ lisse.

137. — **Charte Constitutionnelle** (4 juin 1814). — LOUIS XVIII ROI

DE FRANCE ET DE NAVARRE. Buste de Louis XVIII à droite, tête et col nus; cheveux longs, rejetés en arrière et retombant librement en boucles sur les épaules; légers favoris; sur la tranche du buste: ANDRIEU F.

Rev. — Louis XVIII, assis sur son trône, le sceptre en main, la couronne royale déposée près de lui, sur un tabouret dont la housse est semée de fleurs de lis, remet la Charte aux deux Chambres représentées par un pair de France et un député qui s'avancent de front, tendant une main pour la recevoir, et levant l'autre pour prêter serment; au-dessus de la plinthe, à gauche, sur le bord de la médaille: ANDRIEU F. A l'exergue: CHARTE CONSTITUTIONNELLE IV·JUIN MDCCCXIV. — Diam., 41 mm. (Fig. 24).

Méd. franç. du Musée monétaire (Coins), p. 422, n° 13.

Il existe plusieurs médailles de *la Charte constitutionnelle:*

Une première qui porte ce nom et dont Andrieu n'est pas l'auteur;

Une deuxième décrite ci-dessus;

Une troisième, avec le revers semblable à celle déjà décrite, mais dont la différence réside dans le buste de Louis XVIII, qui est de Gayrard.

138. — **Alexandre Ier, empereur de Russie, visite la Monnaie des Médailles** (1814). — ALEXANDRE I·EMPEREUR DE TOUTES LES RUSSIES. Buste d'Alexandre Ier lauré, à droite, tête et col nus; une bandelette de la couronne retombe sur l'épaule; favoris coupés vers le milieu de la joue, au niveau des lèvres; sur la tranche du buste: ANDRIEU F.

Rev. — Dans le champ, l'inscription: ALEXANDRE I·EMPEREUR DE TOUTES LES RUSSIES VISITE LA MONNAIE DES MÉDAILLES MDCCCXIV·, inscription en cinq lignes. — Diam., 59 mm.

Méd. franç. du Musée monétaire (Coins), p. 422, n° 15.

Il existe une variété du buste de l'empereur de Russie, même légende, dont le coin porte au bas: BRENET F.; à droite: DENON D.

Cette médaille fut présentée à l'empereur de Russie par Andrieu lui-même. On la rencontre encadrée, en étain, sans revers.

139. — **Alexandre Ier, empereur de Russie, visite la Monnaie des Médailles** (1814). — Mêmes buste et légende qu'à la médaille précédente; en bas du champ: DENON D.

Rev. — Semblable à celui de la médaille précédente. — Diam., 41 mm.

Méd. franç. du Musée monétaire (Coins), p. 423, n° 16.

140. — **Séjour d'Alexandre Ier à Paris** (1814). — ALEXANDRE I·EMPEREUR DE TOUTES LES RUSSIES. Buste d'Alexandre Ier lauré, à droite, tête et col nus, la bandelette de la couronne retombant sur l'épaule; favoris coupés vers le milieu de la joue, au niveau des lèvres; sur la tranche du buste: ANDRIEU F.

Rev. — L'Histoire, assise à l'ombre d'un olivier, sur un cube orné du symbole du serpent qui se mord la queue, grave, sur une tablette qu'elle tient sur ses genoux, l'inscription suivante: SÉJOUR D'ALEX. I A PARIS; sur le bord de la médaille, au-dessus de la plinthe, à gauche: ANDRIEU F.; à droite: DENON D. A l'exergue: MDCCCXIV. — Diam., 41 mm.

Méd. franç. du Musée monétaire (Coins), p. 423, n° 17.

1815

141. — **Exhumation des restes de Louis XVI** (21 janvier 1815). — LVDOVICVS XVIII REX CHRISTIANISSIMVS. Buste de Louis XVIII à droite, tête et col nus, cheveux longs, rejetés en arrière et retombant librement en boucles sur les épaules; légers favoris.

Rev. — Dans le champ, une inscription en trois lignes: A LOUIS XVI LE XXI JANVIER MDCCCXV, sur champ uni. — Diam., 41 mm.

142. — **Exhumation des restes de Louis XVI et de Marie-Antoinette** (18 au 21 janvier 1815). — LVDOVICVS XVIII·REX CHRISTIANISSIMVS. Buste de profil à droite, tête et col nus, cheveux longs, rejetés en arrière et retombant librement en boucles sur les épaules; légers favoris; sur la tranche du buste: ANDRIEU F.

Rev. — Dans le champ, l'inscription en douze lignes: DIEBVS XVIII·XIX·ET·XXI·JAN·MDCCCXV·CORPORA LVDOVICI·XVI·ET·MAR·ANT·AVST·CONJVGIS·SVAE DETECTA·DEFOSSA REGIIS·QUE·ATAVORVM·SEPVLCHRIS REDDITA — PIETAS·FRATERNA* (*Les 18, 19 et 21 janvier 1815, les restes* *de Louis XVI et de Marie-Antoinette d'Autriche, son épouse, ont été découverts, exhumés et rendus à la sépulture de leurs ancêtres. Piété fraternelle*). — Diam., 41 mm. (Fig. 25).

Méd. franç. du Musée monétaire (Coins), p. 423, n° 20.

143. — **Départ de Louis XVIII** (20 mars 1815). — DIES·VICESIMA·MARTII. La Discorde, sa torche enflammée à la main, descendant d'une galère, renverse sous son pied un autel où on lit : FELIC·PUBL (*Félicité publique*) ; sous la plinthe, à gauche : JEUFFROY F.

Rev. — RECEDENTIS·PRINCIPIS·DESIDERIVM (*La France regrette le Prince qui s'en va*). La France, personnifiée par une femme couronnée de tours, drapée à l'antique, enveloppée d'un long voile de deuil, recouvre avec un des pans de ce voile, en détournant la tête, l'écusson aux trois fleurs de lis qu'elle tient sur un autel ; sur le bord de la médaille, au-dessus de la plinthe : ANDRIEU F. A l'exergue : GALLIA. — Diam., 50 mm. (Fig. 27).

Méd. franç. du Musée monétaire (Coins), p. 425, n° 24.
Prix de la gravure du coin de revers : 3.000 fr.

144. — **Essai du louis de quarante francs** (1816). — LOUIS XVIII ROI DE FRANCE. Buste de Louis XVIII à droite, tête et col nus, cheveux longs, rejetés en arrière et retombant librement en boucles sur les épaules ; légers favoris ; sur la tranche du buste : ANDRIEU F.

Rev. — PIÈCE DE 40 FRANCS 1815. Les armes de France ; à droite et à gauche, circulairement, deux branches d'olivier. — Diam., 26 mm.

145. — **La duchesse d'Angoulême** (3 août 1815). — M·T·C· DUCHSSE D'ANGOULÊME. Buste de la duchesse d'Angoulême à droite, tête ceinte d'un cercle de diamants ; collerette et parure de dentelles d'une grande finesse ; au-dessous : ANDRIEU F.

Sans revers. — Diam., 65 mm.

Millin accuse réception de l'empreinte en carton pour le Cabinet des médailles (1815). — La cire existe dans la collection du Dr Dewulf.

146. — **Le duc d'Angoulême, président du Collège électoral de la**

Gironde (août 1815). — LOUIS ANTOINE DUC D'ANGOULÊME. Buste du duc d'Angoulême, à gauche, tête et col nus, cheveux frisés; légers favoris frisés venant mourir à hauteur des lèvres ; sur la tranche du buste : ANDRIEU F.

Rev. — S·A·R· PRÉSIDE LE COLLÈGE ÉLECTORAL DE LA GIRONDE· Un très riche fauteuil, de style Empire, allégorie à la présidence, devant une table carrée, recouverte d'un tapis fleurdelisé à franges, sur laquelle sont placés, d'un côté, une urne et une écritoire, de l'autre une sonnette; au milieu de la table et sur le bord, en face du fauteuil, des feuilles de papier; sur la plinthe : ANDRIEU DE BORDEAUX FECIT. A l'exergue, une inscription en trois lignes: AOUT MDCCCXV VOTÉ PAR LE C·E· (*Collège électoral*). — Diam., 41 mm. (Fig. 26).

Cette médaille est la seule signée: *Andrieu de Bordeaux*. Il existe un coin avec l'inscription: DE PUYMAURIN DIR., et un autre avec la légende: LUDOVICUS ANTONIUS ENGOLISMUS DUX[1].

147. — **Buste de Louis XVIII** (1815). — LOUIS XVIII. Buste de Louis XVIII à droite, en grand uniforme; sur la tranche du bras : ANDRIEU F.

Sans revers. — Cliché: Cabinet de M. Johanet. — Diam., 54 mm[1].

148. — **Buste de Louis XVIII** (1815). — LOUIS XVIII ROI DE FRANCE. Buste de Louis XVIII à gauche, en grand uniforme, portant la décoration du Saint-Esprit; au-dessous du buste: ANDRIEU F.

Sans revers. — Diam., 68 mm. ou 30 lignes. — Cliché. Cabinet de M. Johanet.

149. — **Buste de Louis XVIII** (1815). — LOUIS XVIII. Buste de Louis XVIII à droite; autour, des fleurs de lis naturelles; au-dessous, une fleur de lis surmontée de la couronne royale; sur la tranche du cou : ANDRIEU F.

Sans revers. — Diam., 50 mm. Cliché. Cabinet Desnoyers[2].

150. — **Buste de Louis XVIII** (1815). — LOUIS XVIII ROI DE FRANCE ET DE NAVARRE. Buste de Louis XVIII à gauche; sur la tranche du cou : ANDRIEU F.

1. et 2. Notes manuscrites de M. E. Johanet.

Sans revers. — Diam., 62 mm. ou 28 lignes. Cliché. Cabinet de M. Johanet[1].

151. — **Notaires de l'arrondissement de Senlis** (1815). — LOUIS XVIII ROI DE FRANCE. Buste de Louis XVIII à droite, au-dessous : ANDRIEU F.

Rev. — Dans une couronne de laurier, l'inscription : LEX EST QUODCUMQUE NOTAMUS (*Tout ce que nous écrivons devient loi*). A l'exergue : CHAMBRE DES NOTAIRES DE L'ARRONDISSEMENT DE SENLIS (OISE). — Jeton octogone. — Diam., 31 mm.[2]

152. — **Chambre de Commerce de Dieppe** (1815). — LOUIS XVIII ROI DE FRANCE ET DE NAVARRE. Buste de Louis XVIII à droite ; au-dessous : ANDRIEU F.

Rev. — Dans une couronne d'épis et de fruits, l'inscription : CHAMBRE DE COMMERCE DE DIEPPE. A l'exergue : DÉCRET DU VII FÉVRIER MDCCCIX. — Jeton octogone. — Diam., 31 mm.

153. — **Essai de la pièce de 5 francs** (1815). — LOUIS XVIII ROI DE FRANCE. Buste de Louis XVIII à gauche ; sur la tranche du cou : ANDRIEU F.

Rev. — Dans le champ, les armes de France surmontées de la couronne royale, accompagnées de deux branches de laurier. — Légende : PIÈCE DE CINQ FRANCS. A l'exergue : 1815. — Diam., 37 mm.[3]

154. — **Essai de la pièce de cinq francs** (1815). — LOUIS XVIII ROI DE FRANCE. Buste de Louis XVIII à gauche, en grand uniforme ; sur la tranche du bras : ANDRIEU F.

Sans revers. — Coin. Cabinet du Dr Dewulf.

155. — **Essai de monnaie** (1815). — LOUIS XVIII ROI DE FRANCE. Buste de Louis XVIII à droite ; sur la tranche du cou : ANDRIEU F.

Note de M. E. Johanet. — Cette pièce paraît être un essai de pièce de 1 fr., mais son module est plus grand que nos pièces de 1 fr. actuelles[4].

Cabinet Johanet[5].

1. à 3. Notes manuscrites de M. E. Johanet.

4. Longtemps nous avons cru que cet essai était celui du louis de quarante francs, mais c'est celui de la pièce de 1 fr. (A. de F.).

5. Notes manuscrites de M. E. Johanet.

156. — **Médaille de la décoration du Lis.** (1815). — FIDÉLITÉ DÉVOUEMENT, à la place de la légende habituelle, le mot *fidélité* à gauche de la tête du souverain, le mot *dévouement* à droite. Buste de Louis XVIII, roi de France et de Navarre, tête et col nus, cheveux longs, rejetés en arrière et retombant librement en boucles sur les épaules, légers favoris; sur la tranche du cou : ANDRIEU F.

Rev. — Décoration de la fleur de lis représentée par une étoile à cinq branches, au centre de laquelle est un disque contenant une fleur de lis entourée de l'inscription : 12 AVRIL. 3 MAI 1814. 19 MARS. 8 JUILLET 1815 ; une autre fleur de lis réunit l'étoile à la couronne royale surmontée d'un anneau; à gauche, circulairement, près du bord de la médaille, une branche de laurier; à droite, symétriquement, une branche d'olivier; en bas du champ, à gauche, près du bord de la médaille : ANDRIEU F.; à droite, dans la même position : PUYMAURIN D. — Diam., 41 mm. (Fig. 23).

Andrieu était décoré de l'Ordre du Lys.

Les dates inscrites sur la médaille rappellent les événements suivants :

12 avril 1814 = Entrée du comte d'Artois à Paris.

3 mai 1814 = Entrée de Louis XVIII à Paris.

19 mars 1815 = Départ de Louis XVIII de Paris.

8 juillet 1815 = Retour de Louis XVIII à Paris.

Cette médaille représente une décoration donnée par le roi à la garde nationale, en récompense de son dévouement.

Nous avons trouvé, en effet, les indications qui suivent dans les notes manuscrites de M. E. Johanet: « Il faut noter que cette médaille est désignée comme ayant été frappée pour la garde nationale. » Le cadre du cabinet de M. Johanet, où est renfermée cette médaille, ayant été destiné au Musée de Bordeaux, il est certain que les indications, portées au dos dudit tableau, ont été mises par une personne connaissant les médailles.

Trois décorations, semblables à la première et de trois modules différents, existent dans la collection du Cabinet Desnoyers, lequel affirmait, de son côté, que ces décorations avaient été portées par la garde nationale.

En somme, il existe plusieurs variétés de cette médaille, qui diffèrent par le module.

1816

157. — **Mariage du duc de Berry** (17 juin 1816). — LVDOVICVS XVIII

FRANC·ET·NAV·REX. Buste de Louis XVIII à droite, tête et col nus, cheveux longs relevés sur le front et les tempes, noués derrière la tête et retombant en queue sur la nuque ; favoris courts ; sur la tranche du buste : ANDRIEU F.; au-dessous du buste : DE PUYMAURIN DIREXIT.

Rev. — SPES · ALTERA · REGNI (*Autre espoir du royaume*). L'Hymen, debout de face, tient de chaque main une couronne de roses au-dessus de son flambeau dressé à gauche et un autel paré de fleurs qui s'élève à droite ; au centre de l'une de ces deux couronnes on lit en deux lignes : CAROLUS FERDIN., et au centre de l'autre : CAROLINA FERDIN, noms des deux époux. A l'exergue : CAR. FERDINANDA. SICILIARVM. REGIS. NEPTIS CAROLO. FERDINANDO. BITVRIGVM. DVCI LVDOVICI. XVIII. FR. F. NVPTA D. XVII. JAN. A. MDCCC XVI. (*Caroline-Ferdinande, petite-fille du roi de Sicile, mariée à Charles-Ferdinand, duc de Berry, fils du frère de Louis XVIII, le 17 juin de l'an 1816*) ; sur la plinthe, à gauche : ANDRIEU F. — Diam., 50 mm. (Fig. 28).

Méd. franç. du Musée monétaire (Coins), p. 427, n° 30 A.

La médaille suivante, dont le revers constitue une variété, est gravée par Brenet

158. — **Mariage du duc de Berry.** — LVDOVICVS XVIII·REX CHRISTIANISSIMVS. Buste de Louis XVIII à droite, tête et col nus, cheveux longs, rejetés en arrière et retombant librement en boucles sur les épaules ; légers favoris ; sur la tranche du buste : ANDRIEU F.

Rev. — Semblable au précédent, à la différence que le corps de l'Hymen est plus porté à droite et la jambe gauche plus infléchie ; les noms des époux, au centre des couronnes, ne sont figurés que par les initiales : C. F. et C. F. L. ; au-dessus de la plinthe, à gauche, sur le bord de la médaille : BRENET, nom du graveur. — Diam., 41 mm.

Méd. franç. du Musée monétaire (Coins), p. 427, n° 30 B.

159. — **Commerce de la Boucherie** (1816). — LOUIS XVIII LE DÉSIRÉ ROI DE FRANCE ET DE NAVARRE. Buste de Louis XVIII à droite ; au-dessous : ANDRIEU F.

Rev. — COMMERCE DE LA BOUCHERIE DE PARIS. Un taureau furieux ; sur la plinthe : ANDRIEU F. A l'exergue : SOUS L'ADMINISTRATION DU

MINISTRE D'ÉTAT COMTE ANGLÉS PRÉFET DE POLICE MDCCCXVI. — Jeton octogone. — Diam., 32 mm.

160. — **Compagnie d'assurances du Havre** (1816). — LOUIS XVIII ROI DE FRANCE ET DE NAVARRE. Buste de Louis XVIII à droite ; au-dessous : ANDRIEU F.

Rev. — EX PRUDENTIA SECURITAS. — Un vaisseau à voiles voguant en pleine mer ; à gauche, soleil couchant. A l'exergue : COMPAGNIE D'ASSURANCES DU HAVRE DE GRACE MDCCCXVI. — Jeton octogone. — Diam., 31 mm.

Jeton non signé, mais certainement d'Andrieu (Voir numéro suivant).

1817-18

161. — **Compagnie royale d'Assurances** (1817). — COMPAGNIE ROYALE D'ASSURANCES. Vaisseau à voiles voguant en pleine mer ; au-dessous : ANDRIEU F.

Rev. — Dans une couronne de fruits, fleurs et épis, l'inscription: COMPAGNIE ROYALE D'ASSURANCES A PARIS MDCCCXVII. — Jeton octogone. — Diam., 35 mm.

162. — **Rétablissement de la statue d'Henri IV** (28 octobre 1818). — ✱LVDOVICVS·XVIII·LAPIDEM·AVPISCALEM·POSVIT·✱ (*Louis XVIII en posa la première pierre dédicatoire*). Buste de Louis XVIII à droite, tête et col nus, cheveux longs relevés sur le front et les tempes, noués derrière la tête et retombant en queue sur la nuque ; favoris courts. A l'exergue, la continuation de la légende : D·XXXVIII·M·OCT·ANN. MDCCC XVII·REGNI·XXIII (*le 28e jour du mois d'octobre de l'année 1817, de son règne le 23e*) ; sur la tranche du buste : ANDRIEU F.

Rev. — HENRICO MAGNO (*à Henri le Grand*). La statue équestre d'Henri IV élevée sur le terre plein du Pont-Neuf. Henri IV, tête nue, cuirassé, est représenté à cheval ; le socle qui supporte la statue est orné d'un bas-relief rappelant un épisode du siège de Paris : les

1. et 2. D'après les notes manuscrites de M. E. Johanet.

assiégeants distribuant du pain aux assiégés. A l'exergue : CIVIVM·PIETAS·RESTITVIT·MDCCCXVII (*L'amour des citoyens a rétabli sa statue en 1817*) ; au-dessus de la plinthe, à droite, sur le bord de la médaille : ANDRIEU F. —Diam., 50 mm. (Fig. 29).

Méd. franç. du Musée monétaire (Coins), p. 429, n° 37 A.

Louis XVIII entendait dater son règne du jour même de la mort du fils de Louis XVI, qui avait été, en 1793, proclamé roi de France sous le nom de Louis XVII. Le comte de Provence, frère de Louis XVI, devenu plus tard roi lui-même sous le nom de Louis XVIII, prit alors le titre de Régent du Royaume.

Andrieu fut présenté au roi avec Lemot, auteur de la statue, le jour de son inauguration. Cette médaille lui avait été commandée par Lainé, ministre de Louis XVIII.

Dessin de Lepère et d'Andrieu.

Prix de la gravure du coin : 3.000 fr.

Le même jour, M. Lainé, ministre de l'Intérieur, assura à Andrieu qu'il allait être proposé pour la décoration de la Légion d'honneur.

En 1819, on fit des démarches auprès de M. Pradel, pour lui faire donner le cordon de Saint-Michel. Malheureusement, paraît-il, Andrieu était suspect, comme graveur de l'Empire[1].

163. — **Rétablissement de la statue d'Henri IV.** — Cette médaille ne diffère de la précédente que par son diamètre : 23 mm.

Méd. franç. du Musée monétaire (Coins), p. 429, n° 37 B.

164. — **Rétablissement de la statue d'Henri IV.** — Sans légende ni exergue. Buste d'Henri IV, de profil à droite, tête nue, couronné de laurier, revêtu de son armure, avec écharpe sur l'épaule gauche, col rabattu ; sur la tranche du bras : ANDRIEU F.

Rev. — Semblable à celui du n° 162. — Diam., 23 mm.

Méd. franç. du Musée monétaire (Coins), p. 429, n° 37 C.

165. — **Jean Racine** (médaille gravée en 1817). — JEAN RACINE. Buste de Racine à droite, tête nue, cheveux longs à la mode du XVIIe siècle ; col de chemise très ouvert, laissant à nu le haut du cou et le haut de la poitrine, cravate nouée négligemment ; sur la tranche du buste : ANDRIEU F.

1. Notes manuscrites de M. E. Johanet.

ŒUVRES DE BERTRAND ANDRIEU

Rev. — Dans le champ l'inscription : NÉ EN M·DC·XXXIX·A LA FERTÉ-MILON·MORT EN M·D C·XCIX. — GALERIE MÉTALLIQUE DES GRANDS HOMMES FRANÇAIS 1817. — Diam., 41 mm.

Méd. franç. du Musée monétaire (Coins), p. 519, n° 91.

1820

166. — **Mort du duc de Berry** (14 février 1820). — CH. FERDINAND DUC DE BERRY. Buste du duc de Berry, de profil à gauche, en grand uniforme; sur la tranche du bras: ANDRIEU F. A l'exergue : XIV F· MDCCCXX (*14 février 1820*).

Rev. — Buste d'Henri IV lauré, à droite, tête nue, revêtu de son armure, avec écharpe sur l'épaule gauche, col rabattu ; sur la tranche du bras : ANDRIEU F. — Diam., 23 mm.

167. — **Naissance du duc de Bordeaux** (29 septembre 1820). — LVDOVICVS· XVIII FRANC· ET NAV· REX· Buste de Louis XVIII à droite, tête et col nus, cheveux relevés sur le front et les tempes, noués derrière la tête et retombant en queue sur la nuque; favoris courts; au-dessous du buste : DE PUYMAURIN DIREXIT ; sur la tranche du buste: ANDRIEU F.

Rev. — GALLIA· IMPETRATO· VOTO·RECREATA (*La France se réjouissant de l'accomplissement de son vœu*). La France personnifiée à l'antique, le casque en tête, enveloppée d'un manteau parsemé de fleurs de lis, et un génie ailé portant dans ses bras le jeune prince nouveau-né soutiennent ensemble un bouclier au-dessous du buste d'Henri IV, posé de face sur un socle, à la base duquel est appuyé l'écusson aux armes de France et de Navarre. Sur ce bouclier la France grave, avec un style, les mots : HENRICVS ALTER (*Un nouvel Henri*), en deux lignes ; au-dessous de la plinthe, à gauche : ANDRIEU FECIT. A l'exergue, continuant la légende : DIE· NATALI· HENRICI· CAROL· FERD· MARIÆ ADEODATI· ATREBAT· DVCIS· BVRDIGAL XXIX SEPTEMBRIS· MDCCCXX (*Le jour de la naissance d'Henri-Charles-Ferdinand-*

Marie-Dieudonné d'Artois, duc de Bordeaux, 29 septembre 1820). — Diam., 50 mm. (Fig. 31).

Méd. franç. du Musée monétaire (Coins), p. 433, n° 50.

Médaille officielle.

168. — **Naissance du duc de Bordeaux.** — Bustes superposés du duc et de la duchesse de Berry à droite; la duchesse, la tête recouverte d'un voile de deuil retombant sur les épaules, les cheveux retenus par un bandeau sur le front; le duc, tête et col nus, cheveux retombant légèrement sur le front, légers favoris coupés à hauteur des lèvres et dont une partie est masquée par le visage superposé de la duchesse ; dans le champ, à gauche, un lis épanoui sur sa tige, et à droite une urne voilée; au-dessous du buste de la duchesse: ANDRIEU FECIT.

Rev. — La France, représentée par une femme drapée à l'antique, ayant sur la tête un casque recouvert d'un long voile de deuil, dont les pans enveloppent une urne posée près d'elle sur une colonne et retombent sur l'écusson aux armes de France qui y est adossé, est assise sur un trône élevé de trois marches; le corps incliné en avant, la France appuie la partie antérieure du bras gauche sur la colonne qui supporte l'urne et avance la main droite pour recevoir le nouveau-né qui lui tend les bras ; cet enfant est porté par la Ville de Paris personnifiée, couronnée de tours, drapée à l'antique, debout, le pied gauche posé sur la première marche du trône ; derrière elle, le vaisseau de ses armes; sur la plinthe: ANDRIEU CHEV[ER] DE ST MICHEL INV·ET FECIT. A l'exergue: 29 SEPTEMBRE 1820. — Diam., 68 mm. (Fig. 33).

Méd. franç. du Musée monétaire (Coins), p. 433, n° 48.

Dessin d'Andrieu.

Le prix accordé pour la gravure de cette médaille est vraiment extraordinaire et réduit à néant les deux suppositions que nous avions primitivement faites. En effet, nous croyions que la tête de l'empereur, payée 5.000 fr., et la médaille de la Naissance du duc de Bordeaux, ordonnée par le Gouvernement, payée 6.000, étaient les seules qui aient atteint un pareil prix, quand nous avons trouvé, parmi les notes manuscrites de M. E. Johanet, la somme versée pour la *Naissance du duc de Bordeaux*, commandée par la ville de Paris et dont voici le détail :

(Coin) Sujet de face..	6.000 fr.
(Coin) Sujet de revers	6.000 »
Plus, deux poinçons	3.000 »
Total.....	15.000 fr.

En plus des coins de face et de revers, la ville de Paris commanda au même artiste deux poinçons. Andrieu demanda ce qu'on donne en pareille circonstance, c'est-à-dire la moitié du prix des creux, ou 3.000 fr.

La Commission des Beaux-Arts avait établi un programme officiel pour le droit de cette médaille : « Le revers de la médaille offrira les profils réunis de L.L. A.A. R.R., le duc et la duchesse de Berry ; celui de Mme la Duchesse sera sur le premier plan, celui de Mgr le Duc sur le plan reculé ; on placera au-devant de ce dernier une urne cinéraire pour indiquer qu'il n'est plus. On aura soin que le profil de Mme la Duchesse ait le plus de relief possible, et l'on en donnera très peu à celui de Mgr le Duc, comme pour faire mieux sentir l'existence précieuse de l'une et la perte douloureuse de l'autre. »

L'État et la ville de Paris attachaient une importance capitale à la gravure de cette médaille ; tout le monde sentait qu'elle ferait époque dans l'histoire de l'art français. Andrieu le comprit et y travailla sans relâche pendant près de deux années, malgré les vives souffrances que lui occasionnaient un asthme, une affection de la vessie et une hernie. Ces maladies inquiétaient à juste titre tous les membres de sa famille. Dupuytren fut appelé en consultation (7 avril 1821)[1], la science de l'éminent chirurgien, les soins des médecins habituels et de la famille prolongèrent l'existence de l'artiste jusqu'au 10 décembre de l'année suivante et lui permirent de terminer une œuvre qui, seule, eût suffi à l'immortaliser.

Cette pièce devait être de la dimension de 27 lignes ; mais, comme la Monnaie n'avait pas de virole pour ce diamètre, Andrieu dut faire une médaille du module de 30 lignes (68 mm.).

Quand on présenta l'œuvre aux corps officiels, un murmure d'admiration se fit entendre ; et, quoique l'artiste ne fût pas là pour jouir de son triomphe, quoique la maladie le tînt cloué sur son lit de douleur, le Gouvernement, pour bien lui témoigner son estime, lui envoya un exemplaire de sa médaille, en argent et en bronze, dans deux superbes écrins.

169. — **Visite du prince et de la princesse de Danemark à la Monnaie des Médailles** (1822). — LL·AA·RR·LE PRINCE ET LA PRINCESSE

1. Renseignements trouvés dans les notes manuscrites de M. E. Johanet.

DE DANEMARCK VISIT[T] LA MONAIE DES MÉDAILLES 1822. Écusson aux armes des deux maisons, surmonté de la couronne royale.

Rev. — L'Hymen assis sur un tertre, contre lequel il a déposé son flambeau, tresse une guirlande avec des fleurs où dominent les roses que lui présente l'Amour, debout devant lui, une rose à la main, une corbeille pleine à ses côtés ; sur la plinthe : ANDRIEU F. — Diam., 41 mm.

Catalogue du Musée monétaire (Coins), p. 440, n° 70.

Le revers de cette pièce diffère du droit décrit sous le n° 81, par le manque d'inscription et l'absence du mot : DENON.

PIÈCES
MENTIONNÉES DANS LES NOTES MANUSCRITES
DE M. E. JOHANET

170. — **Lafosse frères.** — LAFOSSE FRÈRES. Mercure armé du caducée, le pied posé sur des ballots de marchandises, semble s'élancer vers un vaisseau ; à gauhe : A^EU (*Andrieu*).

Sans revers. — Pièce ovale. Diam., 20×25 mm.

171. — **Banque de Lucques.** — BANCA DI LUCCA. — Tête de Mercure à gauche ; derrière, un caducée ; au-dessous : ANDRIEU F.

Sans revers. — Diam., 22 mm.

172. — **Fabrique de la paroisse Saint-Nicolas-des-Champs, à Paris.** — Saint Nicolas bénit trois enfants nus dans un baquet ; au-dessous du baquet : A^EU F. (*Andrieu fecit*). A l'exergue : S. N. (*Saint Nicolas*).

Rev. — Une croix et la légende : FABRIQUE DE LA PAROISSE DE SAINT-NICOLAS DES CHAMPS. — Diam., 33 mm.

173. — **Approvisionnements de Paris.** — JEAN BOUVET INVENTEUR DES FLOTTAGES EN 1349. Buste de profil à gauche ; au-dessous du buste : ANDRIEU·F.

Rev. — APPROVISIONNEMENTS DE PARIS. Une couronne de roseau et de chêne ; au milieu, l'inscription : COMMERCE DE BOIS FLOTTÉ. — Diam., 30 mm.

174. — **Charles-Auguste, grand-duc de Saxe.** — C. AUG. G^D DUC DE SAXE. — Buste de Ch.-A., grand-duc de Saxe, à droite.

Rev. — Dans le champ : MITESCUNT ASPERA SAECLA. Couronne de fleurs et d'épis. — Diam., 41 mm.

175. — Même droit.

Rev. — CAROLUS AUGUSTUS MAGNUS DUX SAXONIAE, autour d'une couronne de chêne.

Charles-Auguste, grand-duc de Saxe-Weimar, fut vigoureusement mis à contribution après la défaite d'Iéna; de là cette devise: MITESCUNT ASPERA SÆCLA (*Les temps durs s'adoucissent*).

Ces deux dernières médailles sont indiquées par les notes manuscrites de M. E. Johanet, mais nous ne savons pas si elles portent le nom d'Andrieu.

CIRES DE LA COLLECTION

Du Cabinet du Dr DEWULF, mari de la petite-fille d'Andrieu, appartenant aujourd'hui a MM. CHAPPOTTEAU, JOHANET, etc.

176. — **Anniversaire de la prise de la Bastille.** — Mars debout, etc. Cire. — Diam., 114 mm.

177. — **Anniversaire de la prise de la Bastille.** — Cire tableau. — Diam., 110 mm. sur 70 mm.

178. — **Minerve à droite.** — Cire. — Diam., 110 mm.

179. — **Tête d'homme à gauche.** Cire. — Diam., 110 mm.

180. — **Gutemberg, Füst, Schaeffer.** — Têtes accolées à droite. Cire sur verre. — Diam., 110 mm.

181. — **La Vaccine.** — Cire. — Diam., 100 mm.

182. — **La Monnaie personnifiée.** — La Monnaie adossée contre la barre d'un balancier, etc. — Cire sur verre. — Diam., 110 mm.

183. — **Pièce de mariage.** — Génie aux ailes déployées. — Cire. — Diam., 135 mm.

184. — **Napoléon lauré, à gauche.** — Cire. — Diam., 135 mm.

185. — **Marie-Louise à droite.** — Cire. — Diam., 135 mm.

186. — **Ville de Dantzick (Liberté rendue à la).** Cire. — Diam., 105 mm.

187. — **Conquête de la Silésie.** — Cire. — Diam., 110 mm.

188. — **Duc d'Angoulême à gauche.** — Cire. — Diam., 75 mm.

189. — **Duchesse d'Angoulême.** — Buste à droite, tête ceinte d'un cercle de diamants, collerette de dentelles et parure de même ; au-dessous : ANDRIEU F. — Cire. — Diam., 135 mm.

190. **La France en deuil au 20 mars.** — Cire. — Diam., 135 mm.

191. — **Rétablissement de la statue d'Henri IV.** — Cire sur verre. — Diam., 135 mm.

192. — **Louis XVIII.** — Tête de Louis XVIII à gauche, avec la couronne royale, manteau royal avec hermine, collier du Saint-Esprit. — Cire sur verre ovale. — Diam., 160 mm. sur 130 mm.

193. — **Naissance du duc de Bordeaux.** — HENRICUS ALTER. Médaille officielle. — Cire. — Diam., 135 mm.

194. — **Le duc et la duchesse de Berry.** — Cire. — Diam., 110 mm.

195. — **Naissance du duc de Bordeaux.** — Médaille commandée par la ville de Paris. — Cire. — Diam., 135 mm.[1]

Andrieu modelait, avec la plus grande habileté, des épreuves en cire avant d'exécuter la gravure des poinçons et des coins.

Les cires que nous venons d'énumérer constituent donc des œuvres d'art uniques, merveilles de délicatesse et de fini. Il est bon de donner la liste de certains clichés en étain ou en bronze, dont la rareté est connue des numismates, nous n'énumérerons que les plus recherchés, les autres se trouvant encore dans le commerce.

1. Cette liste est tirée entièrement des notes manuscrites de M. E. Johanet.

POINÇONS, COINS, CLICHÉS

EN ÉTAIN OU EN CUIVRE

CONSERVÉS PAR LES DESCENDANTS D'ANDRIEU

196. — **Apollon.** — Tête à gauche; derrière le cou, une lyre placée obliquement. —Bronze. —Diam., 75 mm.

197. — **Anniversaire de la prise de la Bastille.** — Bronze. — Diam., 114 mm.

198. — **Minerve.** —Tête à droite, casquée. —Bronze. — Diam., 75 mm.

199. — **Paix d'Amiens.** — Bronze. — Diam., 114 mm.

200. — **Lafayette.** — Buste à gauche. —Étain. —Diam., 75 mm. (Coin).

201. — **Napoléon et Marie-Louise.** — Têtes accolées. — Cuivre ciselé. — Diam., 135 mm. (Fig. n° 34).

202. — **Napoléon Ier.** — Buste lauré et drapé, à gauche. — Coin en cuivre. — Diam., 85 mm.

203. — **Joachim Murat, duc de Berg et de Clèves.** — Buste à droite. Coin et poinçon. — Diam., 36 mm.

204. — **Refus de Varsovie ou refus d'abdiquer.** — Cuivre. — Diam., 135 mm.

205. — **Louis XVIII.** — Tête à droite; autour, fleurs de lis naturelles. — Sans revers. — Diam., 50 mm. — Frappée en 1815.

206. — **Duchesse d'Angoulême.** — Cliché étain. — Diam., 65 mm.

207. — **Duc et duchesse de Berry.** — Bronze. — Diam., 110 mm.

208. — **Naissance du duc de Bordeaux.** — Cuivre. — Diam., 135 mm.[1]

1. Notes manuscrites de M. E. Johanet.

ÉTAT DES POINÇONS ET COINS GRAVÉS

PAR ANDRIEU

Andrieu, en mourant, avait laissé à sa famille un certain nombre de coins et de poinçons qui, par une décision du 20 septembre 1833, furent livrés à la Monnaie pour une somme de 2.000 francs. 21 poinçons de tête, 6 poinçons de revers et 5 creux, ces derniers de la collection de l'Empire. Nous en donnons l'énumération. Mme Ve Andrieu agit avec un grand désintéressement dans cette circonstance.

L'état suivant est écrit tout entier de la main de Mme Ve Andrieu:

209. — La Médaille d'Henri IV, petite dimension, composée de 2 poinçons de la *Statue d'Henri IV* et un poinçon de la tête du roi, plus les 2 coins pour frapper et un coin non trempé de la tête du roi.

210. — La Médaille de M. le *duc de Berri*, petite dimension composée d'un poinçon de la tête du duc de Berri, un coin idem non trempé, 2 poinçons de la tête d'Henri IV et les deux coins pour frapper.

211. — Deux poinçons et un carré de la *Restauration de la statue d'Henri IV*, de 22 lignes.

212. — Un poinçon. — *Tête du Roi*, de 18 lignes.

213. — Un poinçon de *S. A. le duc d'Angoulême.*

214. — Un poinçon et un creux représentant une *Couronne de fleurs et de fruits.*

215. — Une médaille de 30 lignes, *Portrait du Roi.*

216. — Une médaille de 30 lignes, *Portrait d'Alexandre, empereur de Russie.*

217. — Deux poinçons du *Mariage de Jacob*, de 18 lignes, et idem un poinçon de 15 lignes.

218. — Un coin de la médaille du *Baptême du duc de Bordeaux*, commandée par le ministre de l'Intérieur, plus le poinçon, dimension de 22 lignes.

219. — Un coin représentant la médaille de la *Vaccine*, de 12 lignes.

220. — Un poinçon de la *Médaille du Mariage* représentant les enfants.

221. — Un poinçon de la médaille du *Balancier*.

222. — Deux poinçons de la médaille de la *Visite de l'empereur de Russie à la Monnaie* ; sujet et portrait.

223. — Un coin, *Tête du Roi*, en assez bon état et trempé.

224. — Deux coins, *Tête du Roi*, endommagés.

225. — Un de la *Vaccine*, endommagé.

226. — Un du *Mariage de Jacob*, endommagé.

227. — Trois petits coins, *Têtes d'Henri IV* et du *duc de Berri*, endommagés.

Reçu les poinçons et coins ci-dessus désignés.

[Signé :] A. de Puymaurin[1].

Le 1er mars.

1. Papiers de famille de M. H. Johanet.

En 1858, on vendit la collection du célèbre graveur Depaulis, ami et élève d'Andrieu. On retrouve le nom de notre concitoyen dans le Catalogue de cette vente :

EXTRAIT DU CATALOGUE DE LA VENTE DEPAULIS
16, 17 ET 18 AVRIL 1868

I. — ESTAMPES ANCIENNES

228. — [186] Médailles de l'Empire, gravées sous la direction de Denon, par Andrieu et autres, 100 p.

229. — [188] Médailles de l'Empire, sous la direction de Denon et autres, 333 p.

II. — DESSINS

230. — [423] Bourgeois. — Intérieur d'un monastère, sépia tirée de l'album de M. Andrieu.

231. — [501] Prudhon. — Deux Amours font une guirlande de roses. Magnifique dessin, crayon noir et blanc, terminé, forme ronde, encadré, exécuté pour la médaille du *Mariage de Jérôme Napoléon avec la princesse Charlotte de Wurtemberg*, en 1807 ; la médaille a été gravée par Andrieu, sous la direction de Denon.

N. B. Au moment de la vente, ce dessin fut offert au prince Napoléon (Jérôme) qui refusa de l'acheter. Il avait été donné à Mlle Depaulis, fille du graveur, par M. le Dr Dewulf, mari de la petite-fille d'Andrieu.

232. — [535] École française. Andrieu et autres, 14 dessins, la plupart paysages.

233. — [551] Dessins originaux et projets de médailles de l'Empire, de la Restauration jusqu'à nos jours, par Lafitte, Andrieu et autres, 125 p.

III. — BRONZES, CURIOSITÉS, Etc.

234. — [626] Clichés d'Andrieu: de la médaille du *Prince Jérôme*, d'après Prudhon; *Napoléon, duc de Berry*, etc., etc., 184 p.

IV. — MATRICES EN CUIVRE

235. — [931] Siège de la Bastille prise en 2 heures et demie.

236. — [642] La *Paix d'Amiens*, par Andrieu, restituée par Depaulis, son élève. Grand module avec cliché.

237. — [943] *Anniversaire de la prise de la Bastille*, modelée par Andrieu, restituée par Depaulis. Grand module.

238. — [628] *Confédération au champ de Mars, en 1790.*

239. — [653] Beau clichoir, table de graveur.
Mlle Depaulis a déclaré que c'était le clichoir d'Andrieu [1].

Notre deuxième partie est terminée. A sa simple inspection, on voit, de suite, que l'œuvre d'Andrieu est considérable. Peu de graveurs ont produit d'aussi nombreuses médailles avec autant de facilité et de talent; pas un artiste avant lui n'a osé traiter un sujet comme celui de la statue d'Henri IV, et nul, depuis, n'a songé à l'aborder.

Pour nous, qui avons suivi le cours de son existence, apprécié la délicatesse et le fini de ses travaux, de ses compositions si souvent empreintes d'une réelle poésie, nous le surnommerons le Poète de la Médaille ; et dans le cas où cette épithète provoquerait l'étonnement chez quelques numismates, nous leur conseillerions, tout simplement, d'examiner avec attention la *Naissance du duc de Bordeaux*.

Ce n'est pas en France seulement qu'Andrieu s'est acquis une réputation qui consacre son beau talent: l'Allemagne aussi s'est inclinée avec respect devant son génie. Ainsi, dans le *Meyer Kunstler*

1. Notes manuscrites de M. E. Johanet.

Lexikon (t. II), l'écrivain allemand dit qu'Andrieu a été le plus grand médailleur de son époque, lui qui fit la médaille de la *Bataille d'Iéna!*... La description de cette dernière pièce se trouve tout entière dans l'ouvrage que nous venons de citer, et l'inscription elle-même y figure : BORUSSI DIDICERE NUPER (Les Prussiens apprirent naguère à le connaître), allusion aux succès de Napoléon Ier.

Après une semblable appréciation, personne ne songera à contester la valeur du célèbre Bordelais ; et, confiant dans l'avenir, nous attendrons, avec une sérénité parfaite, le jugement de nos concitoyens !

ASCENDANTS, DESCENDANTS ET COLLATÉRAUX

DE

BERTRAND ANDRIEU

ET DE

AURE-MADELEINE-FÉLICITÉ BECKERS, SON ÉPOUSE

I. BERTRAND ANDRIEU

ASCENDANTS ET DESCENDANTS

Pierre Andrieu (1724, † 1789), marié à Françoise Dubourdieu (1734, † 1799), eut vingt et un enfants, dont neuf seulement vivaient en 1803 (voir leurs noms page 17). L'un de ces enfants était **Bertrand Andrieu :** le tableau ci-contre indique sa descendance.

COLLATÉRAUX

Frères, sœurs, neveux et nièces, petits-neveux et petites-nièces, arrière-petits-neveux et arrière-petites-nièces de Bertrand Andrieu :

Pierre Andrieu (1760, † 1814), frère de *Bertrand*, et ses descendants : *J.-B. Andrieu, Turmann, Dagniau, Brunereau, Fachon, Guercillac, Chabrely.*

Françoise Andrieu, née en 1761 (*Mme Laloubie*), sœur jumelle de *Bertrand*, et ses descendants : *Carcassès, Carrère.*

Françoise Andrieu, dite Rose, née en 1769 (*Mme Cazères*), sœur de *Bertrand :* descendance (?).

Jean-Martin Andrieu (1773 † 1848), frère de *Bertrand*, et ses descendants, 1° d'un premier mariage : *Andrieu, Mouneyra, Biès de Saint-Loubert, de Lavayrie, Coudures;* 2° d'un second mariage : *Andrieu, Gautier.*

Autres frères ou sœurs de *Bertrand*, et leurs descendants : *Pierre-Paul Andrieu, Auguste Andrieu, Désir Andrieu, Alfred Andrieu, Lafon, Dupuis, de Saint-Amand, Cazalet, Gombaud*, etc., etc.

GÉNÉALOGIE DES DESCENDANTS DE

BERTRAND ANDRIEU

Fils de Pierre ANDRIEU, 1724, † 1789, marié à Françoise DUBOURDIEU, 1734, † 1799

Bertrand **ANDRIEU**, 4 nov. 1761, † 10 déc. 1822,
marié à **Aure-Madeleine-Félicité BECKERS**,
15 juin 1777, † 14 fév. 1855

- Rosalie-Félicité ANDRIEU, 1795, † 1849, mariée à Pierre PRODHOMME, 1778, † 1815
  - Marie-Félicité PRODHOMME, 1816, † 1850, mariée à Marie-Joseph-Daniel JOHANET, 1809, † 1872
    - Aurélie JOHANET 1839, † 1839
    - Marie-François-Henri JOHANET, 1840, marié à Henriette-Pauline P. DE LA FOREST, 1851
      - Madeleine Johanet, 1871, mariée à Henri Bayart
      - Louis Johanet, 1872, marié à Jeanne Rousset
        - Marie-Thérèse Johanet, 1900, Pierre Johanet, 1901.
      - Marguerite Johanet, 1877, mariée à Paul Lambert
        - Germaine Lambert, 1900.
    - Marie-Charles-Bertrand Edmond JOHANET, 1843, marié à Maria DE LA SOLEDAD GALLOL 1844
      - François Johanet, 1874, marié à Maria-Luisa Montalvo
        - Raphaël Johanet, 1901.
      - Geneviève Johanet, 1875.
      - Marie-Denise Johanet, 1877.
      - Soledad Johanet, 1878, † 1899, mariée à Maurice Riché
        - Marie-Thérèse Riché, 1899.
      - Mercédès Johanet, 1882.
    - Marie Jules-Maxime JOHANET, 1846, marié à Julie DARBLAY
      - Lucien Johanet, 1880.
- Philippine-Louise ANDRIEU, 1796, † 1797
- Marie-Louise ANDRIEU, 1799, † 1850, mariée à François PONTONNIER, † 1858
  - Marie-Félicité-Justine PONTONNIER, 1818, † 1894, mariée à Louis-Joseph-Hortent DEWULF, 1808, † 1896
    - Louise DEWULF 1842, † 1863 mariée à Charles CHAPPOTTEAU
      - Louis Chappotteau marié 1° à Jeanne Odent, †; 2° à Hélène Dauger
        - Marie-Sophie Chappotteau;
        - Pierre Chappotteau;
        - Régis Chappotteau;
        - Jean Chappotteau, † 1898;
        - Marguerite Chappotteau;
        - Elisabeth Chappotteau;
        - Suzanne Chappotteau.
    - Marguerite DEWULF, mariée à Charles CHAPPOTTEAU, 1837
      - Clotilde Chappotteau, 1867, † 1872;
      - Justin Chappotteau, 1868, † 1894;
      - Alphonse Chappotteau;
      - Joseph Chappotteau;
      - Marie Chappotteau, 1873, † 1880;
      - Charlotte Chappotteau, 1881;
      - François Chappotteau, 1884;
    - Claudine DEWULF, mariée à Eugène AUBRUN, †.
      - Eugénie Aubrun, mariée à Etienne Lespinas
        - Anne-Marie-Louise Lespinas 1893.
      - Ludovic Aubrun.
      - Henri Aubrun.
    - Marie DEWULF, † 1850

II. Aure-Madeleine-Félicité BECKERS, épouse de Bertrand ANDRIEU

ASCENDANTS ET DESCENDANTS

Jean-Baptiste du Tertre (1684, † 1734), eut trois fils et deux filles. L'aîné des fils, également nommé *Jean-Baptiste du Tertre*, eut aussi trois fils et deux filles. L'une des filles, *Marie-Victoire du Tertre* († 1778), épousa **Jean-Baptiste Beckers** (1726, † 1814). De ce mariage naquirent sept enfants, dont trois seulement, — trois filles, — eurent une descendance. Ces trois filles sont : *Adélaïde-Victoire Beckers* (Mme Delaunay, plus tard Mme de la Fleutrie) ; *Anne-Henriette Beckers* (Mme Brosset) ; **Aure-Madeleine-Félicité Beckers**, mariée à **Bertrand Andrieu**, dont le tableau ci-contre indique la descendance.

COLLATÉRAUX

Sœurs, neveux et nièces, petits-neveux et petites-nièces, arrière-petits-neveux et arrière petites-nièces de Mme Bertrand Andrieu, née Beckers :

Adélaïde-Victoire Beckers, 1762, † 1841 (Mme Delaunay, en secondes noces Mme de la Fleutrie), sœur de *Mme Bertrand Andrieu*, et ses descendants : *Chol, Percier, Brosser, Bretonneau, Tisserant, Blanc.*

Antoinette-Louise Beckers, 1766, † 1839 (Mme Bouin), sœur de *Mme Bertrand Andrieu. Sans postérité.*

Anne-Henriette Beckers, 1775, † 1858 (Mme Brosset), sœur de *Mme Bertrand Andrieu*, et ses descendants : *Brosset, Boutin, Jousset, Ourgaud.*

INDEX DES MÉDAILLES DE BERTRAND ANDRIEU

(Les chiffres romains renvoient aux *Pièces justificatives*, p. 89 à 127; les autres chiffres se réfèrent au *Catalogue*, p. 145 à 220)

BIBLIOGRAPHIE

Annuaire nécrologique de Mahul, 1822.
Archives de la Monnaie de Paris.
Archives nationales.
Archives municipales de Bordeaux.
L'Art, journal artistique, t. XXXIV, 3e vol. de 1883, p. 221 à 232.
Bernadau, Notes manuscrites, t. III, p. 57.
Bibliothèque de Bordeaux.
Bibliothèque Nationale.
Biographie universelle, publiée par Firmin-Didot, t. II.
Dictionnaire des Artistes, par Auvray.
Encyclopédie Lamirault.
Féret, Statistique. t. III.
Hennin, Histoire numismatique de la Révolution.
Laboubée, Auguste, Notes manuscrites, t. I, p. 67.
Marionneau, Salons bordelais.
Mémorial bordelais, 21 décembre 1822.
Millin, Histoire métallique de la Révolution et de l'Empire.
Moniteur universel, de 1789 à 1823.
Musée d'Aquitaine, 21 décembre 1822.
Musée monétaire, Catalogue des coins.
Papiers de famille de MM. Gautier, Andrieu, Brosset, consul de Russie à Bordeaux et à Barcelone.
Papiers de famille de MM. Johanet et Chappotteau, de Paris.
Notes manuscrites de M. Edmond Johanet.
Trésor de Numismatique et de Glyptique, 1836.

TABLE ANALYTIQUE DES MATIÈRES

PREMIÈRE PARTIE

VIE DE BERTRAND ANDRIEU

DEUXIÈME PARTIE

ŒUVRE D'ANDRIEU

FIN

CHALON-SUR-SAONE. — IMP. FRANÇAISE ET ORIENTALE E. BERTRAND

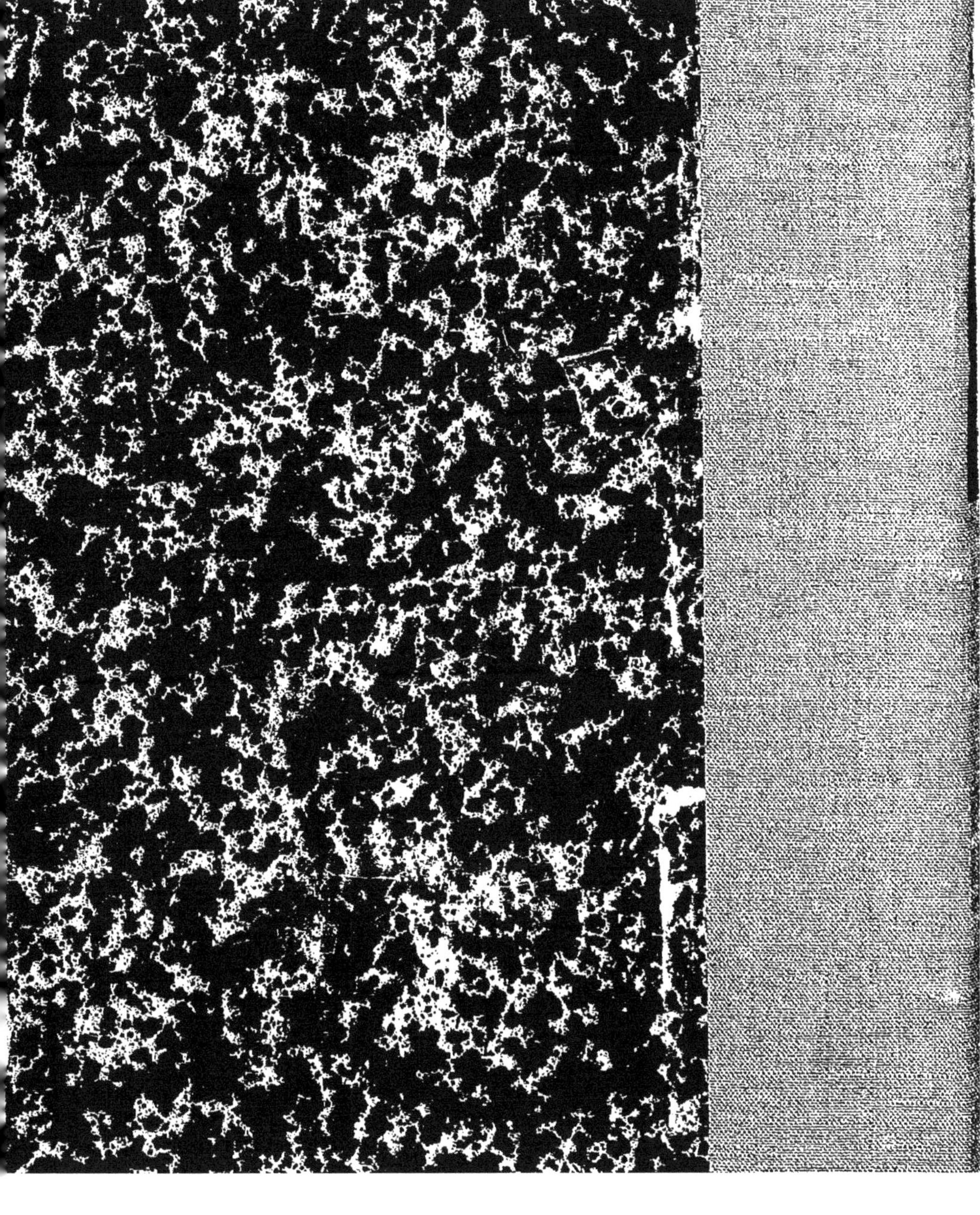

www.ingramcontent.com/pod-product-compliance
Ingram Content Group UK Ltd.
Pitfield, Milton Keynes, MK11 3LW, UK
UKHW012020240726
13965UKWH00002B/473